章太炎大傳

上冊

華強　著

魯迅論章太炎：

我以為先生的業績，留在革命史上的，實在比在學術史上還要大。

考其生平，以大勳章作扇墜，臨總統府之門，大詬袁世凱的包藏禍心者，並世無第二人；七被追捕，三入牢獄，而革命之志終不屈撓者，並世亦無第二人。這才是先哲的精神、後生的楷範。戰鬥的文章，乃是先生一生中最大、最久的業績，假使未備，我以為是應該一一輯錄、校印，使先生和後生相印，活在戰鬥者的心中的。

〈且介亭雜文末編〉，《魯迅全集》第六卷，人民文學出版社，一九八一年。

毛澤東論章太炎：

歷史上總是學問少的人推翻學問多的人。章太炎青年時代寫的東西，是比較生動活潑的，充滿民主革命精神，以反滿為目的。

章太炎所以坐監獄，就是因為他寫了一篇文章，叫〈駁康有為書〉。這篇文章值得一看，其中有兩句：「載湉小丑，不辨菽麥」，直接罵了皇帝。這個時候章太炎年紀還不大，大概三十幾歲。

《毛澤東著作專題摘編》，中央文獻出版社，二〇〇三年，頁2301。

章太炎先生塑像

余杭倉前鎮章太炎故居

杭州西子湖畔章太炎紀念館

章太炎晚年在蘇州錦帆路寓所走完了一生

杭州西子湖畔的章太炎墓

目次

序一

祁龍威[*]

一九三六年，我正在常熟的孝友初中肄業。每日上學，走過《常熟日報》社，必稍停留，觀看牆頭的當日報紙。有兩件大事深記不忘：一為「西安事變」；一為國學大師章太炎在蘇州溘逝，但其時尚不瞭解章氏學術。一九三七年，我初中畢業，考上蘇州東吳大學附中的高中部。考試那天正發生「盧溝橋事變」。已而，日寇大舉侵華，江南淪陷，東吳停學，我在鄉間流離避兵。一九三八年，東吳大學及附中遷上海「租界」開學，我到滬復學。翌年，蒙表兄楊無恙推薦，得師事國學巨擘金松岑先生。吾師正教授於光華大學，開設「歷史文選」、「歷代詩選」課程，囑我每周前往旁聽。旋知我志趣不在詩文，而在考據。於是，令我與朱季海、貝仲琪交遊，因二子又得識王仲犖。三君皆太炎先生弟子，各長我數歲，學術上皆我前輩。我們常在法租界辣斐得路（今復興中路）辣斐坊貝氏寓所、朱子下榻的亭子間內談經論史。受三君啟發，我初步讀太炎先生遺著，始知其得乾嘉樸學真傳，其最精者在小學。

乾嘉樸學的中堅是休寧戴震，他發明了振興一代樸學的讀經方法論。當時，學術界有人把經傳的訓詁與義理割裂，謂漢學重訓詁，宋學重義理。元和惠棟起而反對，謂經書的義理存乎訓詁之中。他斥責宋明理學家廢棄漢儒訓詁，憑胸臆「鑿空」說經，宣導讀經必由訓詁

---

[*] 祁龍威為揚州大學社會發展學院歷史系教授。

以明義理。惠氏旨在「復漢」，唯漢人之言是從。但漢儒也要附會，故戴震繼起，謂不能盲從漢詁。於是，戴學有了完善的讀經方法論，即「由訓詁以明義理」，既反對「鑿空」說經，又反對「株守」舊注，皆在「求是」。

戴學以小學為入門。因經傳古籍多同音假借字，故戴門弟子治訓詁，首重音學。段玉裁撰《六書音韻表》以注《說文》，《說文》明。王念孫發明了治訓詁的方法論：既反對「望文生義」，又反對「墨守成訓」，要求「就古音以求古義」。他由此撰成了《廣雅疏證》等名著。

清儒以周秦音為「古音」。其時尚無韻書，而有《易書》、《詩經》、《楚辭》等諧韻的書。清儒所見的韻書，已是宋人重修的《廣韻》，其二百六部之分，大體猶存隋唐韻書的原貌。清儒相繼比較歸納《毛詩》等中的韻語，為古音分別部居；又併合 「二百六部」之目，以表示古韻。其主要成果是：一、分佈愈密，辨音愈確；二、逐步發現部與部通轉的規律。由此達到「就古音以求古義」。

顧炎武始得古音十部，舉平以該上去入。因四聲之中，入聲最短也最少。顧氏謂古四聲不同今四聲。他對《廣韻》無入之部，古音悉配以入；對《廣韻》有入者，古音反是。江永得古音十三部（平上去），入聲八部。他始言「異平同入」，啟通轉之端。段玉裁得古音十七部（平上去），入聲八部。他說，「入為平委」，「異平同入」，「合韻之樞紐於此可求矣」。戴震先分古韻為七類二十部（其中入聲七部），後改為九類二十五部，若入聲附而不列，則十六部。他始創立二平一入分配的組合結構，為「陰陽對轉」說奠基。孔廣森得古韻十八部，內陽聲者九，陰聲者九。孔氏說：「此九部者各陰陽相配，可以對轉。」王念孫初得古音二十一部，以有入無入分兩大類，不言通轉如顧氏。後取孔廣森說，分東、冬為二，遂得二十二部。及為郝懿行《爾雅義疏》刊誤，有「文韻與之韻互相轉」之言，可見已接受孔氏

「陰陽對轉」論矣。至此,清代的古韻學達到頂峰。

　　此外,錢大昕創始考證古聲紐,他發現學術界沿用的三十六字母中輕唇音,於古都讀重唇音,如古經解以彼訓非,蓋古讀非如彼;舌上音的知、沏、澄三母,於古都讀舌頭音,以故經傳中與得通用,蓋古讀中如得。

　　太炎先生不及見乾嘉諸老。他所捧手或通信受教的,是晚清浙江三經師:俞樾、黃以周、孫詒讓。章氏作《瑞安孫先生傷辭》云:「當是時,吳越間學者有先生德清俞君及定海黃以周元同與先生三,皆治樸學,承休寧戴氏之術,為白衣宗。」得三師傳授,章氏論學,以戴學為權度,治學一尊戴學律令,從音韻入門。他分古韻為二十三部,承高郵王氏;言「陰陽對轉」,作《成均圖》,承曲阜孔氏;考證聲紐,撰《古音娘日二紐歸泥說》,繼嘉定錢氏,語詳《小學略說》等中。

　　章氏治古音的目的是為了識古字,讀古書。《說林》下云:「音韻通,文字可以略說,則小學始自名其家。然達者能就其類,以知通轉,比合雅詁,窮治周秦兩漢之籍;而構者惟分析字形,明徵金石,若王筠之徒,末矣。」是故,論章氏之學,不能以音韻學家限之也。

　　近世考據之學已隨時代而發展。王國維提倡「二重證據法」,胡適引進「實驗主意」,都使考據學劃時代改進,然而追本溯源,不能不推尊傳統的乾嘉一脈,以故碩大聲宏的章氏之學,仍將餘響不絕。

　　華強同志撰《章太炎大傳》,乞序,因為略言章氏得乾嘉樸學真傳,相信年輕學子必有願讀章氏之書者。疏誤之處,求方家正之。至於章氏對辛亥革命所作的貢獻,則本書述之甚詳,這裏不贅。

祁龍威　謹序

二〇一一年四月

序二

謝俊美*

　　近兩年，華強教授專注於章太炎的研究，除了給廣東教育出版社撰寫了《革命大儒章太炎》一書外，新近又撰寫《章太炎大傳》一書。他告訴我，為了寫好這本書，近三四年來幾乎每天眼睛一睜，忙到熄燈。他廢寢忘食的刻苦精神，令我感動。

　　章太炎是近代中國的著名人物。說他著名，因為他既是一個大學問家，又是一個革命家。研究近代中國史，絕對少不了對他的研究。章太炎積學能文、博觀諸子、歷覽前史、兼獵佛藏，精通古今經學。青年時代他就自負極高，認為中國「閎碩壯美之學」，「非他莫續」，其意態之軒昂，抱負之偉大，真有俯視群流之慨。難怪魯迅先生在看了他的《訄書》後說：「我讀不懂，當然也看不懂。」（《關於太炎先生二三事》）正因為章太炎的學問如此博大精深，文字深奧難懂，所以許多學者往往對他的研究止而卻步。華強教授卻一反其道，大膽地去進行研究，就其精神勇氣而言，已令我輩敬而有加了。

　　章太炎以學問經世，積極投身近代中國民族民主革命。他的《駁康有為論革命書》曾使許多原先抱有保皇改良思想的士大夫知識分子轉而投身反清革命。在《蘇報》案中，他的抗辯和對清廷腐敗無能的大膽揭露，使他作為一名革命家而聲名大噪。出獄後，章太炎東渡扶桑，主持《民報》編輯工作。然而，正如孫中山指出的那樣，當時

---

* 謝俊美為華東師範大學歷史系教授、博士生導師。

「所有抱著革命思想的中國人，約略可分為三類：第一類人數最多，包括那些因官吏的勒索敲詐而無力謀生的人；第二類為憤於種族偏見而反清的人；第三類則為具有崇高思想與高超見識的人。」（《中國問題之真解決》）章太炎就屬於三種人中的第三類。他始終不忘呂留良、曾靜、查嗣延之案，是一個種族革命論者。他不贊同孫中山的三民主義，認為代議制政府還不如專制的好。他認為革命成功後，在中國是行君主專制還是民主共和制都無關緊要。「共和之名不足多，專制之名不足諱」，因此與孫中山革命宗旨大相異趣。加之一些具體問題，如《民報》經費問題等，最後竟發展到與陶成章等重組光復會，公開反對同盟會。

武昌起義爆發後，章太炎從日本回到國內，有見軍府林立，都督自雄，於是大倡「革命軍起，革命黨消」，反對同盟會「一黨組織政府」，否則就不是「天下為公」。孫中山後來在總結辛亥革命失敗的原因時指出：「革命的失敗，都是在這句話上面，這是我們大家不可不徹底覺醒的。」（《要造成真中華民國》）章太炎脫離同盟會後，與張謇等組織統一共和黨。張謇認為他「槎椏特甚」，「惑於謬說，意氣特張」，「乃知政治家非文章之士所得充」（《柳西草堂日記》民國元年三月二十日）。章太炎政見不為張謇、趙鳳昌等所認同。儘管如此，孫中山還是從革命大局出發，聘章太炎為中華民國南京臨時政府顧問，一起參與新政權的建立。

我與華強教授同治中國近現代史，因此平日接觸較多，又因他的導師祁龍威教授是恩師陳旭麓教授的生前至好，因而兩人談文論學，志趣頗為相投。華強教授治學嚴謹，著作頗豐，在近現代史，尤其是太平天國史、近代軍事史等領域均有建樹。身為軍人學者，他為人謙和，處事不失大家風度，因而為同輩學人所尊敬。

通讀全稿，內容極為豐富，挖掘了許多鮮為人知的史料，提出了

許多新見解，給人以耳目一新的感覺。第十章末「大家評說」博採眾多政界及學人的觀點，「結語」闡述著者自己的觀點，尤為精彩奪目，相信讀者讀後會和我一樣，有一種新的感受。

章太炎的文字，我讀得不多，因此對他沒有研究。承蒙華強教授不棄，要我寫上幾句，以上就算我對朋友的一個交代吧。

謝俊美

二〇一一年春於武宣坊北州書屋

第一章
西子湖畔的國學大師

　　章太炎自幼仰慕明末清初思想家顧炎武，「章太炎」之「炎」字即取自於此。章太炎出生經學世家，其兄章籛、章箴雙雙中舉，惟章太炎與科舉決裂，走上反叛道路。章家祖訓嚴厲，先祖逝後均著明朝服裝入葬。在祖訓的孕育下，章太炎日後成為著名的民族主義者和革命家。青年時代的章太炎進入清代浙江最高學府——詁經精舍，這是章太炎學術生涯的起點。在詁經精舍，章太炎跟從俞樾學習近八年，奠定了他雄厚的國學基礎。學習期間，章太炎還得到了當時著名學者高學治、譚獻、黃以周、孫詒讓等人的指導。《馬關條約》簽訂的消息傳來，打破了詁經精舍的平靜並深深刺痛了章太炎，國不國矣，讀書何為？這時，康有為講中國數千年以來的學術淵源，講中國歷史政治的沿革得失，使他的弟子們如沐春風，章太炎產生變革的衝動，他不顧老師的一再挽留，毅然決然告別詁經精舍，走進了號稱「十里洋場」的大上海，開始了他的政治生涯。

一　漢學世家

　　浙江山清水秀、人傑地靈。浙江余杭，傳說大禹舟行於此，故稱余杭（禹航）。近代余杭有一物一人最為引人注目：物為良渚文化，人為「有學問的革命家」章太炎。章太炎自稱余杭章氏，魯迅等人則稱他為余杭太炎先生。

　　章太炎出生在浙江省余杭縣倉前鎮。余杭如今已經成為杭州市的
一個行政區。倉前鎮是一座充滿歷史滄桑的小鎮，鄉人謹樸知禮，世
代過著與世無爭的悠閒生活。古老的運河從鎮前靜靜地流過。小鎮原
名靈源，由於交通的便捷，南宋紹興二年（1132年），朝廷在街北建
臨安便民倉，古以南為前，遂稱倉前。清嘉慶《余杭縣志》：「臨安便
民倉在縣東十里，今名其地曰倉前。」此後六百多年的時間裏，倉前
成為皇家的糧倉。今天的倉前鎮仍然是國家糧食儲備庫所在地。

　　倉前鎮在清末一度聞名全國，因為清末四大奇案之一「楊乃武與
小白菜」的故事就發生在這裏。案中提及的「愛仁堂」藥鋪今天仍完
好地保存在倉前老街上。章太炎的祖先曾經做官，章氏一族受此案牽
連，後來改道行醫。

　　倉前鎮是著名的江南糧倉，有絲綢之府、魚米之鄉的美譽。倉前
老街與運河平行，如今的街道少了些昔日的繁華，運河上也少了些往
來的舟楫。老街上有一所坐北朝南、面水臨街、前後四進的大宅子。
這就是章太炎青少年時期居住和生活的地方。住宅臨街的第一進房當
年是培昌南貨店，屬章氏義莊的一部分，是章太炎祖父為賑濟族人鄉
里而開設的。章太炎在這裏度過了二十二個春秋。如今，這裏已經辟為「章太炎故居」。

倉前鎮章太炎故居

　　今天倉前鎮的人還在傳說，一百多年前，這裏有個狂放的少年白天點著燈籠走路，引得路人紛紛側目而視。鄉人不明就裏，經高人解讀，方知這是在罵朝廷腐敗，百姓生活暗無天日。倉前鎮的人說，這個少年便是章太炎。

　　章太炎於清同治七年十一月三十日（1869年1月12日）出生在一個古老的漢學世家，取名學乘，字枚叔；「枚」與「梅」同音，也稱「梅叔」。學乘讀書識字以後，非常仰慕明末清初的思想家顧炎武。顧炎武本名絳，學乘遂自己改名為絳。此後，章太炎自取學名炳麟，取義「炳炳麟麟」，表示嚮往光明。別號太炎，其「炎」字取自顧炎武。章太炎一生用過許多筆名和別號，主要有：章麟、章緇、章絳、絳叔、西狩、西狩祝予、末底、戴角、獨角、臺灣旅客、知拙夫、亡是公、支獵胡、支拉夫、支那夫、蕭海琳、陸沉居士、牛馬走、夜叉、章氏學、獨立生、毛一、膏蘭室主人、劉子政私淑弟子、劉子駿之紹述者、窮荒孤客、菿漢閣主等。

　　章太炎的祖籍是浙江省分水縣，從明代遷居余杭縣已有五百多年了。章太炎自己說：「吾家當明之盛，始遷余杭，族居東鄉四五百祀。子孫樸謹，未嘗有大過。先曾祖以下三世，尤以才行學誼稱。」[1]

　　章家是倉前鎮的大戶，人丁最旺的時候約有三百多人口，廣有田地和房產，到章太炎的曾祖父章均手上，章家家財過百萬，這是章氏一族最盛的時期。

　　章均，字安溥，是清乾隆年間余杭縣學的增廣生，清代經過本省各級考試入取府、州、縣學者稱生員，即秀才。明代生員享受月米，清代沿襲。額內生員稱廩膳生員，增額者為增廣生員，亦稱增廣生。

1　沈延國：〈記章太炎先生〉，《自述與印象：章太炎》（上海市：三聯書店，1997年），頁49。

後授職海鹽縣訓導，在海鹽教授學生。章均心地善良，為了使家鄉的孩子能夠讀書，章均捐款數萬緡一緡為一千文。創辦苕南書院，捐田一千畝設立章氏義莊，開辦義塾，不收一文錢。當時章氏家族的孩子在苕南書院受到良好的教育。除義塾外，鰥、寡、孤、獨者生活皆由義莊供給。在倉前鎮說到章均，鄉人無不交口稱譽。章均活到六十四歲。

章太炎的祖父名章鑒，自署曉湖，是清代雍正年間余杭縣學的附學生，明代於府、縣學外取附學生員，清代相沿，生員稱附學生，亦稱附生。後選貢為國子監生。章均去世那年，章鑒已經三十多歲。他不喜歡做官，卻特別喜愛讀書，有錢就搜集古本書籍，所以家中藏書十分豐富，收有宋、元、明、清刻版書五千餘冊，可惜這些書後毀於戰火。章太炎雖然沒有看到過這些刻版書，但從祖父的藏書目錄中，他想見到當年家中藏書的盛況。

章鑒曾經專心致志於中醫學三十餘年，對於古代醫學方書頗有所得，並能朗朗上口，成為當地有名的醫生。章鑒曾一度以行醫為業，他看病與一般醫生不同，用藥僅五六味，卻療效顯著，病人不超過十天即可痊癒。對於鄉間窮人看病，他非但不收診金，還免費給他們抓藥，救治了不少窮人。章鑒在倉前鎮一帶的口碑甚好，太平軍進攻浙江時，章鑒曾被太平軍委任為鄉官。隨著戰事的進展，倉前鎮漸漸不太平起來。章鑒率全家先後逃難至江南和浙西，他的兒子章濬隨他而行。章濬逃難的時候，竟然不帶一文錢而僅僅抱了一份《章氏家譜》，一時在鄉間傳為笑談。笑談之中，也包含了鄉人對章家的一份敬重。

戰事平息後，章鑒在外顛沛流離三年多時間，終於率全家重返倉前鎮。出乎章鑒意料之外的是，章家逃難期間，其田地已被農民瓜分。瓜分章家土地的農民不是當地人，而是戰勝太平軍後退役的湘

軍。這些退役的湘軍非常驕橫，拒不交還田地。手無寸鐵的章鑒面對無理的湘軍無可奈何，真可謂「秀才遇到兵，有理說不清」。章家家道從此開始衰落。

章太炎的父親章濬繼承家業的時候，家中僅有百十畝地，日常開銷常常捉襟見肘。經章濬精心打理經營後，土地漸漸增加到七百多畝。章濬是清代道光年間余杭縣學的廩生，清代生員凡於歲科兩試名列一等前列者方能補為增生或廩生。廩生享有廩米，亦有職責；增生則無，增生地位次於廩生。他精於詩詞，又承繼父業，長於醫術，為四鄉八鄰解除了無數病痛，深得鄉人崇敬。章濬曾為杭州知府譚鍾麟幕客，譚鍾麟後往河南任按察使，章濬不願意離開本土，遂返故里，就任余杭縣學訓導。章濬曾經在杭州西子湖畔的詁經精舍擔任監院一職，職掌監察，地位僅次於院長。後來章太炎到詁經精舍讀書，便是章濬的主意。

章濬娶妻陸氏，陸氏育三子。長子幼年夭折，次子章籛，年長章太炎十六歲。章籛不僅精通經學和醫學，還精通數學，十幾歲考中秀才，清光緒戊子年浙江省鄉試成為舉人，曾任嘉興縣儒學訓導。三子章箴精通史學，與長兄一樣，光緒壬寅年浙江省鄉試中為舉人。

章濬擔任余杭縣學訓導，也算是當地的一個頭面人物。當時，余杭縣知縣為劉錫彤。余杭縣的糧吏每年催促百姓完糧時浮收成弊，舉人楊乃武為反對浮收曾經得罪劉錫彤，於是劉錫彤一手炮製了楊乃武與小白菜案。這一奇案最後驚動了慈禧，從朝廷到地方查處了一大批官員，章濬受此案牽連，被革去訓導一職。

陸氏去世，章濬續娶海鹽朱有虔的女兒為妻，朱氏為章家育一子一女，即章太炎和章炳芹。章籛和章箴兄弟二人雙雙中舉，成為章太炎的楷模。章太炎幼年時，兩個兄長都是他的嚴師。章太炎的漢學啟蒙教育就深受長兄章籛的影響。

　　在離倉前鎮約六七里路的地方，有一座張老相公廟，這是章太炎
童年時經常與小夥伴們遊玩的地方。隨著章太炎的成長，他漸漸知道
張老相公廟供奉的人叫張煌言。

　　張煌言（1620-1664年），字玄著，號蒼水，浙江省鄞縣人。明末
清初，清軍南下，張煌言等奉魯王朱以海為監國率領各地義軍抗清。
兵敗以後，張煌言在一座海島上隱居，後被清軍捕獲，押往杭州，在
杭州引頸就戮。倉前鎮的父老鄉親感其忠烈，假託祭祀潮神，在倉前
鎮為他修廟。章太炎知道張老相公廟的真相後，對張煌言肅然起敬。
此後，他又讀了《張蒼水集》和全祖望的〈張公神道碑銘〉，得知張
煌言抗清凡十九年，其間兩遭巨風、三渡閩海、四入長江，對清政府
的威逼利誘不屑一顧，更加增添了對張煌言的敬重。章太炎說，知之
愈多，仰之彌高。他後來走上革命道路，在〈興浙會序〉中說：「使

杭州西子湖畔張煌言墓

浙人不忘隱痛者，實賴斯人。」一九二六年，章太炎回家鄉為先祖掃墓，專程到張老相公廟祭拜，次年撰寫〈張督師祠記〉，贊張煌言「夫婦皆著忠烈」，「智勇忠勳不可殫說」。[2] 章太炎後來希望自己百年後能與張煌言為鄰，葬於西子湖畔，原因即出於此。

　　章太炎生於書香門第，父祖輩及兄長輩在經學、史學、醫學等諸多領域取得的成就對章太炎的思想、性格和學問產生了巨大影響。父親章濬希望章太炎與他的兩個兄長一樣進學中舉。章太炎剛剛識字，父親便讓他讀《四書》，做八股文。章太炎非常聰明，童年時期讀過的書，數十年後不僅耳熟能詳，有的還能背誦，甚至說得出書上的頁碼。有一年，父親與親朋好友在一起飲酒作詩，六歲的章太炎正在玩耍，被人叫住，讓他做一首詩。當時天上電閃雷鳴、落雨紛紛。章太炎稍一思索，便吟誦道：

　　　　天上雷陣陣，地上雨傾盆。
　　　　籠中雞閉戶，室外犬管門。[3]

　　在章太炎治學的道路上，除了父親和長兄外，外祖父朱有虔給了他很大的影響。

　　朱有虔，字左卿，浙江省海鹽縣人，也是一個漢學世家。朱有虔的祖父朱蘭馨是清乾隆辛丑年進士，官至吏部員外郎。父親曾任國史館謄錄，後在皖、贛等地任知縣、知府。朱有虔的祖父和父親雖然為官一方，均專心漢學，有不少漢學著作問世。朱有虔本人是海鹽縣庠生[4]，漢學功力深厚，著有《讀書隨筆》、《雙桂軒集》等著作。

2　陳天風：〈章太炎與張老相公〉，《余杭文史資料‧章太炎先生專輯》，頁53。

3　章㙙：〈憶先父章太炎〉，《余杭文史資料》2，頁20。

4　古代科舉考試中經過各級考試入取府、州、縣學者稱生員，別稱庠生，即秀才。古

　　章太炎七歲那年，外祖父朱有虔受女兒女婿之託來到余杭，專門開館教授章太炎。朱有虔十分疼愛自己的外孫，每日督促外孫誦讀《四書》，以清代乾嘉漢學嚴謹的學風訓練外孫，「授音必審，粗為講解」。章太炎跟隨朱有虔「課讀四年，稍知經訓」。[5]

　　有一天，章太炎看見書架上放著一本《東華錄》，隨手拿出來翻了翻，誰知就放不下了。原來書裏記載了許多文字獄的冤案，呂留良、戴名世、曾靜、查嗣庭等人的冤案看得他觸目驚心。一股怒氣從章太炎的心底裏升騰，他覺得異種亂華是天下第一恨事。像許多小孩子一樣，章太炎喜歡大人給他講故事。每逢課餘，章太炎總要纏著外公給他講故事。外公給他講了顧炎武、王夫之等人的故事。章太炎對

顧炎武像

外公說，異種亂華，這是天下第一恨事。朱有虔回答：「夷夏之防，同於君臣之意。」章太炎問：「這是誰說的？」朱有虔說：「這是顧炎武、王夫之說過的話。」

　　講到王夫之「攘夷」的故事時，朱有虔熱淚盈眶地對章太炎說：「歷代亡國，無足輕重，惟南宋之亡，則衣冠文物，亦與之俱亡。」[6]章太炎初生牛犢不怕虎，口無遮攔地說：「大明之亡與南宋之亡一樣，不是漢人的恥辱嗎？」朱有虔點頭說：「國之變革不足患，而胡人入主中夏則可恥。」[7]章太炎憤憤地說：「明亡於滿清，不如亡於李

代學校名庠。

5　《太炎先生自定年譜》清光緒二年，上海書店，一九八六年影印本。

6　〈本師章太炎先生口授少年事蹟筆記〉，《自述與印象：章太炎》（上海市：三聯書店，1997年，頁52。

7　《章太炎先生講演錄》，章氏國學講習會刊本。

自成，李自成非異族也！」[8]朱有虔說：「不說此話了。如果李自成得天下，李雖非善類，但他的子孫未必不是善類。今天說此話也無益了。」朱有虔的一番話在章太炎幼小的心靈裏埋下了仇恨的種子。章太炎後來回憶他的革命思想來源時說：「余之革命思想即伏根於此。依外祖之言，觀之可見種族革命思想原在漢人心中，惟隱而不顯耳。」[9]

章太炎十三歲那年，外祖父朱有虔離開余杭，父親章濬和長兄章籛共同督促章太炎讀史誦經。章太炎說：「先考晚歲里居，伯兄籛已成學，則親課仲兄篯及炳麟讀書。點竄文字，必躬親之。」[10]

十四歲那年，章太炎做了一件令全家人目瞪口呆的事情。他聽說杭州有人出了一本叫《滅韃子》的書，講元末明初漢人排滿的故事。章太炎朝思暮想，希望一睹為快，可是沒有一個人能滿足他的願望。章太炎決定親自到杭州尋覓這本書。

他家的門口就是運河，運河上每天都有船到杭州。有一天，章太炎爬上了一條船，對船家說要到杭州。船家知道他是倉前鎮大戶人家的孩子，沒有大人帶領，船家堅決不讓章太炎上船。章太炎只得怏怏地下了船。船到杭州以後，船家意外地在船上發現了章太炎，原來章太炎趁船家不備，悄悄地躲進了船艙。家人發現章太炎失蹤，正在到處尋找的時候，章太炎不聲不響地回來了，而且在船上就將《滅韃子》這本書看完了。

章太炎在父兄的嚴厲督促下，每日讀史誦經。他涉獵史傳、瀏覽

8　《章太炎先生講演錄》，章氏國學講習會刊本。

9　朱希祖：〈本師章太炎先生口授少年事蹟筆記〉，《自述與印象：章太炎》，（上海市：三聯書店，1997年），頁31。

10　沈延國：〈記章太炎先生〉，《自述與印象：章太炎》（上海市：三聯書店，1997年），頁52。

老莊，閱讀了《大學》、《中庸》、《論語》、《孟子》、《史記》、《漢書》、《後漢書》、《三國志》、《昭明文選》、《東華錄》、《明季稗史》等書籍。讀書的生活非常枯燥，章太炎日出而作，日入而息，在博覽群書的日子裏，對音韻訓詁之學發生了興趣。許慎的《說文解字》、段玉裁的《說文解字注》、顧炎武的《音學五書》、王引之的《經義述聞》、郝懿行的《爾雅義疏》、阮元編《學海堂經解》等書籍成為他每天晨誦夕讀的功課。

《學海堂經解》是一部大型叢書，匯輯清初至嘉慶年七十四家治經著作一八八種一四〇八卷。光這部書，章太炎前後讀了差不多兩年時間。此後，他又閱讀了《皇清經解續編》，這部書收集一一〇家治經著作二〇九種一四三〇卷，是《學海堂經解》的續編。

披覽誦讀之餘，章太炎常常掩卷而思，與古人對話。孟子的「民為貴」思想，莊子的詭辯哲學，韓非子的「法」、「術」、「勢」合一，司馬遷的博學多才，諸葛亮的足智多謀，顧炎武的「眾治」主張，黃宗羲的「公天下」言論……，各式各樣的古人前賢、各種各樣的思想走進了章太炎的腦海。

在章太炎當時閱讀的書籍中，《東華錄》和《明季稗史》對他的刺激最大。《東華錄》凡三十二卷，戴名世、曾靜、呂留良、查嗣庭等人的遭遇讓他留下了難忘的印象。《明季稗史》記載的揚州十日和嘉定屠城慘案，更使他拍案而起。章太炎日後回憶他的少年生活時，說：「自十六七歲時讀蔣氏《東華錄》、《明季稗史》，見夫揚州、嘉定、戴名世、曾靜之事，仇滿之念固已勃然在胸。」[11]《東華錄》、《明季稗史》在章太炎的心裏種下了仇清的種子，他立志要為浙江、為中國的父老鄉親雪恥。

---

11 〈獄中答新聞報〉，《蘇報》，一九〇三年七月六日。

二　家訓難違

　　章太炎好古文詞，卻又不得不按照父兄的意願在八股文中徜徉。他習讀八股文，卻厭惡八股文。他認為八股文束縛了人的思想，其拘謹的格式更是讓他從心底裏生厭。章太炎幾次三番向父親和兄長提出不學八股文的要求，遭到父兄的訓斥。章太炎意識到，章家是國學世家，他的祖輩、父輩和兄長輩都獲取了功名，即使他不願意，他也得在八股文的道路上艱難跋涉下去。

　　父親章濬為四個子女制訂了嚴厲的家訓，家訓曰：

> 精研經訓，博通史書，學有成就，乃稱名士。徒工詞章，尚不
> 足數，況書畫之末乎？然果專心一意，亦足自立，若脫易為
> 之，以眩俗子，斯即謂斗方名士，慎勿墮入！
> ……
> 妄自卑賤，足恭諂笑，為人類中最庸下者。吾自受業親教師
> 外，未嘗拜謁他人門牆。汝曹當知之！[12]

　　在家訓的督促下，三年以後，十六歲的章太炎奉父命第一次報名參加余杭縣的童子試。章太炎痛恨八股文，無意於功名，參加童子試是他無可奈何之舉。章太炎在家人的督促下，每日讀書不止，一日三餐都送到他手上。可是，就在開考的那一天，章太炎忽然倒地不起，兩眼上翻，口吐白沫，神志不清，樣子很是嚇人。家人趕緊叫來他的父親，父親本來就是醫生，不用望聞問切，一眼就知道這是癲癇病。這種病童年時易發，成年後大多恢復正常，而且沒有什麼特效藥。不

12　《制言》第四十三期。

過幾分鐘工夫，章太炎就醒來了，只是全身乏力，無法參加童子試了。章太炎就這樣與童子試擦肩而過。[13]

章太炎十八九歲的時候，在父親的逼迫下往余杭縣城參加了鄉試。章太炎十分勉強地步入學宮，公佈的考題是「論燦爛之大清國」。章太炎立馬想到的是時局的混亂和清政府的腐敗，當所有考生苦思冥想撰寫八股文章時，他奮筆疾書，一揮而就。主考官見章太炎敏捷有加，略窺其試卷，只見試卷上有「國難未已，外人禍我甚烈。當務之急，應革故鼎新」等字句，不僅不符合八股文格式，且內容出格，當即變色，嚴厲訓斥章太炎。章太炎拒不認錯，不卑不亢地回答：「此乃國之實情也。」主考官大聲呵斥：「瘋子，瘋子，快快將他逐出考場！」[14]章太炎最早被人罵為「瘋子」，即在此時。

章太炎成人後，在《章太炎先生答問》中留下這樣一段話：

> 問：人言先生八九歲時，即有革命思想，然否？
> 答：是或有之，然少年非有一定宗旨也。
> 問：先生前清時曾應試否？
> 答：予少時多病，時文亦弄過，旋即廢棄，未應試也，然亦適然耳，非有意為之。[15]

父親章濬見兒子無意於科舉，縱勉強而為，終歸無益，此後不再強迫他參加科舉考試。少年章太炎如放歸山林的籠中之鳥，一下子獲得了解放，從此以後告別了八股文，也告別了科舉仕途。

---

13 章太炎自己說「年十六，當應縣試，病未往。」一說稱章太炎在臨考前忽患痾疾，無法參加考試。

14 董占成：〈章太炎鄉試斥考官〉，《余杭文史資料・章太炎先生專輯》，頁68。

15 張庸：《章太炎先生答問》，《自述與印象：章太炎》（上海市：三聯書店，1997年），頁37。

章太炎故居扶雅堂

　　少年章太炎無意於科舉，除了厭惡八股文外，還有一個重要的原因，就是痛恨清朝的異族統治。章太炎自幼年起就知道，章家祖先雖然不乏在清朝為官者，但章家先祖逝後均著明朝服裝入葬，沒有一個人著清朝服飾。父親章濬臨終前特意囑託家人，不得有違祖制。章太炎說：「炳麟幼時聞先人餘論，讀書欲光復漢蹟，先考亦不禁也。嘗從容言：吾家入清已七八世，歿皆以深衣殮。吾雖得職事官，未嘗詣吏部。吾即死，不敢違家教，無加清時章服。炳麟聞之，尤感動。」[16]

　　外祖父朱有虔的排滿思想，章家世代先人強烈的民族意識，《東華錄》和《明季稗史》血淋淋的記載，這一切對懵懂少年章太炎產生了強烈的影響，使他日後成為著名的民族主義者和革命家。誠如章太炎自己所言：「此皆先世遺教之所漸成也。」

16 沈延國：〈記章太炎先生〉，《自述與印象：章太炎》，（上海市：三聯書店，1997年），頁52。

　　章太炎告別科舉功名，在家訓的督促下，一心一意鑽研音韻訓詁，為日後成為一代赫赫大師奠定了紮實的基礎。章太炎日後反思說：「吾生二十三歲而孤，憤疾東胡，絕意考試，故得研精學術，忝為人師。」[17]

　　章氏家訓要求子女「精研經訓」，章太炎日後成為華夏一代有影響的國學大師，不能不說受益於家訓。家訓要求子女「妄自卑賤」，章太炎日後天馬行空、笑傲至尊，不能不說受益於家訓。

三　師從俞樾

　　章太炎二十二歲那年，父親章濬病逝。章太炎安葬父親後，從余杭來到杭州，寄住在他的外叔祖父朱潔泉家裏。杭州西湖邊上有一座孤山，孤山上有一座名聞天下的「放鶴亭」。孤山的一側，在綠樹叢中掩藏著清代浙江最高學府——詁經精舍。這是章太炎學術生涯的起點。

杭州西湖

17 《章太炎先生家書》（上海市：古籍出版社，1985年），頁46。

　　詁經精舍是清代著名學者阮元所建。

　　阮元（1764-1849年），字伯元，號雲臺、雷塘庵主，晚號怡性老人，揚州儀徵人。阮元是清代嘉慶、道光年間一代名臣，著述甚豐，曾組織編纂《經籍籑詁》一〇六卷、編刻《十三經注疏》四一六卷、《皇清經解》一四〇〇餘卷等。嘉慶二年（1797年），阮元在杭州孤山南麓構建房舍五十間，選兩浙經古之士，分修《經籍籑詁》。嘉慶五年（1800年），阮元出任浙江巡撫。次年，阮元將昔日修《經籍籑詁》之房舍辟為書院，名之為「詁經精舍」。書院取名「詁經精舍」，阮元的解釋是：「精舍者，漢學生徒所居之名；詁經者，不忘舊業，且勖新知也。」[18]詁經精舍聘當時一流學者王昶、孫星衍等為主講。詁經精舍主研經學、小學、天文、地理等，是清代培養樸學家的搖籃。它的學員由各地書院選送，學員最多時不過五十人左右。歷代書院主持人均是當代飽學碩儒。

　　詁經精舍的教學方式與一般書院不同，鼓勵學生自學研討，而以主講講解為輔。詁經精舍對學業突出、考課優秀的學生有一項特別的獎勵，即將學生詩文佳作結集出版。阮元後因劉鳳誥科場舞弊案被問以失察之過，革去浙江巡撫之職，精舍一度停廢。清同治五年（1866年），布政使蔣益灃捐資重建精舍，從浙江敷文書院、崇文書院、紫陽書院選調學生。

　　章太炎進入詁經精舍學習的時候，詁經精舍已經成立八九十年了，書院主持人是經學大師俞樾。

　　俞樾（1821-1906年），字蔭甫，自號曲園居士，浙江德清人，清末著名樸學大師。清道光三

---

18 阮元：《詁經精舍文集》，（北京市：中華書局，1985年），卷3，頁61。

十年（1850年），俞樾殿試中第十九名進士，授翰林院庶起士，後歷任翰林編修、國史館協修、河南學政。俞樾經學功底十分深厚，罷官後移居蘇州，潛心學術。治學以經學為主，旁及諸子學、史學、訓詁學，乃至戲曲、詩詞、小說、書法等。俞樾學識淵博，他繼承了顧炎武、戴震、王念孫父子工於經學的傳統，以畢生精力校正群經，研讀諸子，在群經學和諸子學領域成果突出，所著《群經平議》、《諸子平議》、《古書疑義舉例》等書，為清乾嘉學派後期代表作。《春在堂隨筆》、《茶春室叢鈔》等筆記搜羅甚廣，保存了豐富的學術史和文學史資料。經兩江總督李鴻章推薦，俞樾任蘇州紫陽書院主講。一八六六年，浙江布政使重修毀於戰火的詁經精舍，特邀俞樾主持。其間，他先後至菱湖龍湖書院、上海詁經精舍、德清清溪書院、長興箬溪書院講學。俞樾主持詁經精舍三十一年，他的半生時光都在這裏度過。

詁經精舍是當時浙江的高等學府之一，入學需要考試。據章太炎後來回憶，俞樾出了兩道題考他，試舉其中一題：

> 俞樾問：「《孝經》有先王有至德要道，先王誰耶？鄭注謂先王為禹，何以孝道始禹也？」
>
> 章太炎答：「《經》云先王有至德要道以順天下者，明政治上之孝道異尋常人也。夏后世襲，方有政治上之孝道，故孝道始禹。且《孝經》之制，本於夏后；五刑之屬三千，語符《呂刑》。三千之刑，周承夏舊，知先王確為禹也。」[19]

章太炎的另一試題關於《禮記》。類似這樣的試題，對於今人而言，無論是命題者還是應試者都已經屬於鳳毛麟角了。俞樾對章太炎的回答表示滿意，當下宣佈錄取。

---

19 《章太炎年譜長編》（北京市：中華書局，1979年）。

　　章太炎進入詁經精舍，是為了實現他父親的遺願。章太炎的父親章濬曾經在詁經精舍有過一段任職的經歷，與俞樾共過事。章濬一度擔任詁經精舍監院，職掌監察，地位僅次於院長。章濬說：「曲園設教詁經精舍，吾時充監院，相處數歲，今聞其茹蔬念佛，賢士晚節，往往至此。」[20]詁經精舍是一個什麼樣的地方，章太炎在這裏能學到什麼，章濬心裏再清楚不過了。

　　章太炎在詁經精舍跟從俞樾學習近八年，奠定了他的國學基礎。章太炎在家鄉余杭跟隨外祖父、父親和兄長學習經史，博覽群書，但是沒有受過系統的樸學訓練，沒有受到過名師的指點。章太炎的不足之處在詁經精舍經過俞樾的點撥，學業大有長進。章太炎的基礎好，治學的路徑與俞樾又相對接近，可是初進詁經精舍的時候，章太炎發表過幾次學術見解，均未獲俞樾首肯。章太炎感到先生是一個相當嚴格並近乎刻板的人。

　　章太炎深受俞樾校正群經、研讀諸子的影響，在這兩方面著力最勤，收穫最大。詁經精舍的教學很有特點，俞樾鼓勵學生自學，鼓勵學生提問，提倡教學相長。章太炎深厚的國學功底，一經俞樾點撥，很快便掌握了通過訓釋諸經疑難字句名物，進而闡明經文本義的方法，在同儕諸人中成績斐然，受到俞樾的器重。

四　詁經精舍

　　對於章太炎來說，詁經精舍八年的學習是他一生中十分重要的經歷，對他的思想、性格、志向、學術乃至文風都產生了重要影響。在詁經精舍學習期間，章太炎在俞樾的教導下開始系統地學習經學。章

20　〈章氏筆述〉，《制言》四十三期，一九三七年六月六日。

太炎在浩如煙海的中國歷史文化的海洋裏遨遊，從經學到史學，無不
涉及。許多重要的典籍，章太炎能夠比較準確地背誦。

中國古代經學分為今文經學和古文經學兩大派別。古代儒家經
典，一種是以漢代通行的隸書書寫的，一種是以戰國時候的篆文和秦
代的小篆書寫的，前者稱為今文經，後者稱為古文經。代表今文經學
的經典著作是《春秋公羊傳》，其著名的經學大師是董仲舒。代表古
文經學的經典著作是《春秋左氏傳》，其公認的經學大師是劉歆。今
文經學崇奉王權，古文經學崇奉霸權。在中央集權的朝代，往往今文
經學受到重視；在群雄爭霸的朝代，往往古文經學受到重視。

章太炎通過一段時間的學習，開始堅定不移地崇奉古文經學。古
文經學大師劉歆，字子駿，少通《詩》、《書》。及長，受詔與父劉向
領校群書，於諸子、六藝、詩賦、數術、方技等無所不通，無所不
精，是西漢著名目錄學家。章太炎仰慕劉歆，自稱「劉子駿私淑弟
子」，曾刻有印章一枚。

成名以後的章太炎手不釋卷、衣著隨意、生活簡樸、不苟言笑，
這些性格的養成可以說是詁經精舍的薰陶。詁經精舍的掌門人俞樾
「雅興不好聲色，既喪母妻，終身不肴食，衣不過大布，進饌不過茗
茶」，粗茶淡飯，除了經學，幾乎不食人間煙火。

在詁經精舍學習期間，章太炎得到當時著名學者高學治、譚獻、
黃以周、孫詒讓等人的指導。這些著名學者與詁經精舍掌門人一樣，
終其一生，最大的快樂和享受，除了讀書還是讀書，除了學問還是
學問。

高學治是樸學家，一生研究經學、小學，每天讀書不止。章太炎
向他請教時，他已七十多歲，仍然保持手不釋卷的習慣。章太炎覺
得，高學治對於經學已經猶如虔誠的宗教徒，完全是一種奉獻的精
神。章太炎每有所問，他都能侃侃而談，娓娓道來，令章太炎十分欽

佩。高學治曾經對章太炎說：兩漢經師道德文章第一流，此後歷朝少
有出其左者。一個真正的君子，不僅熟讀典籍，而且始終保持高尚的
節操，年年如是，終生如是。高學治的一番話使章太炎大有振聾發聵
之感，讓他終生銘記於心：做一個真正的君子。

譚獻（1832-1901年），浙江仁和（今杭州）人。清同治六年
（1867年）舉人，此後屢赴會試不第。曾受聘杭州詁經精舍監院、浙
江書局總校等。譚獻擅長詩文，能寫一手漂亮的駢文。章太炎就文辭
法度向他請教，譚獻耐心講解點評，使章太炎獲益匪淺。章太炎的文
章風格別具一格，主要是受譚獻影響。

黃以周（1828-1899年），浙江定海人。清同治九年（1870年）中
舉，歷任遂昌、海鹽縣訓導，處州府學教授，特薦加為內閣中書。治
學道高而不拘於漢宋門戶之見，江南許多高材生都出自其門下。

孫詒讓（1848-1908年），浙江瑞安人。孫詒讓是近代著名經師，
被譽為「有清三百年樸學之殿」。十三歲著成《廣韻姓氏刊誤》，十八
歲寫成《白虎通校補》，一生著作達三十五種，對經學、史學、諸子
學、文字學、考據學、校勘學等方面都有卓越的成就。

高學治精通經學，譚獻擅長詩文，黃以周熟悉典章制度，孫詒讓
通透音韻訓詁，章太炎虛心拜他們為師，在這四方面均有所斬獲。更
重要的是，章太炎在詁經精舍除了學習經學，還學習了這些學人高尚
的人格和人品，這影響了他的一生。

章太炎在詁經精舍學習的八年，是古老的中華大地風雲滌蕩的八
年。俞樾希望詁經精舍的學子醉心於許（慎）鄭（玄）之學，恪守先
王之道，可是時代的風雨吹皺了西子湖的一池碧水，也吹動了詁經精
舍古樸的窗簾。章太炎在詁經精舍感受到了時代的氣息，受到西學的
影響。

那時，許多時代青年對西學發生興趣，由西學而對西方國家產生

嚮往。章太炎結交的幾個好友如宋恕、楊譽龍、夏曾佑等在這方面對他起了不少影響。

宋恕（1862-1910年），原名存禮，字燕生，號謹齋，改名恕，後又改名衡。浙江省溫州人。宋恕是近代啟蒙思想家，與陳黻宸、陳虬並稱「浙東三傑」。在詁經精舍，宋恕的思想最為激進，常常想人之所未想，言人之所未言。宋恕抨擊程朱，主張變法，同窗視為驚世駭俗之言。俞樾曾經評價宋恕有「排山倒海之才，絕後空前之識」。[21]

宋恕離開詁經精舍後，曾於一八九二年上書李鴻章，並呈上其著作《六齋卑議》。宋恕後被委充為北洋水師學堂教習，一八九七年任《經世報》主筆，一九〇一年任杭州求是學院漢文總教習。

宋恕、楊譽龍、夏曾佑不但對經學、史學有較深的造詣，還博覽西書，因此思想激進。在同窗學友的影響下，章太炎開始稍稍流覽西書，開始接觸的西書主要是江南製造局、同文館和廣學會翻譯的西學書籍。

詁經精舍的學生偷偷閱讀西書的事情漸漸為俞樾所知，他想禁止，然而當時的形勢和局面已經不是俞樾所能控制的了。一八九六年，俞樾驚呼：「此三年中，時局一變，風會大開，人人爭言西學矣，而余與精舍諸君子猶硜硜焉抱遺經而究終始，此叔孫通所謂鄙儒不通時變者也。」[22]。

宋恕、楊譽龍、夏曾佑這三人還有一個共同的特點，就是推崇佛學。他們三人關於維新的思想和佛學的見解對章太炎產生了巨大的影響。

章太炎在詁經精舍學習期間，一心唯讀聖賢書，兩耳不聞窗外事，這是他童年時就養成的好習慣。他小的時候，家裏人喜歡玩牌，

---

21 《中國哲學》，第十一輯，頁435。
22 俞樾：《詁經精舍課藝》第八集・序

他在如此嘈雜的環境裏照樣看書。有一天傍晚，他在院子裏看書看得專心致志。嫂子對他說：外面起風了，回屋加一件衣服吧。章太炎回到屋裏披了一件衣服出來繼續看書。過了一會，嫂子看到他，大笑不止。章太炎怔怔地不知何事。嫂子說：你穿的是我的衣服！章太炎穿了嫂子的一件花衣服，竟然渾然不覺。章太炎從小養成的專心致志的學風伴隨他一生。

　　杭州自古以來就是一個鶯歌燕舞、紙醉金迷的地方，詁經精舍四周不出百步之遙，滿布茶舍酒樓，終日輕歌曼舞，絲竹之聲不絕於耳，可謂「暖風薰得遊人醉」。章太炎的家境雖然不比往昔，但在同儕諸人中尚算小康。章太炎在詁經精舍學習近八年，專心求學。他給自己制定了治學的六條規矩：（1）審名實；（2）重佐證；（3）戒妄牽；（4）守凡例；（5）斷情感；（6）汰華辭。

　　章太炎杜絕了一切誘惑，心無旁騖，僅偶而去湖邊散步、葛嶺登山，從不涉獵徵歌逐舞之地。章太炎的舉止與勤奮得到俞樾的器重與賞識，他對經學用力之勤、鑽研之深在同儕諸人中是出類拔萃的。章太炎在讀書時養成隨手記筆記的好習慣，凡心得體會、疑難雜感，一一記錄在案。他就周秦以降的經學文字、典章制度、名物考訂等撰寫了若干札記，其中三十多篇收入俞樾主持的《詁經精舍課藝》第七集和第八集，其餘彙編為〈膏蘭室札記〉四卷。

　　章太炎在詁經精舍求學時，將他讀書著述的書屋命名為「膏蘭室」，〈膏蘭室札記〉由此而來。〈膏蘭室札記〉是章太炎專門考析諸子的專著，全書四卷，皆以蠅頭小楷寫成。抗日戰爭時期，〈膏蘭室札記〉遺失一卷，今存三卷，收入考釋文章四七四條，主要是對先秦和西漢古籍中文字音訓的詮釋，涉及《詩》、《書》、《禮》、《易》、《春秋》、《管子》、《墨子》、《呂覽》、《淮南子》、《韓非子》、《列子》、《莊子》、《荀子》等經書與諸子，少量涉及西學。〈膏蘭室札記〉考釋範

圍十分廣泛，顯示了年方二十的章太炎才華橫溢，學識淵博。

　　無論是收入《詁經精舍課藝》還是〈膏蘭室札記〉的章太炎札記，其字裏行間均反映出章太炎接受西學的影響。他常常以西學的天文學、地理學、化學、物理學、生物學等自然科學證明經學和諸子。例如《管子・地數》說：「地之東西二萬八千里，南北二萬六千里。」章太炎閱覽西書後認為，近代西方自然科學家對地球經緯線的測量與中國古籍記載不謀而合，但中國要比西方早很多年。他還認為，《淮南子・地形訓》關於「煉土生木等說與五汞五金等說，合於化學；又陰陽相搏為雷，激揚為電，合於萬物皆有電器之說」。[23]

　　關於宇宙起源的問題，中國古代有蓋天說、渾天說和宣夜說等。章太炎學習西學後總結說，蓋天說認為天圓地方，天似蓋似笠；渾天說認為天如雞蛋，地如雞蛋中的蛋黃；更有一種說法，認為天是固態之物。他認為這些都不正確。章太炎比較贊同宣夜說，這種說法認為天是無邊無際的，日月星辰飄浮其中，與西方的天文學說最為接近，近代天文學印證了中國的經學。章太炎認為，天是無邊無際的，中國古人所說的有邊有際的天事實上是不存在的。天既不存在，上帝也是不存在的，「天既無物，何論上帝」。[24]他認為西方所謂上帝創造人類和萬物的說法是非常荒謬的。章太炎以西學詮釋經學和諸子，有的雖然不十分準確，但反映了他堅持中學為體、西學為用的精神，反映他初步接受了西方機械唯物主義和無神論的觀點。

　　〈膏蘭室札記〉考釋了周、秦及兩漢的典籍，內容龐雜，考據嚴謹，俞樾當時十分賞識，章太炎自己卻並不滿足。若干年以後，他與友人議及〈膏蘭室札記〉時，十分直率地評價說：「行篋中亦有《札

23　《章太炎全集》（上海市：人民出版社，1982年），卷一，頁255。
24　《章太炎全集》，（上海市：人民出版社，1982年，卷一，頁292。

記》數冊，往者少年氣盛，立說好異前人。由今觀之，多穿鑿失本意，大氐十得其五耳。」[25]

在詁經精舍求學期間，章太炎還撰寫了《春秋左傳讀》一書，這是他自己比較滿意的一本書。《春秋》問世以後，出現了許多解讀《春秋》的著作，著名的有《左傳》、《公羊傳》和《穀梁傳》。《左傳》、《公羊傳》、《穀梁傳》等與《春秋》一樣，被列為儒家經典著作。兩漢以後，又出現了詮釋《左傳》、《公羊傳》和《穀梁傳》的著作。唐天寶以後，《左傳》、《公羊傳》、《穀梁傳》被認為背離儒家，三傳一度遭廢。

清代一面大興文字獄，一面大力提倡考據學。康熙朝開設博學鴻詞科、陽城馬周科和經學科，宣導以考據學作為治學方式。在統治者的宣導下，清代漢學家蜂起，無數有才華的學者鑽入浩如煙海的故紙堆中。嘉慶、道光年間，劉文淇與其子劉毓崧、其孫劉壽曾傾三世之力撰寫《左傳舊注疏證》，竟未終卷而抱憾終身，可見研究之艱難。劉文淇傾三世之力撰寫《左傳舊注疏證》的故事深深打動了年輕氣盛的章太炎，他決心繼承劉文淇未竟之志，完成對《左傳》的研究。

章太炎生活的光緒朝對於大清王朝而言，已經是強弩之末。大清王朝曾經有過輝煌，從學術史來說，清代乾隆嘉慶年間是一個人才輩出、著述成林的時代。在這個時代，產生了我國學術史上著名的乾嘉學派。

乾嘉學派，也稱考據學派。考據學即考證學，是研究歷史、語言的一種方法，包括訓詁、校勘和資料搜集整理。考據學派以漢儒經注為宗，推崇東漢許慎、鄭玄之學，提倡樸實學風，後世稱為漢學派、樸學派，也稱清代古文經學派。乾嘉學派的研究範圍十分寬廣，包含

---

25 〈再與人論國學書〉，《國粹學報》，丁未年第十二號。

經學、史學、文字學、文物學、天文學、地理學、算學、音律學、校勘學、目錄學等等,其風開自明末清初的顧炎武。

當章太炎剛剛開始讀書識字的時候,他就從父輩的口中知道了明末清初的思想家顧炎武。顧炎武經歷了明末清初激烈的民族鬥爭的洗禮,富有強烈的民族反抗意識,同時他又是一個傑出的考據學家。顧炎武治經兼及音韻,主張根據經書和歷史立論,以考據的方法闡明自己的觀點。他主張「經世致用」,以達到「明道救世」,其代表作有《日知錄》和《天下郡國利病書》。章太炎小時候就讀過顧炎武的書,他崇拜顧炎武的學識,更崇拜他的民族氣節。顧炎武本名絳,少年章太炎曾經將自己的名字改為絳。

清乾隆嘉慶年湧現了一批著名學者,這些學者分為吳派和皖派兩大派系。吳派的著名學者主要有惠棟、江聲、錢大昕、汪中、江藩等,皖派的著名學者主要有戴震、段玉裁、王念孫、王引之等。

章太炎對皖派戴震的學識和思想非常欽佩,「震生休寧,受學婺源江永。治小學、禮經、算術、輿地,皆深通」,「惠棟歿,吳林衰,學者皆擁樹戴氏為大師」。[26]在《釋戴》一文中,章太炎說:

戴震像

震自幼為賈販,轉運千里,復具知民生隱曲而上無一言之惠,故發憤著《原善》、《孟子字義疏證》,專務平恕,為臣民懇上天,明死於法可救,死於理即不可救。[27]

繼吳派和皖派兩大派系以後,又有揚州學派、常州學派創立。章太炎在詁經精舍的老師俞

26 《章太炎文鈔》(上海市:中華圖書館,1914年),卷二。

27 〈釋戴〉,《章太炎先生所著書》,上海古書流通處印。

檄曾經問學於常州學派的宋翔鳳，因此，章太炎與常州學派、乾嘉學派有間接的淵源關係。常州學派的劉逢祿著《左氏春秋考證》、《左氏春秋後證》質疑劉歆，而康有為則在一八九一年刊佈《新學偽經考》，直截了當指責《左傳》是劉歆編造的偽書。

　　章太炎一一拜讀了劉逢祿、康有為等人的書，對《左傳》進行了長達五年的研究，撰寫了五十餘萬言的巨著《春秋左傳讀》。章太炎運用乾嘉學派的考據方法，將《左傳》與周秦典籍進行比較研究，詳細列舉兩漢前的典籍引用《左傳》的情況，最後得出與劉逢祿、康有為完全相反的結論：《左傳》不是劉歆編造的偽書。

五　走出書齋

　　章太炎在詁經精舍學習近八年，開始是一心唯讀聖賢書，兩耳不聞窗外事。然而樹欲靜而風不止，在他學習期間，一八九四年爆發了中日甲午戰爭，中國陸海軍一敗再敗。一八八八年十二月十七日，中國北洋水師正式宣告成立，中國擁有了一支在當時堪稱世界第六、亞洲第一的海軍艦隊。誰能料到，這支「亞洲第一」的海軍艦隊竟被蕞爾小國打敗，弄得一個全軍覆沒的下場。第二年，喪權辱國的《馬關條約》簽訂，中國割讓臺灣，賠款白銀二點三億兩，泱泱大國蒙受了巨大的恥辱。對中國一直虎視眈眈的列強步日本後塵，紛紛染指中國。《馬關條約》的簽訂，標誌著喧鬧了三十多年的洋務運動徹底破產。

　　消息傳來，原來一直埋頭書本的章太炎義憤填膺，恨兵之不強，國之不富。他想不通，一個小小的日本為什麼竟能戰勝老大的大清帝國？為什麼西方主要列強都要侵略中國？章太炎開始從東西方的書籍中尋找答案。章太炎自己說：「自從甲午以後，略看東西各國的書籍，才有學理收拾進來。」從東西方各國的書籍裏，他開始了解弱肉

強食、了解議會政治、了解明治維新等等他以往聞所未聞的世界。北洋水師覆沒、《馬關條約》簽訂，深深刺痛了章太炎，國不國矣，讀書何為？章太炎手錄了兩副名聯作為自己的座右銘。一副是明東林黨領袖顧憲成所撰：

> 風聲雨聲讀書聲聲聲入耳
> 家事國事天下事事事關心

顧憲成當年在無錫創辦東林書院，講學之餘，評議朝政。章太炎覺得自己不能死讀書，讀死書，要像顧憲成那樣，一邊讀書，一邊關心天下事。另一副對聯是他一直崇拜的清朝初年著名儒者顧炎武撰寫的：

> 天下興亡
> 匹夫有責

顧炎武認為民族的存亡，是每一個百姓的責任。章太炎覺得，作為一個「匹夫」，他理所應當地擔負起拯救天下的責任。

一八九五年五月，正在北京參加會試的各省舉人，聽說清政府要與日本訂立喪權辱國的〈馬關條約〉，極為憤慨。康有為連夜起草了一份一萬四千多字的〈上皇帝書〉。各省舉人一千三百多人在北京集會，通過了這個萬言書，這就是有名的「公車上書」。康有為主張「拒和、遷都、變法」，特別強調變法是立國自強的根本。在〈上皇帝書〉中，康有為建議皇帝「下詔鼓天下之氣，遷都定天下之本，練兵強天下之勢，變法成天下之治」。此後，康有為又連續給皇帝上書，系統地闡述了自己的變法思想。康有為代表中國資產階級改良主

義提出的政治綱領通過「公車上書」迅速傳遍全國。身在詁經精舍的
章太炎一直密切關注著時局發展的動向，他贊同康有為的主張，為
「公車上書」拍案叫好。

康有為像

　　康有為與俞樾雖然治學門徑不同，但二人
私交甚密。康有為路過杭州的時候，曾經專門
往詁經精舍拜訪俞樾，並將自己剛剛撰寫不久
的《新學偽經考》一文呈俞樾指正。俞樾在詁
經精舍向弟子們說起過康有為的主張及《新學
偽經考》，章太炎開始關注康有為。

　　康有為（1858-1927年），又名祖詒，字廣
廈，號長素，廣東南海人，人稱「康南海」，
清光緒年間進士，官授工部主事。康有為年齡
比章太炎僅大十歲，可早已是一代風雲人物。早在一八八八年，康有
為就上書光緒，痛陳祖國的危亡，批判因循守舊，要求變法維新，提
出了「變成法，通下情，慎左右」三條主張。一八九一年，康有為在
廣東開辦萬木草堂學館，聚徒講學，一時雲集了如梁啟超這樣的一批
崇拜者。康有為講中國數千年以來的學術淵源，講中國歷史政治的沿
革得失，使他的弟子們如沐春風，產生變革的衝動。

　　一八九五年八月，康有為在北京組織了強學會。十一月，上海強
學會隨之成立。章太炎聞訊後立即匯去十六元，要求入會。章太炎
說：「乙未（清光緒二十一年）康有為設強學會，余時年二十八歲。
先是二十五歲始居杭州，肄業詁經精舍，俞曲園先生為山長，余始專
治《左氏傳》。至是聞康設會，寄會費銀十六元入會。」[28]可惜，上海

28　朱希祖：〈本師章太炎口述少年事蹟筆記〉，《章太炎》（上海市：三聯書店，1997
　　年），頁32。

強學會好景不長，成立一個多月便遭到查封，雖然此後被解禁，改組為官書局，但此番變故令章太炎非常失望。

章太炎重讀《荀子》、《韓非子》，認為荀子、韓非子的主張是富國強民的良方妙藥，「歷覽前史，獨於荀卿、韓非所說，謂不可易。」[29]

章太炎希望能以古今中外的良方妙藥改造中國，愈來愈感覺詁經精舍的空氣過於沉悶，他希望走出書齋，投身於火熱的改良主義運動之中。這時，他開始關注一份剛問世不久的報紙——《時務報》。

《時務報》是一八九六年八月由梁啟超等維新派在上海創立的報紙，專門宣傳變法維新。《時務報》的文章大膽新穎，慷慨激昂，讀來有令人振聾發聵之感，章太炎非常喜歡這份報紙。《時務報》的主編是梁啟超，經理是汪康年。梁啟超、汪康年經常在報紙上發表文章，章太炎讀後覺得很受鼓舞。十二月二十九日，章太炎提筆給汪康年寫了一封信，對如何辦好《時務報》提出了自己的見解。這封信引

梁啟超像

起了梁啟超和汪康年的注意。

梁啟超（1873-1929年），字卓如，號任公，又號飲冰室主人、飲冰子、哀時客、中國之新民、自由齋主人等，廣東新會人。梁啟超一八八九年中舉，一八九〇年赴京會試未中，同年結識康有為，投其門下，與康有為一起領導了著名的「戊戌變法」；民國初年成為清華大學國學院四大教授之一，著有《飲冰室合集》、《中國近三百年學術史》等。

29 章太炎：《菿漢微言》，收入《菿漢三言》（瀋陽市：遼寧教育出版社，2000年），頁72。

　　汪康年（1860-1911年），初名灝年，字梁卿，後改名康年，字穰卿，晚年號毅伯、恢伯、醒醉生，浙江錢塘（今杭州）人，是《時務報》、《時務日報》、《京報》、《芻言報》等近代報紙創辦人。汪康年一八九〇年入湖廣總督張之洞幕府，後任自強書院教習；一八九六年初赴滬參加強學會，同年八月與黃遵憲、梁啟超等創辦《時務報》，任經理，聘梁啟超為主筆，宣傳資產階級民權思想。

　　汪康年向梁啟超介紹章太炎不僅博學多才，而且贊同維新，曾經向強學會捐過款，是一個有抱負的好青年。梁啟超、汪康年決定邀請章太炎入盟《時務報》，擔任撰述。一八九七年初，章太炎接到了《時務報》的正式邀請，決定離開生活了八年的西子湖，離開學習了八年的詁經精舍。章太炎的決定，遭到了他的老師俞樾的激烈反對。俞樾認為學人應該兩耳不聞窗外事，板凳甘坐十年冷，不要追逐政治的時髦。然而，章太炎決心已定，他不顧老師的一再挽留，毅然決然地告別了婀娜多姿的西湖，走進了號稱「冒險家樂園」的大上海，開始了他的政治生涯。

中華書局出版的《章太炎》

第二章
投身改良主義運動

　　走出書齋的章太炎，投身於火熱的改良主義運動，與資產階級改良派成為一個戰壕裏的戰友。他在《時務報》發表了第一篇時評文章，提出「聯日拒俄」的主張。章太炎與康有為、梁啟超等在改良與革命的問題上漸漸意見相左，從口水仗發展到拳頭仗。一八九七年下半年，章太炎連續發表十餘篇論文鼓吹變法維新。一八九八年，章太炎應湖廣總督張之洞之邀到武昌，但與《楚學報》總辦梁鼎芬等交惡，再一次發展到大打出手。戊戌變法失敗後，章太炎連夜撰寫了〈祭維新六賢文〉，熱情謳歌為變法而獻身的六君子。章太炎因從事維新活動遭到通緝，被迫逃亡臺灣，任職《臺灣日日新報》。一八九九年，章太炎開始了他的日本之行。在日本，章太炎見到了孫中山。章太炎先後上書李鴻章和劉坤一，但泥牛入海無消息，讓他徹底丟掉了對漢族封建地主官員的幻想。回國後，章太炎參與「中國國會」，開始擺脫改良主義的羈絆。唐才常和「中國國會」拒絕章太炎的建議和忠告，章太炎毅然決然斷髮易服。他在《中國旬報》上連續發表三篇文章，表明章太炎已經徹底與改良主義分道揚鑣。他撰寫〈正仇滿論〉，一方面肯定光緒百日維新的功績，一方面指出光緒的新法不可能實現。一九〇一年，章太炎應聘蘇州東吳大學。在蘇州拜訪俞樾時，遭到老師痛斥。章太炎撰寫〈謝本師〉一文，表示與俞樾從此斷絕師生之誼。

一　參與變法

　　章太炎到上海後，受到梁啟超和汪康年的歡迎，被安排在《時務報》任職。章太炎第一次見到梁啟超非常興奮，當時的梁啟超已經小有名氣了。

　　有一天，章太炎問汪康年：「你讓我來報社，是不是因為我給你寫了那封信啊？」汪康年說：「不是。報社每天要接到許多信，看不過來。你給強學會寄了十六元會費，是康有為、梁啟超注意上你

了。」章太炎回憶說：「梁啟超設時務報社於上海，遣葉浩吾至杭州來請入社。問何以知余，曰因君前有入強學會之事。」[1]

　　《時務報》是維新派的喉舌，每十天出版一期，每期三萬字。任職《時務報》期間，章太炎沒有辜負梁啟超和汪康年對他的厚望。一八九七年二月二十二日出版的《時務報》刊登了章太炎出任撰述後的第一篇時評文章〈論亞洲宜為唇齒〉。

　　〈論亞洲宜為唇齒〉針對中國甲午戰後清政府聯俄制日的時局，一針見血地指出，清政府之所為，無異於引狼入室。甲午戰爭失敗，激起中國人民對日本的仇視，而忽略了來自俄羅斯的危險。〈馬關條約〉規定中國將臺灣和遼東半島一併割讓日本，俄羅斯認為遼東半島的割讓危害了俄國在中國東北的利益，於是聯合德國、法國共同干涉，迫使日本放棄遼東半島，清政府則增加三千萬兩贖金作為補償。俄羅斯一己私利的行

1　朱希祖：〈本師章太炎口述少年事蹟筆記〉，《章太炎》（上海市：三聯書店，1997年），頁32。

為被清政府視為「無私援助」，李鴻章遂與俄羅斯簽訂〈中俄密約〉，由此俄羅斯在中國東北取得築路、屯軍等一系列特權。章太炎提出「聯日拒俄」的主張，「為今之計，既修內政，莫若外昵日本，以御俄羅斯」。

　　章太炎批評清政府內政不修，以致外患日深。清政府企圖聯合沙俄制約日本，無異與虎謀皮，長此以往，東北將淪為俄國的殖民地。章太炎指出，俄國通過〈璦琿條約〉和〈北京條約〉強佔中國土地百萬平方公里，是中國最危險的敵人。章太炎還說，中國與日本唇齒相依，日本原無侵略中國之野心，因與俄國為鄰，由於擔心遭受俄國侵略，所以出兵中國和朝鮮，日本的這種行為不是「侵略」，而是「自救」。中國應當聯合日本，共同抵禦俄羅斯。亞洲各國人民應當聯合起來，共同抵禦西方列強。中國應當變法維新，「發憤為天下雄」。[2]

　　章太炎批評清政府「聯俄制日」，呼籲國人警惕俄羅斯是有遠見的。章太炎文章發表後不過兩年左右，中國東北已基本處於俄羅斯的控制之下。但是，章太炎對於日本的認識顯然是十分模糊的，也是十分錯誤的。他曾經為日本甲午年的侵華戰爭而憤怒，也曾經為〈馬關條約〉的簽訂而拍案，但是他撰寫的第一篇政論文章卻沒有看到日本軍國主義的侵略本質，甚至錯誤地將日本的「侵略」視為「自救」。章太炎撰寫這篇文章的時候，既沒有去過俄羅斯，也沒有去過日本，但是他卻莫名其妙地開脫日本而厭惡俄羅斯。這種與生俱來的情緒幾乎影響了章太炎的半生，一直到後來《民報》被日本政府強制查封，他與日本政府不得不對簿公堂，對日本的看法才稍稍有所改變。章太炎第一篇政論文章發表三十四年後，日本在中國東北燃起戰火，無數同胞背井離鄉，到處流浪，這是章太炎生前親眼看到的日本的侵略。

2　〈論亞洲宜為唇齒〉，《時務報》第十八冊。

章太炎文章發表四十年後，日本發動全面侵華戰爭，中國人民蒙受了空前的苦難，而這時的章太炎已經到了另一個世界。

一八九七年三月三日，章太炎在《時務報》發表〈論學會有大益於黃人宜保護〉一文。章太炎批評清政府實行文化專制主義和愚民政策，導致國勢日頹，四夷交侵，主張變法維新，廣立學會，保護學會，「以昌吾學，以強吾類」。他說：「然則如之何而可？曰：以教衛民，以民衛國，使自為守而已。變郊號，柴社稷，謂之革命；禮秀民，聚俊材，謂之革政。今之宜務，曰：以革政挽革命。」[3]章太炎認為，只有讓社會「秀民」和「俊材」進入政府，才能真正實行「以革政挽革命」。章太炎在文章裏引用康有為《新學偽經考》、《孔子改制考》關於「大一統」、「通三統」等理論宣傳變法維新，說明章太炎與康有為、梁啟超等資產階級改良派已經成為一個戰壕裏的戰友。

章太炎的兩篇政論文章洋溢著一股豪情與衝動，文章發表後在社會上引起巨大反響。譚嗣同寫信給《時務報》，稱章太炎的文風堪比西漢時期的司馬相如，贊他為鉅子。黃遵憲致信《時務報》，讚歎章太炎文風雄麗，但過於古雅。章太炎與梁啟超迅速成為《時務報》的兩個臺柱，報紙銷售量很快就超過了一萬份。

走出書齋的章太炎，投身於火熱的改良主義運動，他在《時務報》發表的文章雖有認識模糊之處，但表明他的世界觀已經發生重大變化。借助於《時務報》的舞臺，章太炎與梁啟超、汪康年朝夕相處，還結識了譚嗣同等一批著名的維新人士。

章太炎與康有為、梁啟超雖然成為一個戰壕裏的戰友，但在若干重大問題上卻常常意見相左，其中最主要的問題是改良與革命的問題。

章太炎贊同康有為、梁啟超關於改良的主張，正因為此，他當初

才毅然決然接受汪康年的邀請，從水如平鏡的西子湖來到激流澎湃的黃浦江。他在《時務報》發表文章，提出「以革政挽革命」的口號，表明他已經是改良主義旗幟下的一名戰士。但是，章太炎沒有在改良主義的道路上止步不前，他胸中一直激蕩著強烈的反清風暴。他牢牢記住童年時期外祖父朱有虔對他說過的話：「國之變革不足患，而胡人入主中夏則可恥。」[4]父親章濬臨終前囑託家人，不得有違章家先人逝後著明朝服裝入葬的祖制，父親的臨終之言銘刻於心。當年閱讀《明季稗史》所記揚州十日和嘉定屠城的慘案，其心中之慘痛，更是歷歷在目。章太炎認為，康有為將一切希望寄託於光緒皇帝是難有出路的，「不去滿洲，則改政變法為虛語。」[5]這個時候，章太炎的政治思想基本上是民族主義和民主主義，最突出的是民族主義思想。胡繩武、金沖及指出：「辛亥革命時期的客觀歷史條件，規定了當時的革命任務是反對民族壓迫（帝國主義的民族壓迫）和封建壓迫。因此，作為這個時期的革命理論家和宣傳家之一的章炳麟的政治思想的中心內容，就不能不是民族主義和民主主義的思想。」[6]

　　一八九七年，孫中山在英國被清使館幽禁於倫敦，一時海內外譁然。章太炎閱報時得悉其事，這是他第一次知道孫逸仙其人。他問梁啟超：「孫逸仙如何人？」梁答：「此人蓄志傾覆滿洲政府。」章太炎聽了，心甚壯之，暗暗引為同志，說：「竊幸吾道不孤！」章太炎後來回憶說：「因閱西報，知倫敦使館有逮捕孫逸仙事，因問梁啟超孫逸仙何如人，梁雲此人蓄志傾覆滿洲政府，余心甚壯之。」[7]他發現

4　《章太炎先生講演錄》，章氏國學講習會刊本。

5　《太炎先生自定年譜》光緒二十三年，上海書店，一九八六年影印本。

6　胡繩武、金沖及：〈辛亥革命時期章炳麟的政治思想〉，《辛亥革命五十週年紀念論文集》（北京市：中華書局，1980年），頁332。

7　朱希祖：〈本師章太炎口述少年事蹟筆記〉，《自述與印象：章太炎》（上海市：三聯書店，1997年），頁32。

康有為、梁啟超既反對革命，也反對正在進行排滿革命的孫中山，對孫中山多有詆毀，為此憤憤不平。

在改良與革命的問題上，章太炎與康有為、梁啟超意見相左，在學術觀點上雙方也存在巨大分歧。

經學研究分為今文經學派和古文經學派，兩派的學術觀點不同，政治主張也不同。今文經學崇奉王權，古文經學崇奉霸權。康有為、梁啟超屬於今文經學派，章太炎屬於古文經學派，從學術方面來說，這兩派是水火不相容的。漢代以後，今文經學派和古文經學派的爭論一直沒有停止過，但今文經學派明顯占上風。今文經學最著名的大師董仲舒要求漢武帝「罷黜百家，獨尊儒術」，為漢武帝採納，此後儒學以國學正統統治中國兩千餘年。

在宣傳改良主義的政治主張時，章太炎曾經接受了康、梁的一些政治主張，並且引用過康有為〈新學偽經考〉、〈孔子改制考〉關於「大一統」、「通三統」等理論。為了證明變法維新的合理性，康有為打出「孔聖人」的旗號，將孔子描繪成託古改制的祖師爺，說明變法維新自古有之，而且是孔子開其端，並不是他的創造發明。對於康有為的良苦用心，章太炎表示理解，所以對康有為的〈新學偽經考〉、〈孔子改制考〉等文章並不感冒。但是康有為向光緒進言，請求奉孔教為國教、孔子為教主，章太炎對此表示不能接受。章太炎認為，孔子是一個史學家和教育家，而不是政治家。孔子最大的成績是整理了許多故書舊史。

當章太炎讀到康有為的弟子吹捧孔子、為康有為大造輿論、將康有為奉為當代教主、「南海聖人」的文章時，章太炎簡直怒不可遏，「大聲疾呼，直攻其妄。」[8]章太炎對梁啟超等康門弟子尊康有為為

8　章太炎：《致譚獻書》，光緒二十三年三月十九日。

聖人的做法充滿鄙夷，說「這群康門弟子好比一群屎克螂在推滾糞球」。章太炎與康門弟子發生嚴重分歧，經常發生爭論。《時務報》是康門弟子的重鎮，政見和學術上的分歧使章太炎與梁啟超、汪康年漸漸難以和平共處。章太炎敢說敢言以及公開對「南海聖人」的大不敬激怒了康門弟子，康門弟子梁作霖竟然唆使一幫無賴將章太炎暴打了一頓。

　　一天，康門弟子麥夢華在《時務報》裏大肆吹捧康有為，章太炎聽不下去，就說：「康有為能與孔子比嗎？」麥夢華惱羞成怒，抓住章太炎就打。章太炎毫不相讓，兩個人抱打在一起。《時務報》館的人多為康門弟子，見狀後一擁而上，將章太炎團團圍住。混戰中，章太炎打了梁啟超一個耳光。康門弟子的得力幹將梁作霖見梁啟超被打，對章太炎大打出手，場面非常混亂。

　　從口水仗發展到拳頭仗，章太炎只能選擇離開。《時務報》負責人汪康年一再挽留，章太炎謝絕了。章太炎後來聽說，麥夢華之所以首先發難，是因為譚嗣同和黃遵憲給報館的信表揚了章太炎而沒有表揚他。

　　在孔子的評價問題上，弟子錢玄同深受章太炎影響。一九一九年，「五四」運動爆發，錢玄同跟隨陳獨秀、吳虞等毫不猶豫地高舉反孔旗幟，號召打翻孔家店。

二　重返故鄉

　　一八九七年四月，在《時務報》工作了才幾個月的章太炎告別了報社，從上海回到西子湖畔。章太炎餘怒未消，回到杭州後就開始撰寫《〈新學偽經考〉駁議》，準備從理論上批駁康有為。撰稿期間，章太炎曾經向他所敬重的著名學者孫詒讓請教，希望得到他的支持。孫

詒讓覆信章太炎，表示他雖然不贊成康有為的新孔學，也反對康門弟子的張狂，但是康有為要求變法維新關係到國家社稷，公開批判康有為的〈新學偽經考〉有損康有為形象，亦於大勢不合，希望章太炎停止撰稿，章太炎接受了孫詒讓的建議。

回到西子湖畔以後，章太炎十分繁忙。章太炎接獲孫詒讓信時，《〈新學偽經考〉駁議》一文已基本成型，章太炎顧全大局，立即中斷了撰稿，開始投入變法維新活動。章太炎與好友宋恕、陳虬等人經一番籌畫，於六月在杭州發起成立了興浙會。八月，又與宋恕、陳虬等創辦了《經世報》，八月下旬與王俊仁創辦《實學報》，十一月與惲積勳等成立譯書公會並創辦周刊《譯書公會報》。

一八九七年下半年，章太炎連續發表十餘篇論文，鼓吹變法維新。在《經世報》第一冊，章太炎發表《興浙會序》，表示要為振興浙江、振興中國乃至振興亞洲而獻身。在《經世報》第二冊和第三冊上，章太炎公佈了〈興浙會章程〉十四條。〈章程〉宣佈，興浙會對於舊學將特別重視中國典章制度和歷史的研究；對於新學將主要是對西方科學技術和政治經濟制度的研究，重在實用。他認為，舊學和新學兩者相輔相成，不可偏廢，而當務之急是學習西學。

在《經世報》上，章太炎發表了〈變法箴言〉，闡述如何促使民眾覺悟，如何促使變法成功，提出「斟酌西法，則而行之」。[9]章太炎提出，變法是新與舊的生死搏鬥，決不會一帆風順，維新志士不能將

9 〈變法箴言〉，《經世報》第一冊。

變法的希望寄於皇帝一人，應當具備舍生忘死的精神。章太炎認為，中國當時尚未具備設立議院、開放民主的條件，因此他不贊成民主、平等的口號，「學堂未建，不可以設議院；議院未設，不可以立民主」。章太炎為封建社會君臣、父子、夫妻關係進行辯解，認為臣服從君、子服從父、妻服從夫天經地義，不可一刀削平。章太炎一方面呼籲要為變法不畏流血犧牲，一方面又反對民主平等，甚至為封建宗法關係辯護，反映了舊學營壘叛逆者思想深處的矛盾。

章太炎在《經世報》第三冊發表〈讀《管子》書後〉一文，提出以消費促進生產，達到發展資本主義工商業的目的。《管子‧侈靡》的觀點是主張高消費，這種主張與封建社會長期以來反對侈靡之風是格格不入的。章太炎閱讀了大量西方政治經濟學著作後，重讀《管子‧侈靡》篇，竟生出許多新的感受。章太炎認為，崇尚節儉是中國自給自足自然經濟的產物，《管子‧侈靡》篇提倡高消費是西方商品經濟的理論依據。世界趨於文明，人民生活提高，是通過高消費來實現的；社會有了高消費的需求，才會出現高生產。高消費促進高生產，提高了人民生活，也促使了社會進步。章太炎關於消費與生產的辯證理論在十九世紀末顯得出類拔萃，具有振聾發聵之功，即使在今天也具有重要的指導意義。

章太炎在《經世報》發表的〈興浙會序〉和〈變法箴言〉兩文具有濃烈的反清色彩，興浙會中的一些人公開表示對章太炎政治立場的不滿，要求重新修訂〈興浙會章程〉。章太炎聞訊，決定離開興浙會和《經世報》。

章太炎在與王仁俊等共同創辦的《實學報》上發表《實學報序》，批評那些道聽塗說、喜好炫耀自己的所謂高材之士，提倡務實的學風，做到學有成效。其後，章太炎在《實學報》上連續發表〈後聖〉、〈儒道〉、〈儒兵〉、〈儒法〉、〈儒墨〉、〈儒俠〉、〈異術〉等論文，

將儒學與諸子之學作比較，說明諸子之學可以糾正、補充儒學之不足。在這些論文裏，章太炎公開反對董仲舒關於「罷黜百家，獨尊儒術」的說教，表示儒學應與諸子之學並存，不能厚此薄彼。

　　章太炎在《實學報》的時間也不長，大約只有二個月時間，原因是他與王仁俊在若干原則問題上存在分歧。王仁俊主張中體西用，反對變法維新，章太炎不能容忍。

　　十月，章太炎與憚積勳等組織了譯書公會，創辦了《譯書公會報》。這是一份專門翻譯並介紹西方最新著述的報紙。在《譯書公會報》上，章太炎以主筆的身份發表〈譯書公會敘〉，批評執政者閉目塞聽、不治國聞、抱殘守缺、懷安飾譽，以致中國喪師失地、豆剖瓜分。章太炎提出維新志士當前急務是了解西方，學習西方，「紬五洲書藏之秘，以左政法，以開民智」。[10]

　　一八九八年二月，章太炎上書總理各國事務衙門大臣李鴻章，以十分謙恭的語言提出「聯日抗歐」的外交建議，這是章太炎第一次給朝廷大臣李鴻章上書。

李鴻章像

　　章太炎對於日本的認識一直十分模糊、十分天真、十分錯誤。一年前，他在《時務報》發表時評文章〈論亞洲宜為唇齒〉，為日本出兵中國和朝鮮辯解，稱日本不是「侵略」而是「自救」。甲午戰後，日本通過一紙〈馬關條約〉從中國獲得割地賠款的巨大利益。二點三億兩白銀給日本搖搖欲墜的經濟注射了一劑強心針，而清政府卻由於巨額的戰爭借款陷入歐洲財團的泥潭。西方列強

10 章太炎：〈譯書公會敘〉，《譯書公會報》第一冊。

步日本之後塵，在中國掀起了一場瓜分中國的狂潮。對於瓜分中國的始作俑者日本，國人無不痛恨。對於與日本簽訂不平等條約的李鴻章，國人皆呼為國賊。對當時被國人呼為國賊的李鴻章，章太炎竟也莫名其妙地表示了好感。

章太炎在給李鴻章的信中對日本充滿了幻想，對李鴻章充滿了歌頌。章太炎主張擯棄一切在中國學堂、開礦、築路等部門的所有歐洲顧問和技術人員，而一律改聘日本人，因為日本與中國屬於「同種之國」。章太炎說，德國佔領膠州灣，俄國佔領旅

日本富士山

順，夾在膠州灣和旅順之間的威海衛已成為腐肉朽骨，與其讓德國或俄國佔領威海衛，不如讓給日本；與其讓日本來奪取威海衛，不如我們主動送給日本。主動送給日本，至少能夠得到日本的好感。只要對中國有益，即使向日本乞憐又何妨。章太炎吹捧李鴻章說：「念今世足以定天保者，無過相國。」[11]章太炎對日本、對李鴻章的想法與當時國人完全不同，實在是令人十分奇怪的。

康有為將變法的希望寄於皇帝，而章太炎將變法的希望寄於李鴻章，其本質是一樣的。章太炎竟然提出將國土主動奉獻給日本，以博得日本的好感，這是亡國奴的理論。章太炎對清政府深惡痛絕，對日本卻諂媚到如此地步。他對日本和李鴻章錯誤的見解，說明他對複雜的國際關係的認識十分幼稚，對爾虞我詐的官場缺乏敏銳的洞察力和穿透力。章太炎對日本的認識不僅是錯誤的，也是有害的。

---

11 湯志鈞：《章太炎政論選集》上（北京市：中華書局，1977年），頁54-57。

三 初下武昌

一八九八年的春天，章太炎接到時任湖廣總督張之洞的邀請。

張之洞（1837-1909年），字孝達，號香濤、香岩，又號壹公、無競居士，晚年自號抱冰，清代直隸南皮（今河北南皮）人。張之洞與曾國藩、李鴻章、左宗棠並稱晚清四大名臣。張之洞是後起的洋務派首領，他先後開辦漢陽槍炮廠、製鐵局、馬鞍山煤礦、湖北織佈局等企業。張之洞見改良運動日益高漲，做出一些支持變法的姿態。康有為創辦強學會，張之洞捐了三千兩銀子作為活動經費。這筆錢在當時是一筆不小的數目。張之洞還親自撰寫了〈勸學篇〉，標榜贊同維新。張之洞與李鴻章不一樣，他知道民間藏龍臥虎，因此十分樂意網羅民間有真才實學的人。

張之洞像

張之洞實際上是封建主義堅定的衛道士，他反對今文經學，對康有為、梁啟超的言論嗤之以鼻。他準備籌辦一份《正學報》，宣傳〈勸學篇〉的觀點，同時打擊康有為、梁啟超的議論。在物色《正學報》的人選時，張之洞的幕僚錢恂以及曾經與章太炎共同創辦《實學報》後來成為張之洞幕僚的王仁俊向張之洞推薦了章太炎，稱章太炎是年輕有為的古文經學家，又是堅定的維新志士，是非常合適的人選。張之洞曾經讀過章太炎的一些政論文章，當他的幕僚向他推薦此人時，他立即下令向章太炎發出邀請。

章太炎致李鴻章的信發出後石沉大海，在失望中等待的章太炎接獲張之洞的邀請後非常高興，他認為他的建議得到了張之洞的賞識。

章太炎興沖沖地從上海來到武昌，準備一展身手。章太炎對號稱九省通衢、天下中樞的武昌早就十分嚮往，他走出詁經精舍後考慮的第一個落腳地就是武昌，但是這個願望當時沒有能實現。如今意外地實現了自己的願望，他的心情非常好。

章太炎初到武昌，張之洞對他頗為賞識。當時的章太炎已經有了革命的一些傾向，張之洞為避嫌，讓章太炎藏在錢恂的臥室，夜半三更摒退左右，與章太炎單獨交談。汪太沖〈章太炎外傳〉記張之洞「匿太炎於念老室中，午夜屏人，見太炎，談達曙，大服之」。他們徹夜長談，談了些什麼，誰也不知道，張之洞與章太炎都沒有提及交談的內容。但是，兩人能作徹夜談，應當是有許多共同語言的。

章太炎進入《正學報》以後，在創刊號上發表了〈正學報緣起〉和〈正學報例言〉兩篇文章，闡述辦報宗旨。在〈正學報緣起〉和〈正學報例言〉兩文中，章太炎指出，當前社會上有兩種人，一種人盲目學習西方，一種人反對學習西方，兩者均有偏見。為了引導讀者正確地了解西方，該報將刊登歐美及日本報刊的文章。

《正學報》問世後不久，章太炎就發現了《正學報》將他當槍使的真實意圖。章太炎反對康有為將孔教立為國教，也反對康有為將自己打扮成當代的孔子，但是他對康有為高舉變法維新的大旗是真心擁護的，也是身體力行的。章太炎發現，張之洞及其幕僚們表面上贊同維新，實際上反對社會改革。

張之洞的政治主張反映在他的《勸學篇》中。《勸學篇》四萬餘字，分內篇和外篇。張之洞在《勸學篇‧內篇》中為封建統治者大唱讚歌，列舉了大清王朝的十五項「仁政」，攻擊康、梁的維新思想是「邪說暴行」。他贊成過康有為的強學會，但是他很快就發現康有為的那套所謂「新政」會有傷大清的根本，這是不能觸犯的底線。張之洞在《勸學篇‧外篇》中表示，西方的開廠、辦礦、築路、電報、火

車等等，中國可以倣仿，可以改革。《勸學篇》全書的中心思想可以概括為八個字：西學為體，中學為用。

《勸學篇》脫稿後，張之洞曾經將書稿送給章太炎，讓章太炎提出修改意見。章太炎閱讀張之洞的《勸學篇》後，心中十分反感，尤其是《內篇》。張之洞吹捧「三綱為中國神聖相傳之至教」，讚揚清王朝「深仁厚澤」，非常肉麻。章太炎對張之洞十分欣賞的《勸學篇》之《內篇》不置可否，稱《外篇》內容翔實，「最合時勢」。章太炎對此事記述道：「之洞方草《勸學篇》，出以示余。見其上篇所說，多效忠清室語，因答曰『下篇為翔實矣』。」[12]

對於章太炎的這一番「評價」，張之洞非常失望。在《正學報》期間，章太炎常常與張之洞幕僚梁鼎芬、錢恂、王仁俊等高談闊論。

梁鼎芬（1859-1920年），字星海，號節庵，廣東番禺人，光緒六年進士，授編修。梁鼎芬一八八四年上書彈劾李鴻章，一時名震朝野，因此觸怒慈禧太后，遂辭官，成為張之洞幕府。

有一次說到《春秋》，章太炎借題發揮說，《春秋》主張「弒君」，國人如果覺得國君不好，可以把他殺掉，這是替天行道，沒有什麼不對。梁鼎芬問章太炎，康有為想做皇帝，有沒有這件事？章太炎冷笑說：「我只聽說他想當教主，沒聽說他想做皇帝；其實人有帝王思想，也是常事；只是他想做教主，未免想入非非！」章太炎驚世駭俗的一番話把張之洞的幕僚們嚇得不輕。梁鼎芬等聞言後即密告張之洞說，章太炎不僅口無遮攔，而且直呼皇帝名字，還說什麼「人皆有帝王思想」一類的話，實乃心術不正。張之洞接獲密報後，非常惱怒，曾當面指責章太炎大逆不道。章太炎引經據典，認為自己沒有說錯。張之洞與章太炎的蜜月瞬間就結束了。

---

12 《太炎先生自定年譜》光緒二十四年三月，（上海市：上海書店，1986年）影印本。

　　章太炎與梁鼎芬等交惡，終於再一次發展到大打出手。梁鼎芬是兩湖書院的山長兼《楚學報》總辦。一天，章太炎將洋洋六萬餘言的〈排滿論〉交梁鼎芬審讀，梁讀此文竟怒不可遏，高呼「反叛！反叛！殺頭！殺頭！」梁鼎芬命人用轎棍將章太炎飽揍一頓並立即轟出報館。張之洞聞訊後，讓梁鼎芬拿五百大洋將章太炎打發。章太炎在《正學報》僅僅一個月時間，尚未食得武昌魚，便十分鬱悶地東下上海了。

　　章太炎開始罵慈禧、罵光緒、罵康有為、罵梁啟超，後來罵孫中山、罵俞樾、罵袁世凱、罵蔣介石、罵汪精衛、罵吳稚暉，罵一切可罵之人，可謂天不怕、地不怕。可是章太炎單怕一個人，這個人就是梁鼎芬。章太炎對梁鼎芬那一頓轎棍之苦印象極為深刻，以至於若干年後有人說「叫梁鼎芬來」，章太炎頓時萎靡。與章太炎十分熟識的人知道，這大約是制服章太炎的唯一撒手鐧。

　　章太炎嚮往的武昌，最後竟是這樣的結局，他非常失望，隨手撰寫了一首詩〈艾如張〉：

> 泰風號長楊，白日忽西匿。
> 南山不可居，啾啾鳴大特。
> ……　……
> 至竟《盤盂》書，文采歡天侯。
> ……　……
> 馳步不可東，馳步不可西。
> 馳步不可南，馳步不可北。
> ……　……
> 懷哉殷周世，大澤寧無人。

此詩譯成白話文，大意是說：

西風吹得楊樹嘩嘩響，太陽突然躲進了雲層。

南山不可居住啊，只有青牛發出哀鳴。

…… ……

他的書可與《盤盂》相媲美，文采堪比漢代的田蚡。

…… ……

我邁步向東走不通，邁步向西走不通。

邁步向南走不通，邁步向北走不通。

…… ……

懷念古老的殷周時代，蒼茫的大地上難道沒有強人？

這首詩表達了章太炎離開武昌時的苦悶心情。太陽突然躲進雲層，他與張之洞的蜜月那麼快就結束了，以至於南山不可居住。漢代的田蚡為了討好漢武帝的母親王皇后，撰寫了《盤盂》這本書，而張之洞的《勸學篇》就是當代的《盤盂》。東西南北的道路都走不通，只能盼望在蒼茫的大地上出現揭竿而起的強人。

這首詩的題目〈艾如張〉十分隱晦，有兩種解釋。一種解釋是：艾，讀如「乂」，悔恨的意思；如，跟隨的意思；即悔恨跟隨張之洞。一種解釋是：艾，讀如「乂」，通「刈」，割草的意思；如，讀如「而」，並且的意思；張，張網的意思；即割了野草並張網捕鳥。其實，〈艾如張〉兩種意思都有。在章太炎看來，割了野草並張網捕鳥，天地之間惟有一片蕭殺之氣，真是悔不當初。

四　變法失敗

　　章太炎回到上海，一時沒有合適的去處，一邊讀書誦經，一邊密切關注著時局。一八九八年四月，康有為在北京組織保國會，提出「保國、保種、保教」，章太炎聞之非常興奮。六月，北京傳來了更令人興奮的消息，光緒皇帝於六月十一日下「明定國是」詔，宣佈變法維新。六月十一日以後，一道道關於變法的詔書從紫禁城飛向全國各地。章太炎幾乎每天都能從報紙上讀到令人熱血沸騰的消息：設農工商總局、設鐵路礦務總局、設立京師大學堂、設立譯書局、廢八股、許大小臣民上書言事、重練海陸軍、派員留學，等等。

　　七、八、九三個月是上海最炎熱的日子，章太炎此時的心比夏天的炎日還要熱，武昌遭受驅逐的不快早已一掃而空。他四處奔波，尋一份事情，欲為變法維新盡綿薄之力。

光緒與珍妃

　　七月二十六日，光緒皇帝詔命將上海的《時務報》改為官辦，遷至北京。詔命頒發的時候，《時務報》主編梁啟超等早已在北京受命參與新政。《時務報》的經理汪康年沒有到北京，遂創立《昌言報》，聘章太炎擔任主筆。

　　八月十七日，《昌言報》正式創刊，章太炎走馬上任。《昌言報》總共出版十冊，後即遭查禁。翻檢《昌言報》，僅第七冊和第九冊發表有章太炎的政論文章，因為章太炎進入《昌言報》後即奉命與曾廣詮合作翻譯近代西方著名的庸俗進化論社會學家斯賓塞爾的著作《斯賓塞爾文集》。《文集》由曾廣詮口頭翻譯，由章太炎記載整理成文，在《昌言報》上連載。

　　譯文連載到第六冊的時候，九月二十一日北京傳來了政變的消息，慈禧太后扼殺了維新運動。此後從北京傳出的消息令章太炎目不暇接：光緒囚禁於瀛臺，譚嗣同等六君子血灑菜市口，康有為、梁啟超逃亡海外，……章太炎從震驚到迷茫，繼而變為憤慨，他毅然暫停了《文集》的翻譯和連載，連夜撰寫了〈祭維新六賢文〉，熱情謳歌為變法而獻身的六君子：

惟我六賢，直言以抵。

……

寧不懼旺，固忘生死。

……

係古亡徵，黨人先懼。

……

洞庭之濤，與君共殂。[13]

戊戌六君子

　　　　　　　　　　撰寫〈祭維新六賢文〉以後，章太炎心中依然難平，遂又揮筆撰寫〈書漢以來革政之獄〉、〈蒙古盛衰論〉和〈回教盛衰論〉三篇政論文，反思變法維新失敗的原因，分別發表於《昌言報》第七冊和第九冊。

　　〈書漢以來革政之獄〉一文列舉漢以後歷朝改革的始末，中國歷史上的改革多以流血失敗而告終。章太炎沉痛地指出，除舊布新之際，變法維新者流血犧牲是不可避免的，但歷史終將讓真相大白於天下。章太炎以隱晦的筆法為光緒、為戊戌六君子鳴不平，昭告世人：歷史的車輪不可阻擋。

13　《臺灣日日新報》1898年12月11日。

《昌言報》第十冊出版的時候，章太炎已經離開上海，走上茫茫逃亡之路。章太炎雖然不是變法維新運動的核心人物，但他參加過強學會，發表過若干鼓吹變法的文章，因而遭到清政府的通緝。十二月四日，章太炎在《亞東時報》館的日本人安藤陽洲的安排下輾轉來到日本治下的臺灣島。《昌言報》遭到查封，《斯賓塞爾文集》的翻譯和連載戛然中斷。

《斯賓塞爾文集》的譯述雖然沒有完成，但斯賓塞爾的許多見解給章太炎打下了深深的烙印，使他耳目一新。例如，關於宇宙和生物進化的學術、關於文化與文明在人類進步中的作用、關於古代語言和文字的形成發展、關於古代宗教的形成和演變、關於古代風俗禮儀的形成和變遷、關於變法變革的思想，等等。譯述《斯賓塞爾文集》引發了章太炎對西學書籍更加廣泛的興趣。

早在詁經精舍學習期間，章太炎就開始接觸西學書籍。當時，西學書籍翻譯成中文出版的約有四百多種，多為外國人翻譯。中國人自己翻譯的外國書籍有一百多種。章太炎閱讀的外國書籍主要有：英國泰勒的《原始文化》、日本娸崎正治的《宗教學概論》、芬蘭韋斯特馬克的《人類婚姻史》、日本賀長雄的《族制進化論》，等等。這些西學書籍對於章太炎的世界觀和文化觀起到了重要影響。

章太炎後來撰寫《訄書》，曾經運用斯賓塞爾的學術來解釋人類社會的運動。在《訄書·原變》一節中，章太炎說，自從地球上有了人類，人類就面臨著與自然環境的競爭以及人與人之間的競爭，因此，他反對安於現狀、因循守舊。

浙江是當時反清意識較為強烈的省區之一，清初抗清英雄張煌言以及民族思想強烈的學者黃宗羲、全祖望都是浙江人。章太炎將達爾文的生物進化論和斯賓塞爾的社會達爾文主義引用到民族問題上，提出進化的民族觀。他認為，自然界優勝劣汰的規律是不能違背的，人

類社會發展變化與生物界的發展變化一樣，都是通過競爭實現的。進化得比較早比較快的民族相對比較文明，相反，進化得比較晚比較慢的民族相對比較落後。中華民族不參與競爭，有可能亡國滅種。中國要成為世界上文明的民族，一定要「強種」、「合群」、「發奮」。「上說下教，以昌吾學，以強吾類」。[14]

章太炎希望清帝退居為「客帝」，在「客帝」的主持下實行自上而下的變法。然而，戊戌變法失敗、八國聯軍入侵、〈辛丑合約〉訂立，一系列社會巨變使章太炎痛感「滿洲不去，則改變法為虛語」。[15]「今之政府，腐敗蠹蝕，其材不可復用，而欲責其再新，是何異責垂死之翁以呱啼哺乳也。」[16]從帝國主義對華侵略的慘痛事實中，章太炎已經認識到：「若就政治社會計之，西人之禍吾族，其烈千萬倍於滿洲。」[17]

章太炎自己說：「康梁事敗，長江一帶通緝多人，餘名亦在其內，乃避地臺灣。」[18]章太炎逃亡到臺灣以後，一度心灰意冷。戊戌變法的失敗深深刺痛了他，六君子的鮮血又深深驚醒了他。當年離開詁經精舍，他的老師俞樾是堅決反對的。俞樾主張讀書人兩耳不聞窗外事，他章太炎先是打開窗戶「聞窗外事」，後來是跳出窗戶滿腔熱情地投身於「窗外事」。可是，「窗外事」不僅令他失望，而且令他憤

---

14 〈論學會大有益於黃人亟宜保護〉，《章太炎政論選集》上冊（北京市：中華書局，1977年），頁8。

15 〈章太炎自定年譜〉，《章太炎年譜長編》上冊（北京市：中華書局，1979年，頁38。

16 〈論承用維新二字之荒謬〉，《章太炎年譜長編》上冊（北京市：中華書局，1979年），頁176-177。

17 〈革命軍法問答〉，《章太炎政論選集》上冊（北京市：中華書局1977年），頁432、433。

18 朱希祖：〈本師章太炎口述少年事蹟筆記〉，《自述與印象：章太炎》（上海市：三聯書店，1997年），頁32。

慨。他向李鴻章獻策，卻石沉大海；他為張之洞效力，卻遭受驅逐。以慈禧為首的守舊派殘酷打擊維新派，他們囚禁皇帝，斬殺大臣，並且四處追捕同黨，必欲置之死地而後快。章太炎心裏對以慈禧為首的守舊派燃起無比的仇恨。在他的文章裏，他高度讚揚舉行反清起義的洪秀全、楊秀清而鄙視鎮壓太平天國起義的曾國藩、左宗棠。李肖聃在〈星廬筆記〉中記：「章乃以洪、楊為神聖，謂曾、左為大盜。見於著述，至再至三。」[19]

　　章太炎到臺灣後，得到日本友人安藤陽洲和山根虎臣的幫助，拜訪了臺灣民政長官後藤新平，最終被《臺灣日日新報》聘為特約撰述。章太炎到達臺灣的次日，臺灣報紙發佈了消息：

> 此次本社添聘浙江文士章炳麟，號枚叔，經於一昨日從上海買棹安抵臺灣，現已入社整頓寓廬矣。

　　章太炎放下簡單的行李，立即以筆作槍，撰寫了一系列政論文章在《臺灣日日新報》發表，矛頭直指以慈禧為首的守舊派以及袁世凱、張之洞之流，同情康、梁及戊戌六君子。

　　在〈黨碑誤鑿〉一文中，他揭露「外托維新」的張之洞，「自八月政變，張反倒戈新黨，凡七發密電至京，諂諛長信，無所不至。」[20]他在〈書清慈禧太后事〉一文中，揭露慈禧自聽政以來，製造了肅順、康有為、譚嗣同等一系列冤獄，「惡直醜正」。[21]章太炎聞慈禧挪用海軍軍費修繕頤和園為自己賀壽，特意撰寫了一副對聯：

19　〈星廬筆記‧章炳麟〉，《追憶章太炎》，（北京市：生活‧讀書‧新知三聯書店，2009年），頁56。

20　《臺灣日日新報》1899年1月29日。

21　《臺灣日日新報》1898年12月25日。

今日到南苑，明日到北海，何時再到古長安？歎黎民膏血全
枯，只為一人歌慶有
五十割琉球，六十割臺灣，而今又割東三省，痛赤縣邦圻益
蹙，全逢萬壽祝疆無

慈禧像

康有為、梁啟超等逃亡日本期
間，創辦《清議報》，繼續鼓吹變法
改良，攻擊慈禧，擁戴光緒，有人撰
文對此責問。章太炎撰寫〈答學究〉
一文，詰問這些非難者，交康、梁發
表於《清議報》，對康有為、梁啟超
表示支持。康有為看到章太炎的文章
後非常感動，致信章太炎，對章太炎
在危難當中仍然支持變法深表感謝。
他在〈致枚叔書〉中說：「頃者政
變，僕為戮人，而足下乃拳拳持正
義，又辱書教之，何其識之絕出尋常
而親愛之深耶。」[22]章太炎接信後，
立即復書一封，即〈康氏復書〉，將康有為來信與〈康氏復書〉一併
刊登於一八九九年一月日的《臺灣日日新報》上。章太炎在文中表
示，他與康有為「論學雖殊，而行誼、政術自合也」，「與工部論辯
者，特左氏、公羊門戶師法之間耳。至於黜周王魯、改製革命，則未
嘗少異也。」[23]被章太炎打過一個嘴巴的梁啟超這時主動給章太炎寫

22 《臺灣日日新報》1899年1月13日。
23 〈〈康氏復書〉識語〉，《臺灣日日新報》1899年1月13日。

了一封信，對章太炎表示敬意。章太炎立即覆信，與梁啟超縱論天下、研討學術，雙方握手言歡，重歸於好。

章太炎在臺灣期間，除了在《臺灣日日新報》上發表一系列政論文章外，還發表了一系列關於哲學方面的論文，如〈視天論〉、〈人定論〉、〈摘《楞嚴經》不合物理學兩條〉等等。章太炎撰寫哲學論文，並非心血來潮。他表示，研究哲學、宣傳哲學，是為了開民智，讓民眾正確地認識世界，創造世界。

在臺灣期間，章太炎對於時局顯得很迷茫。早在一八九七年，他在《時務報》發表〈論學會有大益於黃人亟宜保護〉，提出「以革政挽革命」。戊戌變法失敗以後，他對改良主義一度發生懷疑，重提走「午亥」道路。所謂「午亥」道路，是章太炎在〈論學會有大益於黃人亟宜保護〉一文中提出的。他說：「吾聞《齊詩》五際之說曰：午亥之際為革命，卯酉之際為革政，神在天門，出入侯聽。」午亥是革命的意思。他認為戊戌變法之所以失敗，是因為維新派手上沒有兵權，一有風吹草動，只能任憑宰割，因此，只能走「午亥」道路。

在〈客帝論〉一文中，章太炎列舉清朝統治者的種種罪行，「揚州之屠，嘉定之屠，江陰之屠，金華之屠，啖肉也如黑鷺，竊室也如群鼯」。他認為漢人「排滿」是正義的，但是，目前還不能「逐滿」。之所以目前不能「逐滿」，章太炎解釋道，一是一旦「逐滿」，列強趁機瓜分中國，中國將滅亡；二是當今慈禧誤國誤政，而光緒是一個好皇帝。他對光緒皇帝寄予希望，不贊成推翻光緒，主張由光緒主持實際政務。[24]

在臺灣期間，章太炎與康有為等人的關係顯得十分微妙。他贊同康有為的變法主張，聚集在變法維新的大旗之下。但是，他激烈反對

---

24 〈客帝論〉，《臺灣日日新報》1899年3月12日。

康有為與梁啟超（蠟像）

將康有為奉為當代教主並「大聲疾呼，直攻其妄」。康有為鼓吹「中國只可能行立憲，不可行革命」，說中國一旦革命，將「血流成河，死人如麻」。康有為反對種族革命，認為滿漢早已平等。梁啟超認為國家積弱的根源，除了慈禧的獨裁外，還因為全體國民的致命弱點，即「奴性、愚昧、為我、好偽、怯懦、無動」。他說，中國如果沒有慈禧，光緒新政如果成功，中國可以與列強並駕齊驅。梁啟超說，中國的出路在哪裏呢？一是推翻慈禧，二是光緒親政。康有為、梁啟超的保皇理論，在海外華僑中影響頗深。

章太炎在《臺灣日日新報》上發表了許多文章，這些文章筆鋒犀利，但是晦澀難懂，不僅日本人難懂，連臺灣人也說難懂。《臺灣日日新報》的主筆木下新三郎不止一次對章太炎說，希望他撰寫文章時考慮到大眾的感受。文章是寫給大眾看的，不是自我欣賞的。章太炎拒不接受。他寫了幾句話扔給主筆：「世人之知不知，解不解，我可管不著，吾只患吾文之不善。苟文善，會尚有人知之者。請勿問！」

章太炎在日本期間，親眼看到日本官員壓制中國百姓，於是撰寫文章予以披露，贏得中國百姓的叫好之聲，卻引起臺灣總督的關注。《臺灣日日新報》社長守屋善兵衛被臺灣總督狠狠地訓誡了一番。守屋善兵衛派人讓章太炎到報社來，章太炎卻讓來人帶了一張條子給守屋善兵衛，條子寫著：「何不喚守屋來？他不知士前為慕士，王前為趨勢者乎？」守屋善兵衛勃然大怒，怒氣沖沖地來到章太炎寓所，讓章太炎立即滾蛋。章太炎面對一臉怒氣的守屋善兵衛並不動氣，只是一笑置之。守屋善兵衛走後，章太炎自言自語地說：「名為善兵衛，竟是惡兵衛！」

　　章太炎在臺灣前後半年時間，對於臺灣的炎熱和潮濕一直不怎麼習慣。這時，章太炎與康有為、梁啟超已經盡釋前嫌，重歸於好。梁啟超寫信給章太炎，邀請他到日本。接獲梁啟超的邀請後，章太炎十分高興。他在臺灣無親無友，無依無靠，因此倍感寂寞。守屋善兵衛發出驅逐令，他並不介意，決定立即東渡日本。

五　東渡日本

　　一八九九年六月十日，章太炎在基隆登上一艘開往日本神戶的客輪，開始了他的日本之行。章太炎的這次日本之行，對於他日後走上革命道路至關重要。

　　四天以後，章太炎搭乘的海輪靠上日本神戶碼頭，這是章太炎第一次踏上日本國土。精通國學的章太炎原來對日本沒有什麼瞭解，在詁經精舍期間，他開始接觸西學，其中也有日本的譯著。他對日本的瞭解，除了閱讀過日本人如媯崎正治的《宗教學概論》、賀長雄的《族制進化論》等著作外，還有就是中日甲午戰爭。

　　中國甲午戰敗，國人厭惡日本，清政府主張「聯俄制日」，而章太炎對日本卻莫名其妙地充滿好感。他認為日本的對外侵略是迫於俄國威脅的一種「自救」行為，提出與清政府完全相反的「聯日制俄」主張。在日本統治下的臺灣期間，他對日本的友好又進了一步。在〈正疆論〉一文中，章太炎表示，與其讓滿清統治臺灣，不如將臺灣讓給日本。[25]一個對日本毫無瞭解的人，莫名其妙地對日本示好並且不斷發表親日媚日言論，這不能不說是早年章太炎抹不掉的一個污點。

---

25 《臺灣日日新報》1899年1月1日。

踏上仰慕已久的日本國土以後，章太炎十分興奮。在日本，他受到梁啟超等人的熱情接待。梁啟超為《時務報》報館發生的那一場武力衝突向他表示道歉，章太炎十分感動，與梁啟超等盡釋前嫌。他開始寄居在橫濱的《清議報》報館，後來受梁啟超和中國留日學生總監錢恂邀請，先後入住東京錢恂和梁啟超的寓所。

在日本友人館森鴻等人的陪伴下，他遊覽了橫濱、東京、名古屋、神戶等地。在遊覽的過程中，有一處地方使他十分震驚，那就是著名的「耳冢」。「耳冢」在日本故宮宮城西北，這一處不顯眼的地方竟成為京城「京觀」。豐臣秀吉是日本戰國時代的武將，一五九二年，豐臣秀吉率兵二十萬征伐朝鮮，是為萬曆朝鮮戰爭。在戰爭中，他將數萬朝鮮人的左耳割下，作為他征服異族的戰利品。對於如此殘暴的行為，章太炎說：「豐臣秀吉勝韓也，馘左耳萬，以為京觀。余以為不足自旌其伐，實啟人復仇之志耳！」[26]「耳冢」是豐臣秀吉的戰功碑，更是受害民族催人圖強的警示碑。

在橫濱，經梁啟超介紹，章太炎見到了他雖未謀面但一直十分敬仰的孫中山先生。

孫中山（1866-1925年），乳名帝象，學名文，字德明，號日新，後改逸仙，在日本時化名為中山樵，廣東香山翠亨村人。章太炎和孫中山先生是同一時代的兩個歷史巨人，對中國近代歷史的進程產生過重大的影響。章、孫二人在革命的征途上合合分分，分分合合，然合多於分。

一八九九年六月，章太炎在橫濱梁啟超家中第一次見到孫中山。他們「相與談論排滿方略，極為相得」[27]孫中山對章太炎說，排滿

---

26 章太炎：〈文錄初編・遊西京記〉。
27 馮自由：《中華民國開國前革命史・壬寅支那亡國紀念會》。

「即浴血之意」，章太炎聞之極為讚賞，認為「可謂卓識」。因為初次會面，章太炎沒有與孫中山深談，但這次會面給他留下了深刻印象。章太炎回憶說：「香山孫文逸仙時在橫濱，余於卓如坐中遇之，未相知也。」[28]七月十七日，他在給汪康年的信中回憶說：「興公亦在橫濱，自署中山樵，嘗一見之。聆其議論，謂不瓜分不足以恢復，斯言即浴血之意，可謂卓識。惜其人閃爍不恒，非有實際，蓋不能為張角、王仙芝者也。」[29]

孫中山在日本

　　章太炎對於孫中山通過「浴血」達到解決中國面臨瓜分危機的手段表示贊同，認為這是孫中山的「卓識」，但又認為孫中山「閃爍不恒，非有實際」，不能成為張角、王仙芝那樣的造反領袖。雖然章太炎久仰孫中山，但章、孫初次見面，孫中山並沒有給章太炎留下一個完美的印象。之所以出現這樣的結局，蓋因為兩人的背景有很大差異。雖然章、孫二人在反對清政府的立場上觀點一致，但章太炎飽讀經史，接受的是中國文化；孫中山自幼接觸西學，接受的是西方文化。章、孫此後關係時分時合，也許這是一個預兆吧。

　　孫中山早於一八九四年成立了興中會。戊戌變法失敗後，康有為、梁啟超流亡日本，當時也在日本流亡的孫中山意圖聯絡康、梁，與興中會聯合反清，日本朝野人士十分熱心地從中牽線搭橋。孫、康談判進行了多次，康有為的保皇立場幾乎沒有任何改變。參與談判的陳少白對康有為說，「今日局面，非革命國家必無生機」，希望康有為

28　《太炎先生自定年譜》，光緒三十五年（上海市：上海書店1986年）影印本。
29　湯志鈞：《章太炎政論選集》上冊（北京市：中華書局，1977年），頁92。

「不以私而忘公，不以人而忘國」。[30]康有為表示：「今上聖明，必有復辟之一日。余受恩深重，無論如何不能忘記，惟有鞠躬盡瘁，力謀起兵勤王，脫其禁錮瀛臺之厄，其它非余所知。」[31]孫、康談判沒有任何結果。一八九九年七月，康有為在加拿大成立「保救大清光緒皇帝會」，孫中山對康有為徹底失望。

章太炎既欽佩革命黨的領袖孫中山，同時又與改良派的首領康有為、梁啟超交好，徘徊於革命與改良之間。一八九九年八月底，章太炎秘密從日本潛回上海，九月再由上海回到浙江老家。

六　上書李劉

戊戌政變後，慈禧太后企圖廢黜光緒皇帝，一時未能得逞。一八九九年，榮祿獻計，立大阿哥，廢光緒帝，為慈禧採納。次年一月二十四日，慈禧宣佈立端親王載漪的兒子為「大阿哥」，預定庚子年元旦（1900年1月31日）行登基禮，同日光緒行讓位禮，是為己亥建儲事件，亦稱大阿哥事件。

建儲事件傳出後，海內外震驚。外國公使一致反對，拒絕入賀。維新人士和上海紳商在這一事件中反應尤為激烈，上海電報局總辦經元善聯合申商一二三一人於一月二十七日通電反對，章太炎的名字赫列其中。其實，章太炎自己並不知道這件事，可能是因為時間緊迫的關係，事先並沒有人向他徵求過意見。

清廷建儲計劃被迫擱置後，遷怒於上海電報局總辦經元善及聯合列名者，下令緝捕，章太炎受到牽連。維新人士湯壽潛致信章太炎，

---

30 陳少白：〈興中會革命史要〉，《辛亥革命》第一冊（上海市：人民出版社，2000年），頁58。

31 馮自由：〈戊戌後孫康二派之關係〉，《革命逸史》初集1965年，頁49。

讓他向梁鼎芬求情。梁鼎芬曾經官至布政使、按察使，因彈劾李鴻章
而官降五級，後來成為張之洞幕僚，深得張信任。一八九八年春，汪
康年創辦《昌言報》，章太炎聘為筆政，梁鼎芬時為主筆。因為有這
樣一層關係，湯壽潛認為只要章太炎開口，梁鼎芬會從中斡旋。

可是事情的發展大大出乎湯壽潛的意料，章太炎非但沒有向梁鼎
芬求情，反而寫了一篇〈與梁鼎芬絕交書〉。在這份〈絕交書〉裏，章
太炎一方面感謝湯壽潛的好意，一方面怒斥梁鼎芬讒謗康、梁，已經
淪為清政府的御用文人，表示寧可入獄，也絕不向梁鼎芬之流求助。

一九〇〇年春，中國北方的大地上燃起義和團的熊熊烈火。山
東、河北、天津乃至天子腳下的北京城，到處插滿了義和團的旗幟，
布滿了義和團的祭壇。義和團的鬥爭矛頭直指帝國主義列強，結果遭
到英、美、德、法、俄、日、意、奧八國聯軍的鎮壓。當義和團為挽
救民族危亡與八國聯軍浴血奮戰之時，兩廣總督李鴻章、湖廣總督張
之洞、兩江總督劉坤一與列強簽約，宣佈實行「東南互保」。

興中會會員陳少白當時在香港主持《中國日報》，他通過香港英
國當局策動李鴻章在中國華南「獨立」，由興中會予以協助。李鴻章
一度躍躍欲試，囑其幕僚函邀流亡在日本的孫中山回國計議。在「客
帝」與「逐滿」十字路口徘徊的章太炎聞訊，再度燃起對李鴻章的希
望，他第二次上書李鴻章。

章太炎撰寫過〈客帝〉一文，表達了他十分複雜的心理。他一方
面認為清政府實行的是異族統治，應當推翻；另一方面又覺得光緒是
一個有為的皇帝。己亥建儲事件發生，光緒成了自身難保的泥菩薩，
又何談維新、何談變法？章太炎對光緒非常失望。

章太炎曾經給李鴻章上書，獻「聯日拒俄」外交策，結果是泥牛
入海無消息。李鴻章函邀孫中山的姿態，重新燃起章太炎對李鴻章的
希望。他天真地認為，李鴻章畢竟是漢人，不同於滿族。章太炎為李

鴻章分析形勢說，八國聯軍入侵，京畿難保，一旦陷落，必定禍及東南，因此，「東南互保」保不住東南半壁江山。章太炎建議李鴻章赦免並起用流亡海外的維新人士，「明絕偽詔，更建政府，養賢致民，以全半壁」。[32] 章太炎鼓勵李鴻章「獨立」，並非完全意義上的「獨立」，而是相對「獨立」，實際上是一種「藩鎮割據」，地方督撫的權力相對擴大，中央政府的權力相對減小。他曾經撰寫過〈藩鎮論〉和〈分鎮〉兩篇政論文，表達自己的觀點。

劉坤一像

章太炎又上書兩江總督劉坤一，策動劉坤一踞兩江而「獨立」。「東南互保」的三個領袖李鴻章、劉坤一和張之洞，章太炎上書了其中兩個人而獨缺張之洞。章太炎不向張之洞上書，是因為知道張之洞是一個兩面三刀、慣於投機取巧的貨色。他對張之洞完全失望，以至於不屑一顧。可是，最終結果，李鴻章、劉坤一與張之洞一樣，同樣令章太炎完全失望。

章太炎原來希望借助漢族地方封疆大吏的實力達到削弱乃至推翻清政府統治的目的，李鴻章、劉坤一、張之洞的所作所為給章太炎從頭到腳潑了一盆冷水，讓他徹底丟掉了對漢族封建地主官員的幻想。

七 斷髮易服

章太炎運動封疆大吏的時候，中國的形勢已經非常危急。一九〇〇年七月十四日，八國聯軍攻陷天津並隨即向北京進犯，京畿眼見不

---

32 章太炎：〈庚子拳變與粵督書〉，《甲寅周刊》第一卷第42號。

保。以天下為己任的一些知識分子唐才常、嚴復、容閎等聚集在上海
籌畫召開「中國議會」，章太炎聞訊後，熱情地參與了這一活動。

　　唐才常（1867-1900年），字伯平，號佛塵，湖南瀏陽人。唐才常
是一個激進的知識分子，與譚嗣同時稱長沙時務學堂教習中的「瀏陽
二傑」。《馬關條約》簽訂，他指責李鴻章是「姦臣賣國，古今所
無」。戊戌變法失敗後，他一面與康有為、梁啟超等保皇派保持聯
繫，一面與孫中山、陳少白等革命黨私下接觸。一九○○年，唐才常
在上海組織成立正氣會，後易名自立會。七月二十六日，唐才常在上
海張園發起召開「中國議會」，也稱「中國國會」。章太炎參加了這次
會議，到會的代表有八十多人。在這次會議上，代表推選容閎為會
長、嚴復為副會長、唐才常為總幹事。

　　「中國國會」通過了一個《宣言》，《宣言》針對中國面臨的危
機，宣佈了救亡圖存的宗旨：（1）保全中國自主之權，創造新自立
國；（2）不承認滿清政府有統治中國之權；（3）請光緒皇帝復辟。

　　聽了這個《宣言》，章太炎頗不以為然。《宣言》自相矛盾，既然
「不承認滿清政府有統治中國之權」，為什麼又要「請光緒皇帝復
辟」？針對唐才常模糊而近乎荒唐的政治主張，章太炎有感而發，寫
了一首小詩，發表於《復報》：

　　　萬歲山邊老樹秋，瀛臺今復見堯囚。
　　　群公辛苦懷忠憤，尚憶揚州十日否？[33]

　　三天以後，「中國國會」召開第二次會議，推選幹事、書記、會
計等人選，章太炎撰寫了一份《說帖》給與會代表，表明了自己的立

33　西狩：〈雜感〉，《復報》第4號。

場和觀點。《說帖》稱:

> 本會為拯救支那,不為拯救建虜;為振起漢族,不為振起東胡;
> 為保全兆民,不為保全孤憤。是故聯合志士,衹取漢人。東西
> 諸賢,可備顧問。若滿人,則必不容其闌入也。
>
> ……
>
> 今特具說帖,請與諸君歃血而盟。既盟之後,如有引滿蒙人入
> 會者,同會共擊之。若模棱兩可,陰有所覬,徒託鬥智鬥力之
> 辭,坐忘畏首畏尾之害,則國非吾國,民非吾民,雖保安全壤,
> 仍與曾、胡之徒同符共軌,則鄙人請先出會,以遂素志。[34]

　　章太炎在《說帖》中嚴厲斥責清政府的種種罪惡,提出「非我族
人,其心必異」,要求「中國國會」拒絕滿人和蒙人入會,「若模棱兩
可」,「則鄙人請先出會」。章太炎希望唐才常和「中國國會」順應時
代潮流,擺脫改良主義的羈絆,樹立革命反清大旗。

　　唐才常和「中國國會」拒絕了章太炎的建議和忠告,繼續進行既
排滿又擁帝的矛盾運動。忍無可忍的章太炎決定實踐自己「請先出
會」的諾言。八月三日,章太炎毅然決然地剪掉了頭上的辮子,「宣
言脫社,割辮與絕」。[35]

　　清朝立國之初有所謂「留頭不留髮,留髮不留頭」之說。兩百多
年以來,對於國人來說,辮子無異於生命。大清王朝雖然危如累卵,
但畢竟尚在苟延殘喘,章太炎竟剪掉了自己的辮子,這一舉動令所有
熟識章太炎的人震驚並為他捏一把汗。章太炎不僅剪掉辮子,還脫掉

---

34 〈請嚴拒滿蒙人入國會狀〉,香港《中國旬報》第19期。
35 朱希祖:〈本師章太炎先生口授少年事蹟筆記〉,《制言》第25期。

了清朝傳統的長袍馬褂，穿上了一身嶄新的西裝，大模大樣地出入各
種場所，公然向大清王朝挑戰。

　　章太炎剪辮後撰寫了〈解辮髮說〉一文，說明剪辮的原因，表明
自己的立場。他在〈訄書〉的木刻本上寫了一段眉批，對自己以前撰
寫的〈客帝〉、〈分鎮〉、〈官統〉等文章進行解剖和反思：

　　　　辛丑後二百四十年，章炳麟曰：餘自戊、己違難，與尊清者
　　　　遊，而作〈客帝〉，棄本崇教，其流使人相食。〈分鎮〉與〈官
　　　　統〉下篇，亦其倫也。終寤而穎，著之以自劾錄，當棄市。[36]

　　我們現在見到的眉批，章太炎將「〈分鎮〉與〈官統〉下篇，亦
其倫也」以墨筆圈去。章太炎認為自己以前與「尊清」的改良派混在
一起，受其影響，提出「客帝」的主張。這個主張是荒謬的、害人
的，影響極壞，自己簡直就該殺頭。

　　八月八日，他將〈解辮髮說〉連同〈請嚴拒滿蒙人入國會狀〉一
併寄往香港《中國旬報》，隨文附信一封。章太炎在信中說，八國聯
軍步步進逼，國之將亡，而中國國會仍然「尊奉滿洲」，為此「遽斷
辮髮，以明不臣滿洲之志」。《中國旬報》主編陳少白一口氣讀完章太
炎的信，連連叫好，決定將章太炎的兩篇文章和來信一併發表。章太
炎的信取名〈來書〉，與〈解辮髮說〉、〈請嚴拒滿蒙人入國會狀〉一
起發表於《中國旬報》第十九期。陳少白在三文後附〈本館志〉，稱
章太炎的三篇文章「霹靂半天，壯者失色。長槍大戟，一往無前。有
清以來，士氣之壯，文字之痛，當推此為第一」。[37]

36　《章太炎政論選集》上冊（北京市：中華書局，1977年），頁90。
37　《中國旬報》第19期。

　　章太炎將文章寄出後不過六天，京城於八月十四日失陷，慈禧攜光緒皇帝及王公大臣西逃。消息傳來，雖然是意料中事，但章太炎心情十分複雜。他痛恨列強之瘋狂，更恨清政府之腐敗。悲痛之餘，他奮筆疾書，撰寫了〈客帝匡謬〉。章太炎說：「滿洲賤族，民輕之，根於骨髓，其外視亡異歐美。故聯軍之陷宛平，民稱順民，朝士以分主五城，食其廩祿。……滿洲弗逐，欲士之愛國，民之敵愾，不可得也。」[38]

　　章太炎還撰寫了〈分鎮匡謬〉，批判自己以前對清政府中漢族官吏抱有幻想是錯誤的，指出「今督撫色屬中乾」，要救國，要推翻清政府，不能靠光緒皇帝，不能靠康梁之輩，不能靠李鴻章之流，只能革命，只能像義和團那樣前仆後繼，不惜流血犧牲。

　　章太炎斷髮易服的舉動、在《中國旬報》上發表的三篇文章以及〈訄書〉的眉批、〈客帝匡謬〉和〈分鎮匡謬〉對自己的批判，表明章太炎已經徹底與改良主義分道揚鑣，無論在思想認識上還是行動舉措上都上了一個新高度。

　　章太炎與「中國國會」、與唐才常等一干人正式決裂，分道揚鑣。唐才常等人雖然詫異章太炎的言行，但對章太炎沒有絲毫妥協。在上海召開國會後，唐才常宣佈「保全中國自立之權，創造新自立國」，隨即移師武漢，於漢口英租界李慎德堂設立自立軍機關總部，準備舉事。當時，各地自立軍勤王武裝共七個軍，約兩萬人。起義原定七月十五日在漢口發動，湘、鄂、皖等地同時回應，因康、梁等人允諾的匯款未到，自立軍糧餉無著，起義日期只得後延。就在這時，安徽大通起義失利的消息傳來。唐才常決定二十八日在漢口起義，湘、鄂各地同時並舉。唐才常計劃奪取漢陽兵工廠，解決武器裝備，再一舉佔

38　《訄書》重訂本，翔鸞社1904年，頁6-7。

領武漢三鎮，然後揮師西安，救出光緒。張之洞對自立軍的活動早有
瞭解，於二十八日清晨逮捕了唐才常、林圭等三十多人。二十九日清
晨，唐才常、林圭、傅慈祥等二十餘人在武昌紫陽湖畔被殺害。

　　得知唐才常英勇獻身的消息，章太炎心情悲痛。他雖然不贊成唐
才常「勤王」的主張，但對唐才常的獻身精神非常敬佩，對他的犧牲
表示惋惜。後來，章太炎曾經撰寫〈唐烈士才常像贊〉，對唐才常予
以肯定與讚揚。此後在〈稽勳意見書〉一文中，章太炎表示唐才常
「雖託名勤王，而志在革命」，[39]對唐才常作出客觀中肯的評價。

　　唐才常自立軍起義失敗，清政府開始搜捕自立會、自立軍成員以
及「中國國會」成員。章太炎雖然與「中國國會」分道揚鑣，但清政
府通緝的黑名單中赫然有他的名字在冊。章太炎不知道這些情況，他
自認為與「中國國會」等人「素非同謀」，應當不會殃及自己。他沒
有逃亡，只是深居簡出，埋頭書案。

八 〈正仇滿論〉

　　章太炎就這樣過了四五個月的安穩日子。轉眼就是春節了，他一
想，倏忽已經幾年沒有回家過年了，決定回倉前鎮老家與家人共同度
歲。回到家鄉，章太炎心情甚是舒暢。不料大年初一早上起來不久，
就有朋友來報，說捕快已經動身來緝拿他，讓他趕緊躲一躲。章太炎
在朋友的指引下，到距家不遠的龍泉寺躲避。十多天以後，看看沒有
什麼風聲了，章太炎才露面。倉前鎮地方小，來一個人，幾乎滿鎮都
知道。去哪裏好呢？章太炎想了想，決定還是去上海。上海地方大，
容易躲藏，找一個人沒那麼好找。

---

39 《章太炎政論選集》下冊（北京市：中華書局，1977年），頁637。

　　一九〇一年農曆新年正月中旬，章太炎回到了上海。遭受清政府通緝又斷髮易服的章太炎一時成了「異類」，有人說他「瘋癲」，有人說他「叛逆」，有人說他「自取殺身之禍」，一些原來的老朋友甚至不敢收留他過夜。章太炎我行我素，一笑了之。

　　這一年的四月份，章太炎在《清議報》上看到梁啟超的一篇連載長文〈中國近十年史論〉。文章一出來，章太炎就十分關注。這篇文章從四月連載到七月，章太炎好不容易將全文看完。梁啟超的這篇長文也稱〈中國積弱溯源論〉，分析中國積貧積弱的原因。梁啟超認為：中國之積貧積弱，「其總因之重大者，在國民全體；其分因之重大者，在那拉一人；其遠因在數千年之上；其近因在二百年以來；而其最近因又在那拉柄政三十年之間。」[40]梁啟超將中國積貧積弱的人為因素首先歸之於「國民全體」，其次歸之於葉赫那拉氏。從時間因素看，中國積貧積弱可以追溯到「數千年」、「二百年」和「三十年」。梁啟超將矛頭直指慈禧，認為慈禧「柄政三十年」使近代中國陷入了黑暗，必須推翻慈禧政權，擁戴光緒「柄政」，則光明就會來臨，中國由積貧積弱之國將會變為富強之邦。

　　從改良主義營壘叛逆出來的章太炎一眼就看穿了梁啟超長文擁戴光緒、反對革命的實質，他立即撰寫了〈正仇滿論〉寄東京《國民報》發表，指名道姓地批駁梁啟超的觀點。

　　梁啟超認為中國國民愚鈍不化、智識未開，具有奴性、為我、好偽、怯懦、無動等劣根性，中國積貧積弱，「國民全體」要承擔「重大」責任。章太炎認為梁啟超不應當將積貧積弱的原因歸結於全體國民，而應當從統治階級內部尋找原因。他說，光緒皇帝具有「百日變政之功」，但並不是為「國民全體」謀利的「聖明之主」。如果慈禧死

<hr />

40 梁啟超：〈中國近十年史論〉，《清議報》第77-84冊。

了，光緒當政，光緒為保自己的權力，必定延續清王朝一以貫之的統治手段。光緒「百日變政」即使成功，許多新法也不可能實現，因為統治中國的除了光緒皇帝，還有滿洲貴族這樣一個龐大的階層。

梁啟超認為革命是仇視滿人的行為，章太炎說，漢人之所以要革命，並不是因為仇視滿人的緣故，而是滿人政府太壞了。滿人統治不了漢人，也統治不了中國，使中國的主權領土不斷喪失。即使他們沒有屠殺、掠奪漢人的罪惡，也不能不對他們實行革命。革命並不是殺滿人，而是要將滿人驅逐到東三省。章太炎說：「夫今之人人切齒於滿洲，而思順天以革命者，非仇視之謂也。屠劊之慘，焚掠之酷，鉗束之工，聚斂之巧，往事已矣，其可以仇視者，亦姑一切置之。而就觀今日之滿人，則固制漢不足，亡漢有餘，載其皆窳，無一事不足以喪吾大陸。」[41]章太炎指出，梁啟超鼓吹「立憲」，認為「立憲」是救國的妙方良藥，但「立憲」的前提是國民要具有民權，沒有民權，何談「立憲」？章太炎還說，「立憲」必須經過革命，不經過革命的「立憲」是空頭支票，只有革命才能真正救中國。

〈正仇滿論〉在《國民報》第四期發表，一時引起轟動。〈正仇滿論〉是資產階級革命派對改良派和保皇派發難的第一篇戰鬥宣言，章太炎是革命營壘向保皇主義開炮的第一人。

章太炎撰寫〈正仇滿論〉，一方面肯定光緒百日維新的功績，一方面指出光緒的新法不可能實現，因為反對維新的人不是慈禧一個，而是整個滿族統治集團，這個集團決不會自動放棄他們的既得利益。章太炎特別指出，如果光緒親政，維新成功，光緒就會成為新的利益集團。因此，中國的出路唯有革命。〈正仇滿論〉是近代中國第一篇

---

41 章太炎：〈正仇滿論〉，《辛亥革命前十年間討論選集》第一卷上（北京市：生活・讀書・新知三聯書店，1960年），頁94。

批判清王朝和光緒皇帝的文章，也是第一篇公開駁斥保皇派言論的文章。可以說，章太炎的〈正仇滿論〉揭開了後來革命派與保皇派的一場影響深遠的大論戰。

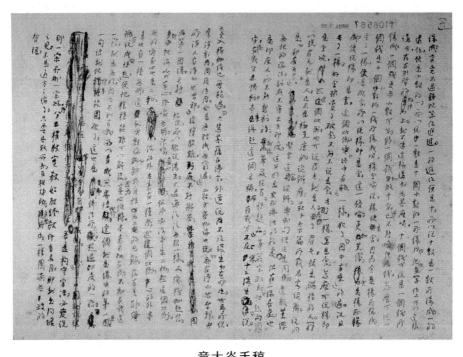

章太炎手稿

革命派與改良派的論戰持續了數年，一九〇五年至一九〇七年達到高峰，雙方各以《民報》和《新民叢報》為陣地，展開激烈的論戰。此後的論戰圍繞著同盟會提出的三個綱領進行，即要不要以革命手段推翻清王朝、要不要推翻帝制實行共和、要不要進行社會改良改變封建制度。《民報》和《新民叢報》之間發生的論戰，其論戰內容比章太炎〈正仇滿論〉所論及的以革命取代改良的主題深刻得多，這是時事發展所然，章太炎開闢之功是不可抹殺的。

章太炎是近代中國第一個公開批判康有為、梁啟超和嚴復學說的

人。嚴復學術是改良主義的理論基礎。章太炎第一次知道西方的進化論，正是得益於嚴復的翻譯之功。隨著閱讀範圍的擴大，章太炎漸漸認識到進化論是自然界的規律，並非社會原理。章太炎批評嚴復無視中國國情，其譯著過於簡單化和絕對化，有誤導之嫌。章太炎說，社會進化與自然進化不同，社會進化要講歷史、講道德。他之所以大力提倡「國粹」，是要百姓珍惜漢民族的歷史。歷史存，國性存；歷史亡，國性亡。他撰寫〈俱分進化論〉，指出進化論並非客觀公理，善進化時惡也在進化，西方物質文明在發展的同時，資本主義的醜惡也在進化。章太炎對嚴復的批判，對青年學子產生了巨大的影響。魯迅等人正是在章太炎的影響下，告別了嚴復，由對進化論的過崇發展到對精神意識的重視，由改良轉變為革命。

章太炎的〈正仇滿論〉也表現了一些錯誤和糊塗的觀點。他對五百萬滿人一概排斥，甚至認為滿人非我同族，滿人的生息地不是中國的國土，而日本人是我同族，雖隔海相望，但與中國屬於「一土」。章太炎從文字的角度論證自己的觀點。他說日本的文字有大量漢字，可見日漢同文同種；而滿文與漢字絕異，可見異文異種。據此，他主張親日疏滿。章太炎的大漢族主義思想和親日思想是一貫的，〈正仇滿論〉雖有瑕疵，但是瑕不掩瑜，它的思想曾經影響過一代人。

章太炎本來就是遭到清政府通緝的人，撰寫〈正仇滿論〉後，他的處境更加危險了。號稱遠東第一都市的上海，竟然沒有章太炎安身立命之所。章太炎寫信給胡惟志，詢問是否可以在他家暫住，胡惟志委婉地拒絕了。在他的朋友圈中，大家都知道他是一個危險人物，隨便翻檢他的政論文章，都可以安一個大大的罪名。他又寫信給吳君遂，吳君遂非常講義氣，明知收留章太炎有危險，還是答應了章太炎的要求。章太炎暫時寓居在吳君遂的家裏，受到很好的款待。有一天，宋恕見到他，半開玩笑地對他說：「你只是一個手無縛雞之力的

書生，就想顛覆大清三百年的帝業，也未免太自不量力了罷，我看是明末那些遺老的魂附在你身上了。」[42]章太炎報之一笑。

一九〇一年八月，正當章太炎惶惶不安之時，忽聞蘇州東吳大學來滬招聘教員。章太炎經吳君遂介紹，決定應聘由美國傳教士創辦的蘇州東吳大學。章太炎從上海啟程來到蘇州，登上了東吳大學的講壇。

章太炎到蘇州後，聽說他的老師俞樾離開了詁經精舍，在蘇州曲園寓居，於是登門看望先生。在詁經精舍求學期間，俞樾與章太炎師生之間的關係十分融洽。俞樾很看重這個學生的才華，章太炎也非常欽佩先生的學問。當年章太炎決心離開詁經精舍，俞樾曾一再挽留，他內心對先生十分感激。今日要見到恩師，章太炎心裏湧起一股熱流。章太炎萬萬沒有想到，他與恩師的會見竟會如此尷尬。

俞樾見一臉笑意的章太炎登門，沒有半句問候就指著章太炎的鼻子一頓訓斥。俞樾說：「聞爾遊臺灣，爾好隱，不事科舉。好隱則為梁鴻、韓康可也。今入異域，背父母陵墓，不孝；訟言索虜之禍，毒敷諸夏。與人書，指斥乘輿，不忠。不孝不忠，非人類也。小子鳴鼓而攻之可也。」[43]俞樾指責章太炎厭惡科舉，背離父母陵墓遠遊臺灣，竟然還撰寫文章責罵皇帝，如此不孝不忠的人簡直就不是人，號召大家對章太炎「鳴鼓而攻之」。章太炎聽了十分難過，對先生說：「弟子以治經侍先生，今之經學，淵源在顧寧人。顧公為此，正欲使人推尋國性，識漢虜之別耳，豈以劉歆、崔浩期後生也？」[44]俞樾不聽，表示「曲園無是弟子」，師生二人不歡而散。

章太炎聽到先生的嚴詞訓斥，心裏十分難過。他心裏清楚，他與先生在學問方面尚屬同道，而在政治主張上早已南轅北轍了。當年離

---

42 《章太炎先生自定年譜》（上海市：上海書店，1986年）。

43 章太炎：〈謝本師〉，《民報》第9號。

44 《章太炎先生自定年譜》，光緒二十七年（上海市：上海書店，1986年）。

開詁經精舍以後，他在社會的汪洋大海裏經風雨、見世面，曾經追隨康、梁，成為改良主義的衛道士。戊戌變法失敗，中國積貧積弱的局面沒有任何改變，而康、梁仍然抱定改良、抱定皇帝。他終於認識到改良主義在中國走不通，只有革命才能救中國。章太炎背叛了改良主義，投身於反清革命營壘，而他昔日的恩師還停留在地主階級的政治立場上。顧炎武一直是章太炎心中的偶像。章太炎認為，清代漢學的興起，其淵源在顧炎武。顧炎武提倡通過治經達到識別漢虜之目的，他自己的所作所為正是繼承了顧炎武的傳統。章太炎興致勃勃地叩見自己的老師俞樾，結果卻不歡而散。

俞樾責罵他不孝不忠，簡直不是人，並號召大家對他「鳴鼓而攻之」，章太炎心裏有說不出的難過。他明白，他的老師一定看到了他撰寫的〈正仇滿論〉。〈正仇滿論〉會引起社會反響，這是他意料之中的事。但是，他的老師對〈正仇滿論〉反應如此強烈，又出乎他的意料之外。他反覆檢討自己，覺得自己並沒有做錯什麼。退出曲園後，章太炎日後寫了〈謝本師〉一文，發表於《民報》，表示與俞樾從此斷絕師生之誼。

在〈謝本師〉一文中，他拒絕了俞樾對他的責備，認為老師之所以如此失態，是因為老師「嘗仕索虜，食其廩祿」。[45]俞樾擔任過翰林院編修，吃過清政府的俸祿，所以站在清政府的立場上責備他。他宣佈，從此與俞樾斷絕師生關係。章太炎與俞樾斷絕關係後，一直沒有修復。有意思的是：俞樾在蘇州終其一生，章太炎最後也選中蘇州作為人生的終點；俞樾百年後葬於杭州西子湖畔，章太炎百年後也葬在西子湖畔。更有意思的是：一條大路將紀念俞樾的紀念館與紀念章太炎的紀念館隔離，兩館遙遙相望卻手不可及，似乎向世人暗示著他們

45　〈謝本師〉，《民報》第9期。

師生之間的一段恩恩怨怨。

　　章太炎的一篇〈謝本師〉隔絕了近八年的師生情誼，有學人譴責章太炎不該如此絕情。「長沙楊昌濟懷中常病其〈謝本師〉之作為儇薄之行，謂章師事曲園八年，不當以一言之斥，遽告絕籍。」[46]

　　雖然因為政見不合，章太炎與俞樾斷絕師生之誼，但他對恩師俞樾一直十分推崇。〈謝本師〉一文公開發表不到一年時間，八十六歲高齡的俞樾去世。章太炎當時在日本，於一九〇八年撰寫〈俞先生傳〉，發表於《國粹學報》。章太炎在文中說，浙江樸學，昌自先生。

　　有幾件小事可以看出章太炎對俞樾的感情是發自內心而非作秀。有一次，章太炎到杭州昭慶寺做客，某日特意穿上馬褂，囑弟子陳存仁、章次公也穿上馬褂，到俞樾故居憑弔先生。俞樾故居已經易主，章太炎燃香三支，對僅存的先生遺墨「春在堂」匾額行三跪九叩大禮，令在場的學生動容。還有一次，章太炎在西湖邊與梁啟超等人散步。途中，梁啟超突然看到一座古跡的楹聯乃俞樾所撰，帶著不屑的口氣：「哦，原來是一對鵂鶹！」一句話激怒了章太炎，先是大罵梁啟超不仁，說著說著竟揮起老拳來，嚇得梁啟超落荒而逃。

　　章太炎自認追隨俞樾學到了不少東西。他在與學生談及治學之道時說：「余常謂學問之道，當以愚自處，不可自以為智；偶有所得，似為智矣，猶須自視若愚。古人謂既學矣，患其不習也；既習矣，患其不博也；既博矣，患其不精也。此古人進學之方也。大抵治學之士，當如蒙童，務於所習，熟讀背誦。愚三次，智三次，學乃有成。」「余意凡史皆春秋，凡許書所載及後世新添之字足表語言者皆小學。尊信國史，保全中國語言文字，此餘之志也。」[47]

46 〈星廬筆記・章炳麟〉，《追憶章太炎》（北京市：生活・讀書・新知三聯書店，2009年），頁56。
47 諸祖耿：〈記本師章公自述治學之功夫及志向〉。

　　章太炎撰寫〈正仇滿論〉，抨擊清朝統治者；撰寫〈謝本師〉，宣佈與老師絕交。東吳大學的不少師生都視章太炎是一個離經叛道之人。當時，蘇州街上基本看不到剪辮子的人。沒有辮子，出門寸步難行。章太炎不得不買了一條假辮子。他自己不會縫，將假辮子胡亂塞在帽子裏。一不小心，假辮子就掉在路上，一時招致路人圍觀，弄得他狼狽不堪。不久，章太炎又做出一件令許多人大跌眼鏡之事，以至於他不得不離開東吳大學，再次亡命他鄉。

第三章
在革命的洪流中

　　一九〇二年春，章太炎因列名自立會和中國國會，再次東渡。在日本，章太炎與孫中山相約定交。橫濱紀念活動是章太炎與孫中山兩人定交後合作的第一次反清活動。回國後，章太炎積極參加上海張園演講，針對時事與政局，指點江山，激揚文字，高呼革命。從上海西牢出獄後，章太炎第三次登上日本國土。在同盟會總部集會歡迎章太炎的大會上，他發表了熱情洋溢的演講，解釋自己為什麼聽人說他「瘋癲」和「神經病」，他「倒反格外高興」的緣由。章太炎說，我要把我的神經病質，傳染諸君，傳染與四萬萬人！章太炎加入了中國同盟會，應邀擔任《民報》總編輯和發行人，全身心地投入《民報》。在《民報》與《新民叢報》的論戰中，章太炎提出「俱分進化論」和「國家學說」。一九〇七年，章太炎與流亡在日本的印度愛國志士缽邏罕、保什等在東京發起成立「亞洲和親會」，提出反對帝國主義的口號。

一　章孫定交

　　章太炎在東吳大學前後約一年時間。章太炎上課不講授中文，卻大談民族大義，經常抨擊政府，宣傳革命，鼓動學生反清光復，一時在學校產生很大影響，老師同學對此已經見怪不怪。可是有一天，對章太炎已經見怪不怪的東吳大學師生還是被章太炎狠狠地震了一下。

有一次上國學課，章太炎給學生布置作文題，他給出的題目竟然是「李自成胡林翼論」。題目一公佈，學生大嘩。李自成是明末農民起義領袖，一度曾經攻佔北京；而胡林翼是清政府重臣，曾經鎮壓過太平天國起義，在與太平軍爭奪武昌一戰中嘔血而亡。將這兩個不是一個朝代，又處於對立面的人放在一起，如何論法？許多學生不知道章太炎的良苦用心，抓頭撓額，不知道從何下手。

章太炎在東吳大學的種種怪異，尤其是「李自成胡林翼論」的作文題不脛而走，愈傳愈遠，竟然傳到湖廣總督張之洞和兩江總督劉坤一的耳朵裏。張之洞、劉坤一覺得對章太炎這樣異端和異類的人不能容忍，密囑江蘇巡撫恩壽捉拿章太炎。

一九〇二年元月，江蘇巡撫恩壽派人親自到學校查問，詢問校長：「你們學校是不是有個章某某啊？」校長回說：「有的。不知找他何事？」來人說：「此人在你們學校宣傳革命，我們要會會他！」此時，正值學校放寒假，章太炎不在學校。校長覺得大事不好，連忙派人到餘杭向章太炎報信。

一九〇二年二月八日，這一天是正月初一，章太炎在餘杭倉前鎮家中度歲，接二連三得到來自三方面的消息：一是他的好友吳君遂派人到他家中告訴他，恩壽將派人到餘杭捕捉他；二是東吳大學校長、美國傳教士派人通知他盡快躲避；三是好友宋恕等在杭州給他發出警報，浙江巡撫已經接獲密電，準備捉拿章太炎。

世界上的事情竟有如此之巧合：一年前的大年初一早上，章太炎在餘杭倉前鎮家接朋友報信，說捕快要來緝拿他，他被迫躲入龍泉寺。一年後的大年初一早上，章太炎接獲來自三方面的消息，江蘇巡撫和浙江巡撫都要來捉拿他，章太炎只得匆匆離家，亡命而逃。

二月二十一日，章太炎悄悄來到上海，第二天就登船東渡日本，六天後抵達日本橫濱。這是章太炎第二次到日本。章太炎到橫濱後，

起初在《清議報》舊址落腳。這時，《清議報》已改為《新民叢報》。過了十多天，他前往東京，入住中國留學生公寓，在廣智書局謀了一份差事。

離開日本不過兩年半時間，章太炎覺得日本變化很大。上次來日本，中國在日本的留學生不過百十人，他只認識梁啟超、錢恂等寥寥數人。這一次，他聽說中國留學生已經有六百多人，而且幾乎每天都有新人渡海而來。章太炎先後見到了許多新老朋友，如秦力山、張繼、王寵惠、楊延棟、沈雲翔、馮自由、周宏業等，心裏很是高興，他覺得自己不是孤軍奮戰。

章太炎是二月二十八日到達日本橫濱的，五月離開日本，在日本住了三個月。在日本三個月期間，他定交孫中山，結交秦力山、張繼等人，還認識了許多立志革命反清的新朋友。

秦力山（1877-1906年），原名鼎彝，字力山，湖南善化（今長沙）人。戊戌政變後，秦力山流亡日本，任《清議報》主筆。一九〇〇年至武漢與唐才常組織自立軍，自立軍失敗後，再次亡命日本。同是天涯淪落人，相知何必曾相識。章太炎與秦力山一見如故，過從甚密，幾乎每天都要集會，討論革命反清問題。

唐才常起事時，秦力山擔任安徽大通方面自立軍的指揮官。自立軍失敗，唐才常被殺，秦力山認為康有為負有重要責任，遂宣佈與康有為絕交。秦力山與「勵志會」成員張繼、王寵惠、楊延棟、沈雲翔等創辦了《國民報》，大張旗鼓地宣傳革命反清，其立場與觀點與章太炎不謀而合，章太炎將他引為知己。秦力山在留日學生中頗有影響力和號召力，章太炎通過秦力山認識了許多中國留日學生。

張繼（1882-1947年），原名溥，字溥泉，河北滄縣人。張繼一八九九年留學日本；一九〇五年八月在東京加入同盟會，任《民報》編輯和發行人；一九一六年任孫中山護法軍政府駐日代表；一九二一年

任國民黨宣傳部長;一九二七年任國民黨中央特別委員會委員,後歷任國民黨南京政府司法院副院長、國民黨黨史史料編纂委員會主任委員、國史館館長等職;一九四七年十二月十五日在南京亡故。

當時,東京中國留學生公寓裏住了許多來自中國各地的留學生,他們分佈在日本的各所學校學習。在學習先進科學文化知識的同時,中國留學生密切關注時事,尤其是革命派與保皇派的爭論。中國留學生組織了「勵志會」,這是第一個留日學生團體。章太炎的到來,受到「勵志會」的歡迎。秦力山鼓動章太炎與他一起到橫濱拜見孫中山,章太炎同意了。

孫中山在香港西醫書院與同學合影

章太炎第一次會見孫中山是一八九九年六月間。那一年,因為變法維新失敗,章太炎曾經有加入強學會之舉而遭清政府通緝。章太炎被迫避走臺灣,再由臺灣到日本。章太炎旅居日本期間曾經拜會孫中山,在談到反清問題時,兩人見解幾乎完全相同。由於接觸時間短,章太炎對孫中山尚缺乏深入瞭解,甚至認為孫中山缺乏實際鬥爭的經驗與才幹。

　　再次見到孫中山，章、孫二人作了「平等的、熱烈的和同志式的」談話。這一次見面，奠定了章、孫之誼。章太炎張園斷髮易服，驚人的壯舉使他名聲大噪，令孫中山對他刮目相看。在橫濱期間，章、孫愈走愈近，終於相約定交。

　　自從與秦力山一起拜會孫中山後，章太炎與孫中山已經非常熟悉，兩人漸漸無話不談。當時孫中山住在橫濱，章太炎住在東京。太炎「常自東京至橫濱，中山亦常由橫濱至東京，互相往來」。孫中山在橫濱中和堂特地設宴招待章太炎。應邀參加宴會的一百多人多為興中會會員，大家在軍樂聲中頻頻舉杯，歡迎章太炎。孫中山在宴會上宣佈，與章太炎握手定交。眾人排著隊向章太炎敬酒，章太炎來者不拒，一連乾了七十多杯。

　　章太炎回憶這一段歷史說：

> 壬寅三十五歲，春即至上海，與秦力山交。時中山之名已盛，其寓處在橫濱，余輩常自東京至橫濱，中山亦常由橫濱至東京，互相往來，革命之機漸熟。余與秦力山、張溥泉等開亡國紀念會於東京。中山請余至橫濱與興中會同志七十餘人宴集，每人敬余酒一杯，凡飲七十餘杯而不覺醉。[1]

　　章、孫定交後，章太炎將因授課結識的一批青年學子推薦給孫中山。當時，孫中山因革命之故，寓居橫濱期間深居簡出。中國留學生久聞孫中山之名但未見其人。孫的特殊經歷，使許多中國留學生覺得孫中山可望而不可即。孫中山「交遊素寡，自從會見定交後，先生介

1　朱希祖：〈本師章太炎先生口授少年事蹟筆記〉，《自述與印象：章太炎》（上海市：三聯書店，1997年），頁33。

孫中山

紹英俊留學生之往謁者始漸次多，群士輻輳，陣容益壯」。[2]

章太炎與秦力山聆聽孫中山的高談闊論，力邀孫中山前往東京講學，孫中山欣然同意。孫中山到東京為「勵志會」留學生講學，「諸生聞孫公無他獷狀，亦漸與親，種族大義始震播橫舍間」。[3]孫中山與中國留日學生的接觸始於此。從此以後，孫中山頻頻往返於橫濱與東京之間。在孫中山的影響下，留日學生創辦了《開智錄》等一系列刊物，許多人告別了改良主義，傾向革命，革命反清漸漸成為中國留日學生的主旋律。

一九〇五年八月，中國同盟會成立後，在國內外建立支部。國內設東、西、南、北、中五個支部，分佈於華南、華中、華北及東北各地。不到一年時間，同盟會會員發展到萬餘人。

孫中山逝世後，章太炎回憶與孫中山的交往說：「余始識故大總統孫公於東京對陽館，及與陶成章、蔡元培、鄒容、張繼、汪兆銘、宋教仁之徒，援引義法，折其非違，而視聽始變。此數公者，雖明暗殊情，狂狷異行，皆能艱難其身，以為表儀。蒙霜露，涉波濤，乞食因縶，而不慍悔。外有陳天華、楊毓麟，皆以感慨自裁。四方之人，感其至誠，亦會清政不綱，喪師蹙地，民望日移。於是日夜匡飭，規行義師，期於自相弔唁。」[4]

2　許壽裳：《國父中山先生和章太炎先生──兩位成功的開國元勳》。

3　章太炎：〈秦力山傳〉，《太炎文錄續編》卷4，章氏國學講習會排印本。

4　章太炎：〈小過〉，《章太炎全集》第3卷（上海市：人民出版社），頁617。

二　橫濱聚餐

　　章、孫定交後，章太炎與秦力山商量，崇禎皇帝在北京煤山身亡已經二四二年了，四月二十六日是崇禎的祭日，國內有一些士大夫每逢此祭日總要悄悄舉行一點儀式，聊表寸心。如今在日本，何不藉此機會大張旗鼓地開展一個大型紀念活動，以啟發留日學生的民族意識呢？兩人一拍即合，於是決定在東京舉行「支那亡國二百四十二週年紀念會」，進行革命鼓動。會議地點決定設在東京上野公園內的一家西式餐廳精養軒內。通知發出後，有百多個留日學生報名參加。

　　章太炎將他的計劃寫信告訴孫中山，孫中山立即覆信，表示支持並作為大會的「贊成人」。章太炎於是起草了《支那亡國二百四十二年紀念會書》作為紀念會的《宣言》。《宣言》歷數清朝統治者的種種罪行，指出中國大好河山淪於鐵蹄，千萬黎民百姓橫遭屠戮。章太炎號召留學生繼承並發揚明末清初仁人志士的鬥爭精神，滇人無忘李定國，閩人無忘鄭成功，越人無忘張煌言。[5] 章太炎起草好《宣言》，率先在《宣言》上簽上自己的名字，秦力山、馬君武、馮自由等陸續簽名。章太炎將《宣言》寄給孫中山，孫中山表示贊同。他又將《宣言》寄給梁啟超，梁啟超開始表示贊同，後來又來信反悔。《宣言》充滿了強烈的民族感情，非常具有煽動性，在留日學生中引起共鳴，達到了預期效果。

　　清朝駐日公使蔡鈞獲悉章太炎等準備開會紀念崇禎的消息後，立即密報清廷。清廷指令蔡鈞與日本政府交涉，堅決予以制止，否則影響兩國邦交云云。四月二十五日，日本東京警署奉外務省命，通知章太炎，約他到警署談話。章太炎特意穿了一件明代的長衫，手搖一把

5　馮自由：〈章太炎與支那亡國紀念會〉，《革命逸史》初編（北京市：新星出版，2009年），頁57。

羽扇，與幾個朋友大搖大擺地穿城而過，引得路人紛紛注目。到達警署，日本員警見章太炎的一身打扮十分驚訝，問：「你是大清國哪一個省的人？」章太炎說：「我不是大清國人，是支那人。」「你屬什麼階級？」「明代遺民，沒有階級。」員警警告章太炎說：「聽說你們明天要在上野公園精養軒開會，我正式通知你，禁止開會！」章太炎手搖羽扇，愛理不理。

第二天，數以百計的學生肩披黑紗來到上野公園精養軒門前，見到許多員警嚴陣以待，不許入內。這天，孫中山亦自橫濱帶領華僑十餘人來會。孫中山見狀後勸告章太炎不要硬頂，可以換一種鬥爭方式，比如將會議轉移到橫濱召開，讓警署措手不及。當天下午，章太炎、秦力山、馮自由及學生代表若干人等一行隨孫中山到橫濱。

四月二十六日下午，「支那亡國二百四十二年紀念會」在橫濱一個華僑陳植雲開設的永樂酒樓以聚餐的形式順利召開。參加會議的有七十多人，其中有許多是興中會會員。孫中山主持會議，章太炎宣讀了《宣言》。章太炎沉痛地說，「雪涕來會，以志亡國」，「別生類以箴大同，察種源以簡蒙古，齊民德以哀同胤，鼓芳風以扇遊塵，庶幾陸沉之禍，不遠而復」。[6]會議喚起了留日學生的仇清情緒，使民族主義的思想深深感染了每一個到會者。《支那亡國二百四十二年紀念會書》後來在香港《中國日報》全文發表，陳少白等還在香港永樂街舉行了紀念會。橫濱紀念活動是我國留日學生在海外第一次有組織的反清革命行動，是章太炎與孫中山兩人合作的產物。

章太炎從最近到達日本的留學生那裏得知，清政府搜捕人的風聲已經過去，於是決定回國。章太炎這一次在日本雖然只有短短三個月時間，但是他覺得自己活得非常充實。第二次日本之行，最大的收穫

6　馮自由：〈章太炎與支那亡國紀念會〉，《革命逸史》初編（北京市：新星出版社，2009年），頁57。

是與孫中山定交，與孫中山交流了思想和政見，尤其是關於土地問題，他覺得與孫中山的探討很有收益。同時，他在東京、橫濱認識了興中會的許多新朋友，他們的革命熱忱令他欽佩。然而，在東京期間，他心裏時時流過一些不安，他想到兩年多前在蘇州出版的《訄書》，書中收入的一些文章已經不能代表他的觀點，他要盡快修訂《訄書》。

三　張園演講

　　章太炎從日本回國後，在鄉里埋頭整理修訂《訄書》。其間，蔡元培、蔣智由等人在上海發起成立了中國教育會，推舉蔡元培為會長。

　　蔡元培（1868—1940年），字鶴卿，又字仲申、民友等，浙江紹興山陰縣（今紹興）人。蔡元培數度赴德國和法國留學、考察，研究哲學、文學、美學、心理學和文化史，是近代中國著名的革命家和教育家，曾任中華民國首任教育總長，一九一六年至一九二七年任北京大學校長。

　　一九〇二年四月，蔡元培在上海創立中國教育會，設教育、出版、實業三個部門。中國教育會公開的宗旨是「教育中國男女青年，開發其智識而增進其國家觀念，以為他日恢復國權之基礎為目的」。[7] 實際上，中國教育會「表面辦理教育，暗中鼓吹革命」。[8] 中國教育會於十一月十七日在上海泥城橋福源裏設立「愛國學社」，向社會招收學生頁

蔡元培

7　〈中國教育會章程〉，《選報》第21期。
8　蔣維喬：〈中國教育會之回憶〉，《上海研究資料續集》，頁84。

百餘人。愛國學社由蔡元培任校長，吳稚暉為學監，愛國學社四處招募教員。

由於《訄書》的出版，章太炎在社會上頗有名氣。蔡元培聽說章太炎在餘杭，即修書一封邀請章太炎加盟愛國學社。當時，愛國學社聘請的教員還有黃炎培、蔣智由、蔣維喬、貝壽同等。不久，愛國學社又在登賢裏成立愛國女校。章太炎在餘杭接到蔡元培的信後，加快了《訄書》的編訂工作，準備重赴上海灘。

一九〇三年春天，章太炎來到上海。蔡元培聘他擔任愛國學社三年級和四年級的國文教員。當時人們見到的章太炎，頗有些「瘋頭瘋腦」。沈延國回憶說：「那時，先生常常服著長袍，外罩了『和服』，──見先生所穿的『和服』，『和服』的左袖上，還繡著『大漢』兩字。──頭髮已經剪了，但還留著五寸長，左右兩股份開梳著，下面垂到額際。服裝離奇，講起話來，亦有些瘋頭瘋腦。人家都暗笑他，但是先生泰然處之。」[9]

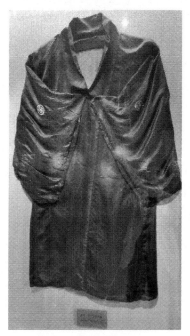

章太炎生前穿的和服

章太炎在中國教育學會任教時，生活異常清苦。因為經費拮据，中國教育學會所聘請的教員都不發教薪，僅供應膳宿。章太炎為了謀生，除賣稿外，還在翻譯一本名叫《妖怪學講義》的書。

蔡元培創辦的愛國學社是一所非常開放的學校，學生相當自由，章太炎在

9　沈延國：〈記章太炎先生〉，《自述與印象：章太炎》（上海市：三聯書店，1997年），頁56。

愛國學社感到前所未有的痛快。愛國學社當時每周在張園舉行演講會，教員與學生均可上臺演講。張園每舉行演講會，章太炎「無會不與」。馬敘倫回憶說：

> 張園開會，照例有章炳麟、吳敬恒、蔡元培的演說，年輕的只有馬君武、沈步洲也夾在裏面說說。遇到章炳麟先生的演說，總是大聲疾呼革命，除了聽見對他的鼓掌聲外，一到散會時候，就有許多人象螞蟻附著鹽魚一樣，向他致敬致親，象徵了當時對革命的歡迎，正像現在對民主一樣。[10]

張園演講的內容主要涉及時事與政局，大家指點江山，激揚文字，倡言革命，盡抒胸臆。每次演講，章太炎都慷慨激昂，「但他有時並不演說，只是大叫『革命！革命!只有革命！』，可是更受到全場的擁護」。馬敘倫：《關於辛亥革命浙江省城光復記事的補充資料》。學生受到章太炎的感染，也齊聲高呼「革命！革命!革命！」師生之間所有的激情、所有的理想、所有的期望，似乎都包含在「革命」兩字當中。張園「革命」之聲，聲振環宇。

章太炎給學生上課的時候，肆無忌憚地講述大明王朝的滅亡和清兵入關的殘暴，講到動情之處，常常聲淚俱下。章太炎說：「鶴廎（蔡元培號——注）就租界設愛國學社處之，招余講論，多述明清興廢之事，意不在學也。」[11]

有一次，他讓學生做作文，每人寫一篇自傳，作文題竟為「某某某本紀」。學生都明白，在二十四史中，只有皇帝的傳才能稱為「本

---

10 馬敘倫：《我在60歲以前》，（北京市：生活・讀書・新知三聯書店，1983年）。

11 沈延國：〈記章太炎先生〉，《自述與印象：章太炎》（上海市：三聯書店，1997年），頁56。

紀」，如今讓他們的自傳都稱為「本紀」，就是說先生將他們都視為皇帝了。

批閱作文的時候，章太炎對柳亞子的作文頗感興趣，因為柳亞子在作文裏解剖了自己，對自己走改良主義道路表示了悔恨。柳亞子的自我解剖，使章太炎與之發生了共鳴。章太炎給柳亞子寫了一封信，坦誠地解剖了自己，信中說：「人生少壯，苦不相若，而同病者亦相憐也」，「《訄書》中〈客帝〉諸篇，即吾往歲之覆轍也。」[12]章太炎將《訄書》初刻本贈送給柳亞子，說明自己也走過這樣的彎路。

一九〇三年冬，留日學生在日本成立軍國民教育會暗殺團。次年，龔寶詮在上海也組織暗殺團，陶成章、黃興等暗中配合他的工作。上海暗殺團初期成員很少，難以開展工作，龔寶詮遂與陶成章商量，擬在此基礎上組織一個革命團體，陶成章表示贊同。一九〇四年十月，「成章又與皖寧各志士，在上海結社，曰『光復』，以蔡元培為會長」。[13]光復會以「恢復漢族，還我河山」為宗旨，成員以小資產階級知識分子和會黨領袖為主，章太炎被舉為副會長。徐錫麟、秋瑾等先後加入。光復會在上海的聯絡點最初設在新聞路仁和裏人和煤號內，後設於三馬路（今漢口路）寶安裏浙江旅滬學會內。光復會在浙江的聯絡點設於紹興大通師範學堂。是年冬，光復會東京分會亦宣告成立，周樹人、許壽裳、孫翼中、黃鴻煒等加入。

章太炎〈光復軍志〉記：「光復會初立，實余與蔡元培為之屍，陶成章、李燮和繼之。總之，不離呂、王、全、曾之舊域也。」[14]光復會成立後，上海與東京遙相呼應，與興中會和華興會呈三足鼎立之勢，將中國革命推向高潮。

---

12 柳亞子：〈太炎先生遺劄〉，《制言》第61期。

13 沈瓞民：〈記光復會二三事〉，《文史資料選輯》總第6輯，蘇州文史資料研究委員會，頁49。

14 章太炎：〈檢論〉卷9，《章太炎學術論著》（杭州市：浙江人民出版社，1998年）。

四　「瘋子」自述

　　章太炎因《蘇報》案，被上海租界會審公廨判處監禁三年，投入上海西牢服刑。三年期滿後，章太炎出獄，在友人的幫助下，離開上海，第三次踏上日本國土。

　　初到東京，章太炎住在孫毓筠的寓所裏。一九〇六年七月七日，由孫中山親自主盟、孫毓筠介紹，章太炎正式加入了中國同盟會，同時應邀擔任《民報》總編輯和發行人。當天，章太炎入住東京八番地的民報社。

　　七月十五日，同盟會總部在神田區錦輝館集會歡迎章太炎，這一天到會者有七千多人。會場內爆滿，會場外也站滿了人。《訄書》當年蜚聲海內外，大家公認章太炎是大儒。及至《蘇報》案發，章太炎在鐵窗之中禁錮三年，大家公認他是一個革命家。「大儒」而冠「革命」，章太炎成為「革命大儒」。章太炎在會上發表了熱情洋溢的講話。看著黑壓壓的一屋子人，看著一張張年輕的臉龐，章太炎眼睛濕潤了。真是「洞中方一日，世上已千年」。

　　一八九九年，他為逃避清政府追捕，從臺灣第一次東渡到日本。那時，康有為的「保皇會」聲勢浩大，倡言革命者寥寥無幾。在日本橫濱，他初識孫中山先生，認為孫中山的政治見解是「卓識」。一九〇二年，他因在東吳大學宣傳革命，再次遭清政府通緝，不得不再度亡命日本。在日本橫濱，他與孫中山定交。中國有句俗話，叫做「二不過三」，四年以後，他第三次來到日本。

　　當他在上海西牢苦度鐵窗生涯的時候，反清的革命形勢已經一洩千里，華興會、光復會、科學補習所、日知會等革命團體如雨後春筍。一九〇五年八月二十日，興中會、華興會、光復會等革命團體在東京聯合成立中國同盟會。中國同盟會以「驅除韃虜，恢復中華，創

章太炎

立民國，平均地權」為革命綱領。同盟會振臂一呼，應者無數。章太炎喜不自禁地對聽眾說，想不到章某人監禁三年後到此，留學生中助我張目的人較從前增加百倍，我這才懂得人心進化是實實在在的。

在同盟會總部集會歡迎章太炎的大會上，他發表了熱情洋溢的演講，解釋自己為什麼聽人說他「瘋癲」和「神經病」，他「倒反格外高興」的緣由。

章太炎被人稱為「瘋子」由來已久。早在他第一次參加科舉考試的時候，他就被考官罵作「瘋子」，此後「章瘋子」聞名於餘杭、杭州、上海灘乃至全國，連袁世凱也知道他叫「章瘋子」。關於「章瘋子」的由來，有許多不同的說法：一說章太炎早年應張之洞之邀辦報，在報紙上發表了一篇十分激烈的反清言論，章的朋友為了救他一命，稱他是「瘋子」。一說袁世凱稱帝時，章太炎擬「效方孝孺故事，執喪杖，穿麻衣，痛哭於國門，以哀共和之將亡，為同人所勸阻。然『章瘋子』之名，遂由此播露」。[15]

說起章太炎的「瘋癲」和「神經病」，在當時社會上流傳很廣。章太炎學富五車，卻是一個生活中的怪人。他不修邊幅、衣著不整在當時是出了名的。他留著長長的頭髮，而式樣與眾不同，頭髮從中間往兩邊分，顯得有一些怪異。他的頭髮每每長至數寸，也不知道理髮。在東吳大學任教時，有個姓竺的同事每到月末就提醒章太炎該去

---

15 景梅九：〈悲憶太炎師〉，《追憶章太炎》（北京市：生活‧讀書‧新知三聯書店，2009年），頁32。

理理髮了，甚至主動為他墊付理髮費，章太炎毫不領情，甚至連那位同事姓什麼都不知道。

章太炎的穿著也很奇怪。冬天，他穿一件棉長袍，外套一件式樣很古怪的坎肩；暑日，他穿一件薄的半截長衫，袒胸露臂。無論春夏秋冬，手裏總握著一把團扇。講課或演講時，有時清鼻涕直流，他用袖子一抹了事。他的衣服常年不洗不換，胸襟和袖子常常是亮晶晶的，天熱時還散發出一股不雅的氣味。

章太炎的煙癮很大，上課的時候，一隻手拿粉筆，一隻手夾香煙。講課入神的時候，他常常搞錯，將粉筆吸在嘴巴裏，而拿香煙在黑板上寫字，引得大家哄堂大笑。

章太炎不辨東南西北，連自己的家住在哪裏也不知道。章太炎有時自己上街買紙煙，離家五六十步，便不識歸途。他不記得自家住宅地址，在路上詢問行人：「我的家在哪裏？」行人皆視其為瘋子。馬敍倫說章太炎「出門即不能自歸」，不是訛傳，實有其事。夫人湯國梨回憶說，章太炎一個人出門找不到回家的路是常事。「中山先生派人陪送太炎回家時，出了孫家，門口僅有一輛人力車，太炎即坐到車上，揮手令拉車工人快跑。拉車工人問往哪裏？太炎說『家裏』，問：你家在哪裏？太炎說在馬路上弄堂裏，弄口有一家煙紙店的弄堂。因而他坐在車上，一直在馬路上兜圈子。」[16]

有一次，章太炎到上海三馬路買書，買完書叫了一輛三輪車回家。車夫問他到哪裏？章太炎指了一個方向，卻說不出具體地點。車夫朝他手指的方向拉了一段路，章太炎也說不出一個子丑寅卯。車夫急了，問你究竟要到哪裏呀？章太炎不慌不忙地說：「我叫章太炎，人家叫我章瘋子。上海拉車的都知道我住在哪裏，你難道不知道嗎？」

---

16 湯國梨：〈太炎先生軼事簡述〉，《追憶章太炎》（北京市：生活・讀書・新知三聯書店，2009年），頁72。

有一次，他從南京返回上海，家人誤記火車班次。章太炎下車後，自己叫了一輛馬車。車夫問他到哪裏，他說「到我的家裏」。至於家在哪兒，章太炎一問三不知。馬夫問他家門口有什麼特徵？他回答說有煙紙店。上海有煙紙店的地方太多了，馬夫沒辦法，只得趕著馬車滿世界轉圈子。家人沒有接到章太炎，又見他沒有回家，派了二十多個人滿城找他，終於在大世界附近找到。這時，章太炎坐在馬車上已有半天了。

最令人捧腹的一件事是章太炎走錯門，在鄰居家睡了一覺。章太炎與詩人摩西交好，有一次兩人暢談了一個通宵。清早回家時，章太炎竟誤入隔壁鄰居家。這家人家的房間朝向及陳設與章太炎家極為相像，章太炎倒頭就睡。這家年輕的女主人清早出去買東西，回家後看見床上睡了一個衣冠不整的糟老頭，高聲大叫起來，驚動了左右鄰居。大家一看，原來是章老夫子。章太炎被叫醒後，茫然問道：「我睡得正香，何以擾我好夢？」

章太炎一生中基本不識錢，可謂天下少有。章太炎結婚時，收到親朋好友賀儀及擔任籌邊使的俸祿銀共有七千多元。他的好友蘇州人錢某，謂章太炎曰，款額巨大，應存入銀行為妥，章太炎以為然。未料日後錢某僅將一張三千五元的存單交給章太炎，告銀行清點時，只有三，五百元而不是七千元。章太炎愕然，卻又無可奈何，因為當時將鈔票交給錢某時，根本就沒有清點。「章氏晚年，不知錢為何物，更不明鈔票之用途。囑僕役購煙一包，便予洋五元，其子欲做大衣，亦予洋五元，甚至在蘇州建屋時，亦撥洋五元，蓋章氏僅知鈔票一張，可有一次用途也。」[17]由於章太炎不能理財，不懂生計，家中大小事務概由夫人打理。

---

17 周黎庵：〈記章太炎及其軼事〉，《追憶章太炎》（北京市：生活‧讀書‧新知三聯書店，2009年），頁459。

　　章太炎的這些軼聞趣事在坊間流傳，有人就說他是「瘋癲」和「神經病」。這些人中，既有善意的揶揄，也有惡意的誹謗。無論善意還是惡意，章太炎不以為意，一笑了之。

　　章太炎在會上講到自己的革命經歷時說，一般人都不願意承認自己是「瘋癲」和「神經病」，而我聽了卻「倒反格外高興」。為什麼呢？他說：

> 今日承諸君高誼，開會歡迎，實在愧不克當；況且自顧生平，並沒有一長可恃，愈覺慚愧。只就兄弟平生的歷史，與近日辦事的方法，略講給諸君聽聽。
>
> 兄弟少小的時候，因讀蔣氏《東華錄》，其中有戴名世、曾靜、查嗣庭諸人的案件，便就胸中發憤，覺得異種亂華，是我們心裡第一恨事。後來讀鄭所南、王船山兩先生的書，全是那些保衛漢種的話，民族思想漸漸發達。但兩先生的話，卻沒有甚麼學理。自從甲午以後，略看東西各國的書籍，才有學理收拾進來，當時對著朋友，說這逐滿獨立的話，總是搖頭，也有說是瘋癲的，也有說是叛逆的，也有說是自取殺身之禍的。但兄弟是憑他說個瘋癲，我還守我瘋癲的念頭。
>
> 壬寅春天，來到日本，見著中山，那時留學諸公，在中山那邊往來，可稱志同道合的，不過一二個人。其餘偶然來往的，總是覺得中山奇怪，要來看看古董，並沒有熱心救漢的心思。暗想我這瘋癲的希望，畢竟是難遂的了，就想披起袈裟，做個和尚，不與那學界政界的人再通問訊。不料監禁三年以後，再到此地，留學生中助我張目的人，較從前增加百倍，才曉得人心進化，是實有的。以前排滿復漢的心腸，也是人人都有，不過潛在胸中，到今日才得發現……只是兄弟今日還有一件要說的

事，大概為人在世，被他人說個瘋癲，斷然不肯承認，除那笑
傲山水詩豪畫伯的一流人，又作別論，其餘總是一樣。獨有兄
弟卻承認我是瘋癲，我是有神經病，而且聽見說我瘋癲，說我
有神經病的話，倒反格外高興。為甚麼緣故呢？大凡非常可怪
的議論，不是神經病人，斷不能想，就能想也不敢說。說了以
後，遇著艱難困苦的時候，不是神經病人，斷不能百折不回，
孤行己意。所以古來有大學問成大事業的，必得有神經病才能
做到……為這緣故，兄弟承認自己有神經病；也願諸位同志，
人人個個，都有一兩分的神經病。近來有人傳說，某某是有神
經病，某某也是有神經病，兄弟看來，不怕有神經病，只怕富
貴利祿當現面前的時候，那神經病立刻好了，這才是要不得呢!
略高一點的人，富貴利祿的補劑，雖不能治他的神經病，那艱
難困苦的毒劑，還是可以治得的，這總是腳跟不穩，不能成就
甚麼氣候。兄弟嘗這毒劑，是最多的。算來自戊戌年以後，已
有七次查拿，六次都拿不到，到第七次方才拿到。以前三次，
或因別事株連，或是普拿新黨，不專為我一人；後來四次，卻
都為逐滿獨立的事。但兄弟在這艱難困苦的盤渦裏頭，並沒有
一絲一毫的懊悔，憑你甚麼毒劑，這神經病總治不好。或者諸
君推重，也未必不由於此。若有人說，假如人人有神經病，辦
事必定瞀亂，怎得有個條理？但兄弟所說的神經病，並不是粗
豪鹵莽，亂打亂跳，要把那細針密縷的思想，裝載在神經病
裏。譬如思想是個貨物，神經病是個汽船，沒有思想，空空洞
洞的神經病，必無實濟沒有神經病，這思想可能自動的麼？[18]

---

18 章太炎：〈自述平生的歷史〉（1906年7月在東京留學生會議上的演說片斷），《自述與
印象：章太炎》（上海市：三聯書店，1997年），頁21-23。

　　章太炎十分坦然地承認自己是「神經病」，還希望大家都有「神經病」，「兄弟承認自己有神經病，也願諸位同志，人人個個，都有一兩分的神經病」。為什麼希望大家都有「神經病」呢？章太炎解釋說：「不是神經病人，斷不能想，就能想也不敢說。說了以後，遇著艱難困苦的時候，不是神經病人，斷不能百折不回，孤行己意。所以古來有大學問成大事業的，必得有神經病才能做到。」「有大學問成大事業」的人必須有「神經病」，這就是章太炎對「神經病」的認識，難怪他對「瘋子」不以為意了。

　　對於章太炎的「瘋子」一說，魯迅記述道：「民國元年，章太炎先生在北京，好發議論，而且毫無顧忌地褒貶。常常被貶的一群人於是給他起了一個綽號，曰：『章瘋子。』其人既是瘋子，議論當然是瘋話，沒有價值的人。但每有言論，也仍在他們的報章上登出來，不過題目特別，道『章瘋子大發其瘋』。有一回，他可是罵到他們的反對黨頭上去了，那怎麼辦呢？第二天報上登出來的時候，那題目是：『章瘋子居然不瘋』！」[19]

　　章太炎說，我要把我的神經病質，傳染諸君，傳染與四萬萬人！兄弟所說的神經病，並不是粗豪魯莽，亂打亂跳，而是要把那細針密縷的思想，裝載在神經病裏。

　　在演說中，章太炎第一次提出以宗教作為民族民主革命的理論武器。顯然，這是章太炎三年鐵窗研讀佛學的心得與體會。他認為，倡言革命，實現民族民主，必須有大無畏的犧牲精神。如何培養這種大無畏的犧牲精神呢？章太炎說：「我們今日要用華嚴、法相二宗改良舊法。這華嚴經所說，要在普度眾生。頭目腦髓，都可施捨與人，在道德上最為有益。這法相宗所說，就是萬法唯心。」章太炎認為，無

---

19 魯迅：《華蓋集‧補白》（北京市：人民文學出版社，2006年）。

我的人才能無畏。革命者「要有這種信仰,才得勇猛無畏。眾志成城,方可幹得事來」。

在民族民主革命的鬥爭中,章太炎曾經利用機械唯物論、庸俗進化論以及孔教理學等武器,但是這些武器都已經落後於時代。在尋找新式武器的過程中,章太炎在獄中潛心研究佛學三年,自己覺得深得佛學三味。佛學經籍浩繁,富於思辨,他認為佛學是「清污俗」的利器。他說:「我們中國,本稱為佛教國。佛教的理論,使上智人不能不信;佛教的戒律,使下愚人不能不信。通徹上下,這是最可用的。」[20]

章太炎提倡的佛學是無神的佛學,他摒棄了佛學的厭世主義,提倡救世主義。他認為佛學的普度眾生與資產階級革命宣揚的平等、博愛、自由、民主,其內涵是一致的。他強調無我者才能無畏,無畏者才能為革命獻身。

章太炎的演說,表明章太炎徹底拋棄了機械唯物論,成為一個唯心主義者。他信奉的以佛學為基礎的唯心主義理論在當時是進步的,為推動革命的進一步發展起了積極的作用。但是,佛學煽起的革命熱情是不可能持久的,人的道德情操不是歷史發展的最終決定力量,從這一點上說,章太炎信奉的以佛學為基礎的唯心主義理論對民族民主革命又產生了一定的消極影響。

五 《民報》主筆

章太炎在加入中國同盟會的同時,應邀擔任《民報》總編輯和發行人。到日本以後,章太炎即全身心地投入《民報》。《民報》是中國同盟會的機關報,創刊於一九〇五年十一月,社址在東京八番地,對

---

20 〈演說錄〉,《民報》第6號。

外稱「群智學社」。《民報》的前身是《二十世紀之支那》，改為《民報》後，初為月刊，後改為不定期出版。

　　《民報》第一任總編輯是張繼。一九〇二年，章太炎與張繼、章士釗在上海義結金蘭。章太炎接任張繼，兄弟之間，自然無話可說。在張繼的手上，《民報》出版了五期和一份號外。章太炎是《民報》第二任總編輯。[21]《民報》的主要撰稿人有宋教仁、陳天華、朱執信、汪精衛、胡漢民等。《民報》創刊後，發表了許多膾炙人口的文章。孫中山將中國同盟會的十六字綱領概括為民族、民權、民生三大主義，發表在《民報》發刊詞上。《民報》第三號刊登胡漢民的文章《民報之六大主義》，進一步闡述了同盟會的綱領和三民主義。文章宣稱《民報》將堅持六大主義：（1）顛覆現今之惡劣政府；（2）建設共和政體；（3）維持世界真正之平和；（4）土地國有；（5）主張中國、《民報》報頭日本兩國之國民的聯合；（6）要求世界列國贊成中國之革新事業。[22]《民報》積極宣傳同盟會的革命綱領，圍繞要不要進行推翻清朝的暴力革命、要不要建立共和國、要不要解決土地問題同梁啟超主編的《新民叢報》展開了論戰。

　　一九〇六年七月二十五日，章太炎擔任主編的《民報》第六號出版。從章太炎接手《民報》，到一九〇八年十月《民報》被日本當局查封為止，《民報》在日本出版二十四期。一九一〇年，《民報》名義上在法國巴黎出版，

《民報》報頭

---

21 章太炎是歷任《民報》主編中任職時間最長的人。章太炎主編《民報》的時間，一說始自第6號，一說始自第7號。

22 〈本社簡章〉，《民報》封底。

實際在日本秘密發行，前後總共出版二十六期。在這期間，章太炎因為腦病發作，而由張繼編輯第十九號、陶成章編輯第二十號、二十一號、二十二號，其餘皆由章太炎主編，因此，章太炎是《民報》的主要編輯人和發行人。章太炎為宣傳同盟會的宗旨和革命理論作出了重要貢獻。

中國同盟會等革命力量的發展引起了保皇派的恐慌，他們將革命派視為頭號敵人。康有為、梁啟超等從一九〇〇年開始陸續發表文章，鼓吹保皇，反對革命。同盟會成立前，孫中山組織革命派利用香港的《中國日報》、東京的《國民報》、三藩市的《大同報》、檀香山的《檀山新報》等作為陣地，發表一系列文章批駁保皇派。

一九〇一年，章太炎撰寫〈正仇滿論〉，發表於《國民報》第四期。章太炎在文中指出，清政府已經成為中國人民的敵人，必須採用暴力的手段將其推翻。一九〇三年，孫中山撰寫〈敬告同鄉書〉，認為革命與保皇，誓不兩立，沒有調和的餘地。這一篇文章發表於《檀山新報》上。一九〇四年，孫中山又撰寫〈駁保皇報書〉，系統駁斥保皇派的種種謬說，革命黨人「非將此毒剷除，斷不能做事」，此文發表於《檀山新報》。

章太炎在《民報》期間，與保皇派、無政府主義派勇敢地戰鬥，被魯迅先生稱之為「有學問的革命家」。魯迅說章太炎「一九〇六年六月出獄，即日東渡，到了東京，不久就主持《民報》。我愛看這《民報》，但並非為了先生的文筆古奧，索解為難，或說佛法，談『俱分進化』，是為了他和主張保皇的梁啟超鬥爭，和『××』的×
××鬥爭，和『以《紅樓夢》為成佛之要道』的×××鬥爭，真是所向披靡，令人神往。前去聽講也在這時候，但又並非因為他是學者，卻為了他是有學問的革命家，所以直到現在，先生的音容笑貌還在目

前，而所講的《說文解字》，卻一句也不記得了」。[23]

六　論戰《叢報》

《民報》創辦以後，革命派與保皇派的交鋒進入高潮，先後有中國、香港、日本、美國檀香山及三藩市、加拿大溫哥華、新加坡、緬甸等國家和地區的二十多種報刊投入了這場論戰。革命派這一邊以《民報》為陣地，保皇派這一邊以《新民叢報》為陣地。因為《民報》與《新民叢報》都在日本，因此這一場論戰的主要陣地在日本。

保皇派搬出了英國社會學家甄克思的《社會通詮》一書作為武器。《社會通詮》由著名思想家嚴復翻譯，一九○四年出版。嚴復根據《社會通詮》一書的理論，將民族主義說成是宗法社會的思想意識，認為中國是落後的宗法社會，而西方列強是先進的軍國社會，宗法社會無力抗衡軍國社會，從而否定了以反清為目標的民族革命，說民族革命並不能「強吾種」。

宗法社會也稱宗法制度，是封建時代的一種特殊社會組織，它的特徵是家族中以家長為中心，家長具有無上的權威，其餘一切都是屬於他的私有財產。保皇派一再引用甄克思和嚴復的觀點，反對革命派開展推翻清朝政府的革命。汪精衛、胡漢民等雖然不同意甄克思和嚴復的觀點，但懾於他們的權威，沒有對他們的理論進行批評。

章太炎與嚴復由相識而相知相交，章太炎對嚴復一直欽敬有加。可是在上海張園的論壇上，兩人在暴力反清的問題上逐漸有了距離。章太炎撰寫了〈《社會通詮》之商兌〉一文，發表於《民報》第十二

23　魯迅：〈章太炎先生二三事〉。本篇最初印入1937年3月10日在上海出版的《工作與學習叢刊》之一《二三事》一書。文中說「和××的×××鬥爭」，××疑為「獻策」二字，×××應指吳稚暉。後一個×××應指藍公武。

號。在文章中，他毫不留情地批駁了甄克思和嚴復關於否定以反清為目標的民族革命的觀點。章太炎批駁說，將民族主義說成是宗法社會的思想意識是沒有根據的，「且今之民族主義，非直與宗法社會不相一致，而其力又有足以促宗法社會之鎔解者」。甄克思將民族主義說成是宗法社會，是因為他對東方諸國歷史缺乏深入研究，而嚴復在翻譯時也沒有對諸國歷史進行仔細研究，而是一味附和。章太炎以他激進、雄健的思想與文筆毫不留情地批判了嚴復的「進化論」，揭露了康有為、梁啟超的「競名死利」。章太炎指出，只有對中國的風俗形勢有了深刻的瞭解，才能從中歸納出符合中國實際的條例。

當時旅居法國的張靜江、吳稚暉等熱衷於無政府主義，他們在巴黎的《新世紀》上撰文攻擊同盟會宣導的民族革命。《新世紀》一九〇七年第三期撰文攻擊章太炎在《民報》紀元節慶祝會上朗讀的祝詞，說他的祝詞違背科學，宣揚三種迷信：一是崇拜帝王、二是崇拜祖宗、三是仇視異族。《新世紀》一九〇七年第六期進一步攻擊章太炎說，「民族主義者，復仇主義也；復仇主義者，自私主義也」，「今主民族主義者，即排滿也；夫排滿，則私矣」。文章說，革命黨人排滿，是將所有滿人「不分善惡，一網打盡」。

章太炎決定應戰，他撰寫了〈排滿平議〉、〈定復仇之是非〉、〈四惑論〉、〈臺灣人〉與〈新世紀〉記者〉等一系列文章進行反擊。章太炎指出，排滿的口號不是從天上掉下來的，而是從中國現實出發提出來的。「吾儕所執守者，非排一切政府，非排一切滿人，所欲排者，為滿人在漢之政府。」[24]章太炎說，革命黨人排滿，並不是將所有滿人「不分善惡，一網打盡」，「排滿洲者，排其皇室也，排其官吏也，排其士卒也」。革命黨人是要復仇，「復仇者，以正義反抗之名，非輙

---

24 〈排滿平議〉，《民報》第21號，頁11。

轉相殺謂之復仇」。[25]章太炎嘲笑無政府主義者「與中國情狀不相
應」,「言無政府主義,不如言民主主義也」。[26]

　　在《民報》與《新民叢報》的論戰中,章太炎主張「用宗教發起
信心,增進國民的道德」,「用國粹激動種性,增進愛國熱腸」,提出
「俱分進化論」和「國家學說」。章太炎說:「若以道德言,則善亦進
化,惡亦進化;若以生計言,則樂亦進化,苦亦進化。雙方並進,如
影之隨形。」[27]章太炎發表在《民報》上的文字,多以佛理說革命,
主張「革命之道德」。保皇派說,只要不革命,不去刺激帝國主義,
帝國主義就不會干涉和瓜分中國。章太炎說,沙俄覬覦東北、外蒙、
新疆,英國染指西藏,帝國主義瓜分中國的野心由來已久。帝國主義
之所以在形式上還保留著中國的統一,沒有立即瓜分中國,是因為他
們之間的利益沒有調整好。中國要避免帝國主義的瓜分,唯一的出路
就是革命。他特別譴責法國帝國主義,列舉法國對越南的侵略,「生
則有稅,死則有稅,乞食有稅,清廁有稅。誹謗者殺,越境者殺,其
酷虐為曠古所未有」,「始創自由平等於己國之人」,而實施最不自由
平等於他國之人。

　　章太炎的弟子汪東稱《民報》「不是幾個人的自由刊物,而是有
嚴密組織的一個革命黨的機關報。它的理論是依據中山先生所提出的
『三民主義』為中心的」。「宣傳的對象,主要是與保皇黨（又稱立憲
派人）爭奪上中層知識分子。這就首先對梁啟超所主編的《新民叢
報》展開了筆戰。梁氏主張君主立憲,主張開明專制,其文報淺顯條
暢,頗能搖惑一般人。因此在一個時期,立憲派佔了上風。自《民
報》出,同樣以淺顯條暢的筆調宣傳革命,把梁氏駁得體無完膚。精

25　〈排滿平議〉,《民報》第21號,頁9。
26　〈排滿平議〉,《民報》第21號,頁1。
27　章太炎:〈俱分進化論〉,《民報》第7號,1906年9月5日。

《民報》第十五號目錄

衛的文章，尤為當時讀者所愛好。情勢為之一變。太炎先生主持後，又添了不少闡發佛學的文章，這是他在歡迎會上演說中所揭示的要『用宗教發起信心，增進國民的道德』。歸根結底，仍與民族主義是相融合的。」[28]

關於《民報》的作用，汪東在〈辛亥革命前後片斷回憶〉一文裏說，《民報》的影響在四個方面：一是一般人的轉變。原來《新民叢報》的讀者現在改看《民報》了；原來傾心立憲的人，現在與革命黨人拉交情了。二是立憲黨人遭受挫折。《新民叢報》原來對《民報》竭盡嘲弄之能事。幾個回合以後，漸漸理屈詞窮，私下要求和解。三是《民報》在軍隊中流傳。例如武昌新軍中的中下級軍官十分喜愛閱讀《民報》。四是敵人恐懼。《民報》查封前，清政府曾經屢次欲借日本政府之手扼殺《民報》而未能如願。[29]

七 聯合反帝

為了反對帝國主義而自保其邦族，一九〇七年四月，在日本無政府主義、社會主義活動家幸德秋水的倡議下，章太炎與流亡在日本的

---

28 汪東：〈辛亥革命前後片斷回憶〉，《文史資料選輯》，總第6輯，蘇州文史資料研究委員會編，頁33。

29 汪東：〈辛亥革命前後片斷回憶〉，《文史資料選輯》，總第6輯，蘇州文史資料研究委員會編，頁33-36。

印度愛國志士缽邏罕、保什等在東京發起成立「亞洲和親會」。亞洲
和親會的宗旨是聯合亞洲各國人民反抗帝國主義,「本會宗旨,在反
抗帝國主義,期使亞洲已失主權之民族各得獨立」。會員的義務是
「當以互相扶持,使各得獨立自由為旨」,「若一國有革命事,余國同
會者應互相協助,不論直接、間接,總以功能所及為限」。[30]章太炎為
亞洲和親會起草了章程,章程以中、日、英三種文字同時刊佈,章程
規定:

> 凡亞洲人,除主張侵略主義者,無論民族主義、共和主義、社
> 會主義、無政府主義,皆得入會。
>
> 亞洲諸國,或為外人侵食之魚肉,或為異族支配之傭奴,其陵
> 夷悲慘已甚。故本會義務,當以互相扶持,使各得獨立自由
> 為旨。
>
> 亞洲諸國,若一國有革命事,余國同會者應互相協助,不論直
> 接間接,總以功能所及為限。

　　章太炎呼籲亞洲各國革命者聯合起來,共同進行反對帝國主義侵
略的鬥爭。章太炎的這一立場,受到海外革命者的關注。印度革命者
保什、缽邏罕曾經到章太炎寓所造訪,相互交流了觀點與見解。越南
革命者阮尚賢賦詩一首贈章太炎:

　　東海贈章太炎先生
　　煙濤萬里一虛舟,島國相逢話壯遊。

30　〈亞洲和親會約章〉,《章太炎生平與思想研究文選》(杭州市:浙江人民出版社,
　　1986年),頁90-92。

醉把奇書燈下讀，滿天風雨入西樓。[31]

　　亞洲和親會第一次開會，到會者為中國、日本和印度三國革命者。第二次開會，除中國、日本和印度外，還有越南和菲律賓的革命者出席。此後參加亞洲和親會的國家還有緬甸、馬來亞、朝鮮等。中國參加亞洲和親會的人主要有張繼、劉師培、何殷振、蘇曼殊、陳獨秀、陶冶公、呂復、羅象陶等。印度參加亞洲和親會的人主要有保什、帶君等。

　　亞洲和親會通過《民報》發表了一些文章，號召亞洲人民團結起來，使歐美人不得佔領亞洲，使亞洲諸民族復其故國。總的來說，亞洲和親會屬於一種聯誼性質，在實際中沒有發生作用。《民報》事情發生後，章太炎無暇顧及亞洲和親會，亞洲和親會自生自滅，前後約一年半時間。

　　章太炎認為漢族是中國的優秀民族，而滿族和其它少數民族是劣等民族。他稱滿族為「東胡群獸」，說滿族「蠢如鹿豕者」，提出「漢族之仇滿洲，則當仇其全部」。[32]說明章太炎民族主義思想是十分偏激的，大漢族主義思想是非常嚴重的。亞洲和親會提出反對帝國主義的口號，是亞洲各被壓迫民族組織反對帝國主義聯盟的最早嘗試。從亞洲和親會的建立以及章太炎為該會撰寫的章程看，章太炎的目光由中國轉向亞洲，由反清到反對一切帝國主義，其思想發生了飛躍。不過，章太炎的思想飛躍是十分局限的。章太炎對帝國主義開始有了一定認識，但他心中的帝國主義似乎沒有日本帝國主義，其帝國主義指的是歐、美。章太炎說：「言種族革命，則滿人為巨敵，而歐、美少

輕，以異族之攘吾政府者，在彼不在此也。若就政治社會計之，則西人之禍吾族，其烈千萬倍於滿洲。」[33]

　　胡繩武、金沖及在〈辛亥革命時期章炳麟的政治思想〉一文中說：「我們說章炳麟的反滿革命思想是反映了中國人民反對帝國主義的要求，但卻存在著反映不完備的缺點。」又說：「儘管由於章炳麟主觀認識上的弱點與他所代表的領導革命的資產階級的軟弱性，使他的民族主義沒有明確的反帝內容，但他並不隱瞞自己主張中國人民一旦推翻清政府建立了政權之後，就一定要消滅帝國主義在中國的各種特權的觀點。」[34]

33　章太炎：〈主客語〉，《民報》第22號，頁48-49。
34　胡繩武、金沖及：〈辛亥革命時期章炳麟的政治思想〉，《辛亥革命五十週年紀念論文集》（北京市：中華書局，1980年），頁332。

第四章
章太炎與《蘇報》案

　　在愛國學社，章太炎認識了鄒容。鄒容以「革命軍中馬前卒」的名義撰寫了宣傳革命的《革命軍》，章太炎慨然為《革命軍》作序一通，稱此書發出「雷霆之聲」。章太炎的〈序〈革命軍〉〉在《蘇報》發表。章太炎撰寫〈駁康有為論革命書〉，痛斥「載湉小丑，未辨菽麥」，也發表於《蘇報》。《蘇報》大張旗鼓地宣傳革命，引起了清政府的密切注意，終於將章太炎、鄒容等人逮捕。會審公廨最終判處章太炎監禁三年、鄒容監禁二年，二人被送往上海西牢服刑。章太炎在關押期間，羅致佛典並開始晨夜研誦，開始系統研究佛學。章太炎後來提出唯心主義的哲學體系並主張以佛學作為民族民主革命的理論武器，其理論基礎形成於此。一九〇五年，年僅二十歲的鄒容卒於獄中。一九〇六年，章太炎刑滿出獄，旋即離開上海，隨同盟會代表東渡日本。

一　初識鄒容

　　章太炎在愛國學社期間結交了許多朋友，其中有來自巴山蜀水的鄒容。

　　鄒容（1885-1905年），原名紹陶，字威丹，一作蔚丹，四川巴縣（今重慶）人，一九〇二年留學日本，投身民主革命，次年回國加入愛國學社。

　　說起鄒容和張繼回國，還有一段故事。庚子之變後，國勢衰微，
中國有志青年紛紛東渡日本學習，清政府為了管理中國留學生，設立
了留學生監督。留日陸軍學生監督姚文甫是一條忠於清政府的走狗，
平日對留學生吹鬍子瞪眼，十分兇狠，而自己為非作歹，生活腐化，
留學生都很討厭他。一九〇三年三月三十一日，陳獨秀、張繼、鄒容
等幾個留學生閒聊時，聊到姚文甫通姦的事，決定狠狠教訓他一下。
張繼出了一個主意，陳獨秀、鄒容都說好。當天晚上，陳獨秀、張
繼、鄒容等悄悄摸進姚文甫的臥室，張繼兩手抱住姚文甫的腰，鄒容
上去捧住姚的頭，陳獨秀揮剪將姚文甫頭上的辮子剪掉了。姚文甫還
沒有明白發生什麼事，陳獨秀、張繼、鄒容已經跑得不見蹤影。鄒容
揮筆寫了一張紙條，上書「南洋學生監督留學生公敵姚某某辮」，連
同姚文甫的辮子一起掛到留學生會館示眾，讓他以髮代首。

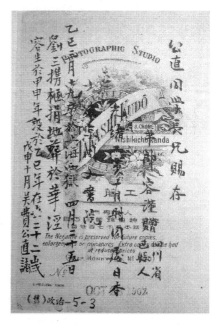

鄒容在日留學時贈給同學費公直的簽名照

　　這件事情發生後，清政府駐日公使照會日本外交部，要求嚴懲。日本方面查出陳獨秀、張繼、鄒容三人，宣佈將他們驅逐出境。陳獨秀從日本回到安徽，張繼和鄒容來到上海。此時，正逢愛國學社成立，張、鄒二人於是便進入愛國學社。

　　章太炎在日本與張繼相識。在愛國學社，章太炎認識了鄒容。章太炎與鄒容、張繼、章士釗意氣相投、過從甚密，四人約為兄弟，常常聚會，縱論天下。鄒容少年氣盛，每每出語驚人，引得章太炎刮目相看。鄒容看見愛國學社許多人日日學習英語，嘲笑他們說：「你們棄了國學不研究，專習英文，將來堪做買辦，預備做洋奴了。」那些學習英語的學員聽了，氣得要打他。可是鄒容性情暴悍，加之身上別著一支手槍，人不離槍，槍不離身，大家不敢惹他。[1]鄒容倜儻不群，對章太炎卻一見傾心。章太炎這一年三十五歲，鄒容方十九歲，兩人相見恨晚，成為忘年之交。「相得甚歡，約為昆弟交」。[2]鄒容封章太炎為東帝，自稱西帝，平日稱章太炎大哥，自稱小弟。

　　鄒容在日本時，編寫過一本宣傳革命的小冊子《革命軍》，凡二萬餘言，分七章：一、緒論，二、革命之原因，三、革命之教育，四、革命必剖清人種，五、革命必先去奴隸之根性，六、革命獨立之大義，七、結論。鄒容在《革命軍》一書前寫了一篇自序，序末署名為「革命軍中馬前卒鄒容記」。在愛國學社期間，鄒容對《革命軍》進行了修改並請大哥章太炎為之潤色。章太炎對鄒容說：「革命的文字應當使人人易解，這本書還好，不要改的。」[3]章太炎一字未改。

1　沈延國：〈記章太炎先生〉，《自述與印象：章太炎》（上海市：三聯書店，1997年），頁57。

2　章太炎：〈贈大將軍鄒君墓表〉。

3　沈延國：〈記章太炎先生〉，《自述與印象：章太炎》（上海市：三聯書店，1997年），頁58。

革命軍中馬前卒（油畫）

鄒容的《革命軍》近之於大白話，《革命軍》說：

掃除數千年種種之專制政體，脫去數千年種種之奴隸性質，誅絕五百萬有奇披毛戴角之滿洲種，洗盡二百六十年殘慘虐酷之大恥辱，使中國大陸成乾淨土，黃帝子孫皆華盛頓，則有起死同生，還魂返魄，出十八層地獄，升三十三天堂，鬱鬱勃勃，莽莽蒼蒼，至尊極高，獨一無二，偉大絕倫之一目的，曰革命。巍巍哉！革命也。皇皇哉！革命也！吾於是沿萬里長城，登崑崙，遊揚子江上下，溯黃河，豎獨立之旗，撞自由之鍾，呼天答地，破顙裂喉，以鳴於我同胞前曰：嗚呼！我中國今日不可不革命；我中國今日欲脫滿洲人之羈縛，不可不革命，我中國欲獨立，不可不革命；我中國欲與世界列強並雄，不可不革命，我中國欲長存於二十世紀新世界上，不可不革命，我中國欲為地球上名國，地球上主人翁，不可不革命。革命哉！革命哉！我同胞中老年、中年、壯年、少年、幼年、無量男女，

其有言革命而實行革命者乎？我同胞其欲相存、相養、相生活於革命也。吾今大聲疾呼，以宣佈革命之旨於天下。革命者，天演之公例也；革命者，世界之公理也，革命者，爭存爭亡過渡時代之要義也；革命者，順乎天而應乎人者也：革命者，去腐敗而存良善者也，革命者，由野蠻而進文明者也；革命者，除奴隸而為主人者也。

……

革命！革命！我四萬萬同胞，今日為何而革命？吾先叫絕曰：不平哉！不平哉！中國最不平、傷心慘目之事，莫過於戴狼子野心、游牧賤族、賊滿洲人而為君，而我方求富求貴，搖尾乞憐，三跪九叩首，酣嬉濃浸於其下，不知自恥，不知自悟。哀哉！我同胞無主性！哀哉！我同胞無國性！哀哉！我同胞無種性！無自立之性！

……

我同胞今日之革命，當共逐君臨我之異種，殺盡專制我之君主，以復我天賦之人權。

……

中華共和國萬歲！中華共和國四萬萬同胞的自由萬歲！[4]

　　鄒容以朗朗上口的語言和火山噴發般的感情謳歌革命、鞭笞政府，痛斥清帝是「獨夫民賊」、「無賴之子」，慈禧更是「賣淫婦」，揭露所謂皇恩皇仁，不過是「盜賊之用心，殺人而曰救人」。鄒容號召人們磨吾刃、建吾旗，創建獨立、民主、平等、自由的中華共和國。鄒容是「中華共和國」的始作俑者。

4　鄒容：《革命軍》（北京市：中華書局，1971年）。

《革命軍》封面

章太炎讀到動情處，忍不住拍案叫好，他對鄒容說：「吾持排滿主義數歲，世少和者，以文不諧俗故。欲諧俗者，正當如君書。」[5]章太炎自幼熟讀四書五經，在家學的培訓下養成自己的文風，他的文章晦澀難懂，一般讀者難以讀懂《訄書》。即使如魯迅那樣的大家，閱讀《訄書》也頗為費勁。魯迅曾經說過，《訄書》出版後，他讀不斷，卻讀不懂。「文不諧俗」大大影響了章太炎革命思想和學術思想的傳播，章太炎知道自己的文章有「文不諧俗」之訴病，卻一生未能改變。

鄒容請大哥章太炎為《革命軍》寫一篇序，章太炎慨然為《革命軍》作序一通，稱此書發出「雷霆之聲」，熱情地將這本書推薦給廣大讀者。在這篇序裏，章太炎提出「革命」與「光復」是兩個不同的概念。章太炎說：「同族相代，謂之革命；異族攘竊，謂之滅亡；改制同族，謂之革命；驅除異族，謂之光復。」[6]章太炎認為，同一種族人之間發生的改朝換代，稱之為革命；驅除異族統治，稱之為光復；對於異族來說，則是自取滅亡。關於「革命」與「光復」的問題，章太炎後來在獄中答《新聞報》記者的談話中再次強調說：「吾之序《革命軍》，以為革命光復，名實大異。從俗言之，則曰革命；從吾輩之主觀言之，則曰光復。」[7]章太炎認為中國當前應當實行的是光復而不是革命，現在大家都講革命，是一種從俗的講法。在章太炎看來，鄒容的《革命軍》自然是一種從俗的講法，而沒有反映「吾

5　〈鄒容傳〉，《革命評論》第10號。

6　章太炎：〈序〈革命軍〉〉，《蘇報》1903年6月10日。

7　章太炎：〈獄中答新聞報〉，《蘇報》1903年7月6日。

輩之主觀」。章太炎後來將他組織的反清團體命名為「光復會」，緣由
在此。

鄒容遺著《革命軍》

　　鄒容當時缺乏印刷資金，章太炎與黃宗仰四方奔走，設法籌措了
資金，交由上海大同書局印行出版。一九〇三年六月九日，《蘇報》
發表章士釗的文章《讀〈革命軍〉》和《介紹〈革命軍〉》。章士釗在
文中稱：「卓哉！鄒氏之《革命軍》也。以國民主義為主幹，以仇滿
為用，驅以犀利之筆，達以淺直之詞，雖頑懦之夫，目睹其字，耳聞
其語，則罔不面赤耳熱，作拔劍砍地、奮身入海之狀。嗚呼！此誠今
日國民教育之第一教科書也！」章士釗認為鄒容的《革命軍》是「今
日國民教育之第一教科書」，是開啟民智的普及讀本。接著，《蘇報》
發表了章太炎的〈序《革命
軍》〉。

　　《蘇報》於一八九六年
在上海創刊，報館設在漢口
路二十號，主編胡璋。胡璋
的妻子生駒悅是日本人，胡

遂以其妻之名在日本駐滬領事館註冊，成為一份有日本背景的報紙。《蘇報》因經營不善，又惹上一場官司，遂將報紙轉讓給陳范。

陳范（1860-1913年），原名彝范，字夢坡，湖南衡山人，光緒二十五年（1899年）中舉，出任江西鉛山知縣，後因教案牽連被革職。其兄陳鼎以戊戌黨事獲罪，判永久監禁。一九〇〇年，陳范與妹夫汪文溥購辦《蘇報》館，宣傳革新時政。

一九〇三年五月二十七日，《蘇報》聘章士釗任主筆並聘章太炎、吳稚暉等為撰述。那時，中國教育會幾乎每周聚會張園，指點江山，昌言革命，而《申報》、《新聞報》對此裝聾作啞或故意詆毀。吳稚暉早就提議辦一份教育會的機關報，無奈缺乏財力。吳稚暉與章太炎擔任《蘇報》撰述後，決定充分利用《蘇報》。經過商量，愛國學社每天為《蘇報》撰稿一篇，《蘇報》每月付學社一百元。此後，從章士釗任主筆到《蘇報》被查封的一個多月時間裏，《蘇報》實際上成為中國教育會和愛國學社的一份機關報。《蘇報》第一次出版發行，就刊登了章太炎的文章《客帝》。《蘇報》是上海當時頗有影響的一份報紙，經過《蘇報》的宣傳，《革命軍》出版以後風靡一時，不脛而走，數年中重印二十多次，印數達到一百多萬冊。

二　駁康有為

庚子之變後，保皇派的隊伍發生了分化。原來反對革命主張保皇的人對清廷愈來愈失望，他們在給康有為的信中說：「事勢如是，不如以鐵血行之，效華盛頓革命自立，或可以保國保民。」[8]為了穩定保皇派的隊伍，康有為接連撰寫了〈與同學諸子梁啟超等論印度亡國

8　康文佩：〈南海康先生年譜續編〉（新北市：文海出版社有限公司，1972年），頁27。

由於各省自立書〉和〈答南北美洲諸華僑論中國只可行立憲不可行革命書〉，說明立憲是救中國的唯一良方，中國萬萬不可行革命。

保皇派將康有為的文章印成小冊子，到處散發，在社會上造成十分惡劣的影響。章太炎閱讀了這些小冊子後，義憤填膺，在為《革命軍》作序的同時，揮筆撰寫了一篇非常有影響的政論文〈駁康有為論革命書〉：

> 長素足下：
> 讀〈與南北美洲諸華商書〉，謂中國只可立憲，不能革命，援引今古，灑灑萬言。嗚呼長素，何樂而為是耶？
> 熱衷於復辟以後之賜環，而先為是齟齬不了之語，以聳東胡群獸之聽，冀萬一可以解免，非致書商人，致書於滿人也。夫以一時之富貴，冒萬億不韙而不辭，舞詞弄劄，眩惑天下，使賤儒元惡為之則已矣；尊稱聖人，自謂教主，而猶為是妄言，在己則脂章突梯以佞滿人已耳，而天下之受其蠱惑者，乃較諸出於賤儒元惡之口為尤甚。吾可無一言以是正之乎？
> 謹案長素大旨，不論種族異同，惟計情偽得失以立說。
> 雖然，民族主義，自太古原人之世，其根性固已潛在，遠至今日，乃始發達，此生民之良知本能也。長素亦知種族之必不可破，於是依違遷就以成其說，援引《匈奴列傳》，以為上係淳維，出自禹後。夫滿洲種族，是曰東胡，西方謂之通古斯種，固與匈奴殊類。雖以匈奴言之，彼既大去華夏，永滯不毛，言語政教，飲食居處，一切自異於域內，猶得謂之同種也耶？智果自別為輔氏，管氏變族為陰家，名號不同，譜牒自異。況於戕虐祖國，職為寇讎，而猶傳以兄弟急難之義，示以周親肺腑之恩，巨繆極戾，莫此為甚。

近世種族之辨，以歷史民族為界，不以天然民族為界。借言天然，則褅祫海藻，享祧猿蜼，六洲之氓，五色之種，誰非出於一本，而何必為是聒聒者耶？

世有談革命者，知大事之難舉，而言割據自立，此固局於一隅，所謂井底之蛙不知東海者，而長素以印度成事戒之。雖然，吾固不主割據，猶有辯護割據之說在，則以割據猶賢於立憲也。夫印度背蒙古之莫臥爾朝，以成各省分立之勢，卒為英人蠶食，此長素所引為成鑒者。然使莫臥爾朝不亡，遂能止英人之蠶食耶？當莫臥爾一統時，印度已歸於異種矣，為蒙古所有與為英人所有，二者何異？使非各省分立，則前者為蒙古時代，後者為英吉利時代，而印度本種並無此數十年之國權。夫終古不能得國權與暫得國權而復失之，其利害相越，豈不遠哉！語曰：「不自由，無寧死！」然則暫有自由之一日而明日自刎其喉，猶所願也，況綿延至於三四十年乎！且以印度情狀比之中國，則固有絕異者。長素〈論印度亡國書〉，謂其文學工藝遠過中國，歷舉書籍見聞以為證。不知熱帶之地，不憂凍餓，故人多憪惰，物易壞爛，故薄於所有觀念，是故婆羅、釋迦之教，必見於印度而不見於異地，惟其無所有觀念，而視萬物為無常，不可執著故。此社會學家所證明，勢無可遁者也。夫薄於所有觀念，則國土之得喪，種族之盛衰，固未嘗慨然於胸中。當釋迦出世時，印度諸國已為波斯屬州，今觀內典，徒舉比鄰諸王而未見波斯皇帝，若並不知己國之屬於波斯者。厥有憤發其所能自樹立者，獨阿育王一家耳。近世各省分立之舉，亦其出於偶而而非出於本懷，志既不堅，是故遷延數世，國以淪喪。夫欲自強其國種者，不恃文學工藝，而惟視所有之精神。中國之地勢人情，少流散而多執著，其賢於印度遠矣。自甲申

淪陷，以至今日，憤憤於腥羶賤種者，何地蔑有！其志堅於印度，其成事亦必勝於印度，此寧待箸蔡而知乎！[9]
……　……

康有為在海外

　　章太炎說，今天的世界已經進入民族主義的時代，中國要建立以漢民族為主體的近代民族國家，這是時代的需要，也是歷史的需要。清政府「今以滿洲五百萬人，臨制漢族四萬萬人而有餘者，獨以腐敗之成法愚弄之、錮塞之耳」。章太炎駁斥康有為閉著眼睛說什麼滿漢平等，他列舉揚州十日、嘉定屠城等血淋淋的歷史說明滿族的殘暴，又列舉「康熙以來，名世之獄、嗣庭之獄、景祺之獄、周華之獄、中藻之獄、錫侯之獄，務以摧折漢人，使之噤不發語」。清王朝嚴重阻礙中國發展成為近代民族國家，因此必須要推翻。

　　康有為將所有的希望寄託於被囚禁在瀛臺的光緒皇帝，說什麼

9　章太炎：〈駁康有為論革命書〉，《章太炎全集》（上海市：人民出版社）。

「皇上一復辟，可立行變法自強，立與民權議政，立與國民自由」。
章太炎當年聚集在改良主義旗幟之下的時候，也曾經對光緒皇帝產生
過幻想。庚子之變，八國聯軍開進北京，光緒脫離囚禁之地瀛臺，跟
隨西太后逃亡西安，卻未能擺脫西太后的控制。光緒、西太后以喪權
辱國的〈辛丑合約〉換取小朝廷的平安，章太炎對此嗤之以鼻。章太
炎斥責光緒是一介屠夫，「載湉小丑，未辨菽麥」，指望泥菩薩過河自
身難保的人保國、保民、保天下豈不是滑天下之大稽！

　　康有為稱中國民智未開，「中國今日之人心，公理未明，舊俗俱
在」，因而不能實行民主共和國。章太炎駁斥說，人的知識才能不是
生來就有，而是後天獲得的。他列舉李自成、義和團等鬥爭歷史說明
革命開明智，鬥爭長才幹。「今日之民智，不必恃他事以開之，而但
恃革命以開之。」至於什麼「公理未明，舊俗俱在」，章太炎主張：
「然則公理之未明，即以革命明之。舊俗之俱在，即以革命去之。革

康有為故居

命非天雄大黃之猛劑，而實補
瀉兼備之良藥矣。」章太炎指
出，當今民主主義是時代的潮
流，革命之後必然實行共和，
這是誰也不能阻擋的。康有為
恐嚇說，中國一旦革命，將血
流成河。章太炎駁斥說，革命
固然要流血，立憲就不流血了
嗎？日本立憲就曾經流過血，
那麼革命流血有什麼可怕呢？

　　〈駁康有為論革命書〉寫
成後，章太炎「托廣東人沙
耳公帶至香港轉寄新加坡交

康」，[10]康有為是否收到，不得而知。在寄信的同時，黃宗仰出資將此文以〈章炳麟駁康有為書〉刊印發行。一九〇三年六月二十九日，《蘇報》刊登了此文的摘要，題目改為〈康有為與覺羅君之關係〉。

〈章炳麟駁康有為書〉與〈康有為與覺羅君之關係〉通過不同的方式發表後，在社會上引起巨大反響。讀者高旭撰詩〈題太炎先生駁康氏政見〉贊曰：

> 豪傑不可睹，誇士莽縱橫。
> 岳岳章夫子，正義不可傾。
> 種禍日益棘，憂患曷有程？
> 蚩尤幻作霧，天地誰肅清？
> 當頭一棒喝，如發霹靂聲。
> 保皇正龍頭，頓使吃一驚。
> 從此大漢土，日月重光明。[11]

章太炎為《革命軍》作序，為鄒容的「中華共和國」搖旗吶喊；撰寫〈駁康有為論革命書〉批駁康有為，痛斥光緒皇帝；又與柳亞子、蔡治民、鄒容合寫〈駁〈革命駁議〉〉，呼籲革命。章太炎的這些文章先後刊載於鋒芒畢露的《蘇報》。《蘇報》除了刊登章太炎措辭激烈的文章外，還刊登了章士釗、吳稚暉、張繼、鄒容等人的政論文章，如〈客民篇〉、〈祝北京大學堂學生〉、〈論中國當道者皆革命黨〉、〈賀滿洲人〉、〈虛無黨〉、〈嗚呼保皇黨〉、〈殺人主義〉等。

《蘇報》文章的作者們以歐洲資產階級革命為榜樣，拔刀提劍，欲與大清王朝一決雌雄。這些文章稱「學生為革命之原動力」，對學

10　〈續訊革命黨案〉，《申報》1903年12月5日。

11　高旭：〈題太炎先生駁康氏政見〉，《警鐘日報》1904年8月10日。

生說:「望諸君自重,諸君壯膽,那拉氏不足畏,滿洲人不足畏,政府不足畏。莫被政府威嚇而斂其動,莫惜諸君自由血而失全國人之希望,則學生之全體幸甚,中國幸甚。燕市之月,易水之風,敢為諸君祝曰:中國萬歲!中央革命萬歲!」文章鼓勵學生「撞自由鐘、樹獨立旗、殺皇帝、倒政府」。《蘇報》的許多文章即使今天重讀,亦令年輕人讀後熱血沸騰。文章說:「無量頭顱無量血,即造成我新中國前途之資料。畏聞革命者,請先飲汝以一卮血酒,以壯君之膽。」文章鼓吹以暴制暴,「今者斷頭臺上,黃旗已招颺矣。借君頸血,購我文明,不斬樓蘭誓不休,壯哉殺人!」革命者視死如歸的英勇形象躍然紙上。

　　章太炎的《駁康有為論革命書》在社會上造成巨大反響。魯迅先生說:「我的知道中國有太炎先生,並非因為他的經學和小學,是為了他駁斥康有為和作鄒容的《革命軍》序,竟被監禁於上海的西牢。」[12]章太炎的弟子汪東以具體事例說明章太炎文章的影響:「章太

12 魯迅:〈關於太炎先生二三事〉,《魯迅全集》第6卷(北京市:人民文學出版社,2005年),頁565-566。

炎的文辭淵雅，立論以經史為根據，這樣，就使當時的士大夫階級在思想上發生了很大震動。我記得我十幾歲的時候，跟著祖父住在鎮江訓導衙門裏。我祖父已將近八十歲了，常常嚴厲教訓我們不要為革命謬論所蠱惑。我卻從別人手中弄到一本《國民報》，其中便是登載了〈駁康有為書〉的，偷偷地把它放在祖父桌上。祖父看見了，仔細讀了一遍，便問我：『這是你拿來的吧？』我一口承認了，原準備大受斥責，誰知祖父卻笑道：『這篇文章很有道理。』於此見文字宣傳，要針對不同的對象，因人說法，收效才大。」[13]

三　太炎被捕

　　《蘇報》大張旗鼓地宣傳革命，終於引起了清政府的密切注意。一九〇三年五月，清朝大臣呂海寰根據密報，致函江蘇巡撫恩壽，稱上海租界張園時有年少者「聚眾議事」、「希圖作亂」，要求恩壽立即「密拿嚴辦」並隨函提供了一份捕人名單。

　　清政府嚴令兩江總督魏光燾查辦「逆黨」：「上海愛國黨在上海張園集眾開道，倡言革命，該督形同聾聵。」[14]恩壽早已獲悉上海張園定時有人聚眾非議朝廷，也獲悉此事與愛國學社及《蘇報》有關，而《蘇報》的報紙就擱在他的案頭。恩壽斷定，張園聚眾與愛國學社、《蘇報》報紙有內在的聯繫，可能係一夥人所為，只是愛國學社和《蘇報》報館均在租界，他鞭長莫及。恩壽將捕人名單交給上海道袁樹勳，讓他與租界交涉捕人事宜。

13　汪東：〈辛亥革命前後片斷回憶〉，《文史資料選輯》，總第六輯，蘇州文史資料研究委員會編，頁32。

14　沈延國：〈記章太炎先生〉，《自述與印象：章太炎》（上海市：三聯書店1997年），頁58。

　　袁樹勳向租界提交了捕人名單，名單上最初有四個人：蔡元培、吳稚暉、鈕永建、湯棲。但是，袁樹勳隨即又提供了第二份名單，第二份名單沒有鈕永建、湯棲，但多了陳范、馮鏡如、章太炎、黃宗仰四人。顯然，第二次提供給租界的名單與《蘇報》有關。租界方面詢問上海道，道臺需要逮捕的這些人是不是有軍火？是不是要暴動？道臺回應：這些人製造輿論，辱罵皇帝，反對政府。租界方面獲悉情況後，對於上海道提供的名單頗不以為然。他們認為製造輿論、辱罵皇帝並沒有罪，因此不同意逮捕這些人，上海道對此非常惱火。在上海道的多次交涉下，租界方面終於同意傳訊第二次名單中開列的蔡元培、吳稚暉、陳范、馮鏡如、章太炎、黃宗仰六人。

　　租界工部局認為，按照文明國家的條例，政治犯應當受到保護。工部局先後六次傳訊蔡元培等人，反覆詢問六個人有沒有軍火，表示只要沒有軍火，租界不但不逮捕他們，甚至還可保護他們，暗示名單上的人迅速離開。

　　愛國學社因為屢屢遭受傳訊，張園遂停止了聚會活動。章太炎等人受到傳訊以後，大家都有一種不祥的預感：清政府和租界工部局可能要對愛國學社和《蘇報》動手了！有人勸章太炎，讓他趕緊逃走，躲避一下風頭。章太炎微微一笑，說：「革命必流血，吾之被清政府查拿，今為第七次矣。」[15]章太炎等六人在工部局進進出出六次，每次都安然無恙地回來。不僅章太炎覺得不會有什麼事，愛國學社和《蘇報》的同僚們也覺得不會有什麼事，而危險就在這看似平靜的日子裏一天天地醞釀著、積聚著。

　　六月二十日，兩江總督魏光燾上疏朝廷，請求查禁愛國學社的一切活動。二十一日，清廷以光緒皇帝的名義給沿江沿海各省督撫發佈詔旨：

---

15 〈章太炎先生軼事〉，《制言》第25期。

查有上海創立愛國會社，招集群不逞之徒，倡演革命諸邪說，
已飭查禁密拿等語。……著沿海沿江各省督撫，務將此等敗類
嚴密查拿，隨時懲辦。[16]

上海愛國學社的活動竟然驚動了天子！接獲上諭後，魏光燾要求
查禁《蘇報》並追究章太炎和鄒容責任。他說：「上海租界之蘇報館
刊佈謬說，而四川鄒容所作《革命軍》一書，章炳麟為之《序》，尤
肆無忌憚。」[17]江蘇巡撫恩壽在兩江總督的督辦下不敢怠慢，即命江
蘇候補道俞明震會同上海道袁樹勳查抄蘇報館並密拿章炳麟、鄒容
等。俞明震與袁樹勳持清廷聖旨再次與租界工部局交涉，工部局終於
同意拘捕與《蘇報》有關人員，條件是拘捕人員必須在租界接受審
判，如果確認有罪，必須在租界服刑。

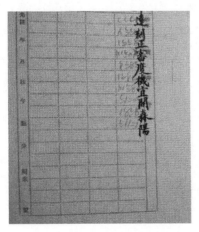
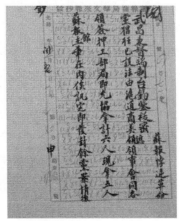

上海道袁樹勳致江蘇巡撫密電

16 〈光緒二十九年五月二十六日外務部發沿江沿海各省督撫電旨〉，中國近代史資料叢
　　刊《辛亥革命》第1冊（上海市：人民出版社，2000年），頁408。
17 中國近代史資料叢刊《辛亥革命》第1冊（上海市：人民出版社，2000年），頁421。

六月二十九日，工部局警探來到《蘇報》館，出示了拘票。拘票上開列了六個人：陳范、章炳麟、鄒容、錢寶仁、龍積之、程吉甫。

這次開列的名單是第三次。以第三次名單與前兩次名單對照，人員變化甚大，其中奧秘，至今不明。

第一次開列名單四人：蔡元培、吳稚暉、鈕永建、湯棲。

第二次開列名單六人：陳范、章太炎、蔡元培、吳稚暉、馮鏡如、黃宗仰。

第二次和第三次開列的名單中均有陳范和章太炎，陳范是《蘇報》老闆，章太炎是《蘇報》主要撰稿人，說明清廷此次矛頭主要是針對《蘇報》而不是愛國學社。第三次名單中的鄒容是兩江總督指名要拘捕的人，錢寶仁、龍積之是《蘇報》職員，程吉甫是《蘇報》帳房。

這一天，《蘇報》館只有帳房程吉甫在場辦公，當即被捕。程吉甫被捕後，陳范等紛紛走避，只有章太炎若無其事。第二天上午，章太炎照樣到愛國學社辦公，工部局的警探來了，先生危坐不動。警探手持拘票對在場的人一一查詢，問：「誰是章炳麟？」章太炎以手指著自己的鼻子說：「餘人俱不在，要拿章炳麟，就是我！」[18]警探隨即給章太炎上了手銬，章太炎就這樣被拘捕了，真可謂求仁得仁。

章太炎的〈駁康有為論革命書〉，因文中有「載湉小丑，不辨菽麥」之語，引起清廷震怒。章氏這兩篇文章所產生的影響是巨大的，有人評價道：「尤以太炎〈與康有為書〉中『載湉小丑，不辨菽麥』兩語為奇警，論者謂不啻向五千年帝王歷史中，猛投以爆彈也。」[19]

---

18 〈蘇報案實錄〉，中國近代史資料叢刊《辛亥革命》第1冊（上海市：人民出版社，2000年），頁376。

19 景梅九：〈悲憶太炎師〉，《追憶章太炎》（北京市：生活・讀書・新知三聯書店，2009年），頁31。

四 鄒容投獄

警探進入學社捕人的時候，鄒容迅速從後門逃走，躲在虹口一個相識的傳教士家裏。

章太炎被捕後關押在租界總巡捕房。工部局的拘票列六人姓名，其中二人與《革命軍》有關。

可以說，《蘇報》案主要係由《革命軍》引發。章太炎認為巡捕房會實事求是，分清各人罪責，書生氣十足的章太炎於是主動寫信給鄒容，希望與鄒容分擔責任。

章太炎的信由警探交給學社，鄒容很快便知道了信的內容。鄒容義無反顧，於七月一日到巡捕房投案自首。鄒容對巡捕房巡捕

章太炎像

說：「我就是你們要抓的鄒容！」巡捕不相信，說：「看你還是一個小孩子，你能寫出《革命軍》嗎？是不是瘋了？快滾！」鄒容說：「你不信嗎？你拿《革命軍》來，我來說給你聽！」鄒容就這樣被投入了監獄。

章太炎後來與吳稚暉論戰時，曾經解釋他當時為什麼給鄒容寫信，招他投案：

> 吾已被清廷查拿七次，今第八次矣，志在流血，焉用逃為？
> ……　……
> 學社之爭，僕與蔚丹發之。《革命軍》為蔚丹所著，僕實序之。事相牽繫，不比不行。僕既入獄，非有蔚丹為之證明，則《革命軍》之罪案，將並於我。是故以大義相招，期與分任，

而蔚丹亦以大義來赴。[20]

　　章太炎的意思，鄒容如果不能到案為他證明，那麼《革命軍》的
所有罪責將由他一人承擔。鄒容本來可以逃避追捕，章太炎的一封信
讓他義無反顧，自願投入監獄，而最後竟在監獄斷送了性命。從這一
點上說，章太炎是有責任的。有人推測，章太炎與鄒容可能有約定，
一旦被捕，雙雙赴難，這是解釋不通的。章太炎對巡捕房過於輕信，
更主要的是急於洗清自己的罪名，顯得書生氣十足，以至於做了一件
無法彌補的蠢事。但是，不管怎麼說，章太炎的行為並非出賣戰友。
因為此事，章太炎對鄒容一直懷有愧疚之心。

　　對於《蘇報》一案，清廷當時密令，將本案主犯一日逮上海，二
日發蘇州，三日解南京，四日檻京師，從速斬決，殺一儆百。但是，
因為《蘇報》案發地在租界，清政府無法直接干預。巡捕房先後拘捕
了錢寶仁和陳范的兒子，龍積之聞訊後投案自首。這樣，拘票上開列
的六個人，除陳范由其子頂替外，其餘均被收押。

　　江蘇候補道俞明震與上海道袁樹勳獲悉消息後，向工部局提出引
渡要求，稱奉旨解送章太炎、鄒容等六人往京師法辦。英、日、意國
公使主張由租界自行審理，拒絕了江蘇候補道和上海道的引渡要求。
七月一日，即鄒容投案的當天，章太炎、鄒容等即移送租界會審公廨
並於當天進行了初審。

　　江蘇候補道和上海道以清政府的名義向會審公廨提出起訴並聘請
了二個外國律師，章太炎的朋友們聞訊後也聘請了二個外國人作為章
太炎等人的辯護律師。會審公廨法庭由英國副領事迪比南、上海知縣
汪瑤庭和公廨職員孫建臣三人組成。

---

20 〈再復吳敬恒書〉，《民報》第22號，《章太炎政論選集》（北京市：中華書局，1977
　年），頁437。

　　清政府為《蘇報》和章太炎、鄒容等人羅列的罪名是：「故意誣衊滿清皇帝，挑詆政府，大逆不道。欲使國民仇視今上，痛恨政府，心懷叵測，謀為不軌。」[21]對於章太炎，起訴書特別指出，章太炎發表〈駁康有為論革命書〉「詆毀今上聖諱，呼為『小丑』，立心犯上，罪無可逭。」章太炎在法庭上聲明，他們不承認「野蠻政府」。至於呼光緒為「小丑」，章太炎抗辯說：「因見康有為反對革命，袒護滿人，故我作書駁之。所指書中'載湉小丑'四字觸犯清帝聖諱一語，我只知清帝乃滿人，不知所謂聖諱。」[22]直接寫「載湉」，沒有什麼不對。再說，從字意來講，「小丑」的「丑」字作「類」講，「小丑」就是「小東西」或「小孩子」的意思，並沒有誹謗。聽眾掌聲雷鳴。法官一時非常尷尬，忽悟章太炎乃海內外著名學問家，肯定是科舉正途出身，問道：「您得自何科？」章太炎故作糊塗，答：「我本滿天飛，何窠之有？」聽眾大笑。

　　開庭那天，章太炎長髮披肩，穿了一件狀似僧人袈裟的寬大衣服，鄒容則一身西服。「會審公堂上，中間坐著會審委員英國領事，他擔任裁判官。原告是滿清政府，代表人是魏光燾，所聘律師是英國人擔文，被告是先生、鄒容等六人。」[23]

　　庭審完畢，他們坐在馬車上回捕房，上海街頭萬人空巷，爭看章、鄒二人的風采。章太炎頻頻微笑並誦詩曰：「風吹枷鎖滿城香，街市爭看員外郎。」章太炎不知道，清政府為了置章、鄒二人於死地，曾經準備半途將他們兩人劫持。五百餘名清軍官兵化裝成百姓，

21　〈蘇報案始末〉，《上海研究資料續集》頁76。

22　〈蘇報案實錄〉，中國近代史資料叢刊《辛亥革命》第1卷（上海市：人民出版社，2000年），頁376、377。

23　沈延國：〈記章太炎先生〉，《自述與印象：章太炎》（上海市：三聯書店，1997年），頁61。

上鄒容像

等候在巡捕房馬車必經的新衙門附近，只等號令便一起動手。此陰謀之所未能實現，蓋因租界當局防範嚴密，不但沿路滿布荷槍實彈的巡捕，而且馬車上有一英國巡捕陪坐，馬車前後均安排有巡捕攜劍同行。

章太炎等被拘捕後，《蘇報》仍在出版發行。有記者在《新聞報》上亂髮議論，攻擊章太炎身為大清平民，居然不承認大清。工部局傳訊章太炎等六人有六次之多。章太炎有機會避走他鄉而不走，等著被抓，現在又要聘請律師打官司，是自我炒作，也是怯懦。

章太炎聞訊後撰寫了〈獄中答新聞報〉，刊登於七月六日《蘇報》。章太炎在文中說，他抱仇滿之念已非一日，滿清是否變法，都要革他的命。今日下獄，早有準備。「今日獄事起於滿洲政府，以滿洲政府與漢種四萬萬人構此大訟」，[24]朋友們為自己聘請律師，怎能說是怯懦？章太炎自豪地稱自己是四萬萬中國人的代表，願以自己的一腔熱血喚起國人。章太炎說：「天命方新，來復不遠，請看五十年後，銅像巍巍立於雲表者，為我為爾，坐以待之，無多聒聒可也。」[25]

清政府見投入大獄的章太炎如此不安分，十分惱火，第二天就封閉了《蘇報》。《蘇報》解散後，吳稚暉等人避走西洋，多數人則東渡日本，愛國學社雖然沒有宣佈解散，但社員已寥寥無幾，所有活動都被迫停止。「《蘇報》案中，拿辦六人，除章、鄒入獄外，餘四人，或逃或避，惟陳夢坡即陳范。雖逃而受禍最酷。蘇報館產業被沒收，兒

---

24 〈章太炎獄中答新聞記者書〉，《蘇報》1903年7月6日。
25 〈章太炎獄中答新聞記者書〉，《蘇報》1903年7月6日。

子失蹤，家破人亡。民國二年，夢坡回國，欲運動發回報館產業而不可得，卒窮死於海上。」[26]

七月二十二日，會審公廨第二次開庭。開庭前，章太炎撰詩一首，贈鄒容：

> 鄒容吾小弟，披髮下瀛洲。
> 快剪刀除辮，乾牛肉作餱。
> 英雄一入獄，天地亦悲秋。
> 臨命須摻手，乾坤只兩頭。[27]

魯迅在〈關於太炎先生二三事〉一文中述及章太炎與鄒容的友誼，附錄了〈獄中贈鄒容〉詩以作見證。毛澤東閱讀鄒容《革命軍》後頗感慨，在書上親筆書寫了章太炎的〈獄中贈鄒容〉詩。

鄒容在獄中後來和詩一首，題為〈獄中答西狩〉：

> 我兄章枚叔，憂國心如焚。
> 並世無知己，吾生苦不文。
> 一朝淪地獄，何日掃妖氛？
> 昨夜夢和爾，同興革命軍。

章太炎將法庭當作講壇，嚴詞駁斥清政府的種種謬論，引起清政府的恐慌，遂向租界要求判處章太炎等人死刑。《革命軍》與《駁康有為論革命書》當時被人稱之為「雙璧」，為了將「雙璧」徹底砸

---

26 蔣維喬：〈中國教育會之回憶〉，《追憶章太炎》（北京市：生活・讀書・新知三聯書店，2009年），頁162。

27 〈獄中贈鄒容〉，《浙江潮》第7期。

爛，清政府不惜以滬寧路權作為交換，務必處二人死刑。消息傳出，引起海內外關注。英國首相和外交大臣發表聲明，反對對被拘捕者採用死刑。美國領事原來主張採用死刑，遭到美國輿論反對。美國國務院訓令美國駐華公使採取與英國同樣的立場。一九〇三年十二月二十四日，清政府經與各國公使交涉後，達成判處「永遠監禁」的協定。

在法庭上，法官宣佈判決結果，稱章太炎、鄒容二人「謀危社稷」、「謀危宗廟」，「不利於國」，「不利於君」，例應「凌遲處死」。二人「妄布邪言，書寫張貼，煽惑人心」，例應「斬立決」。現正逢慈禧太后七十大慶，朝廷格外恩典，判決二人「永遠監禁」。[28]消息傳出，輿論再次譁然。領事團和辯護律師均認為判決不妥，逼使租界宣佈判決無效。

《蘇報》案從案發到結案，前後歷時十一個月，受到海內外的關注。一個讀者撰文〈咄！滿漢兩種族大爭訟〉說：「今日《蘇報》之被禁，章、鄒之被錮，其勢固已激蕩於天下」，「排滿之一主義，遂深入於四萬萬國民之腦髓中。」[29]一個讀者撰詩〈懷人〉，讚揚章太炎和鄒容。詩曰：

> 壯哉奇男子，支那第一人。
> 危言不怕死，感世至斯深。
> 肝膽照天下，頭顱值萬金。
> 同胞四百兆，應體此公新。[30]

自入獄以來，章太炎一直沒有停止戰鬥。一九〇三年七月六日，

28　〈興中會時代上海革命黨人的活動〉，《蔡柳二先生壽辰紀念冊》，頁240-241。
29　《江蘇》1903年第4期，頁119-120。
30　〈懷人〉，《國民日日報》1903年8月14日。

章太炎被捕不過六天，他撰寫了〈獄中答新聞報〉，發表於《蘇報》最後一期。《蘇報》被查封後，章太炎寫信給昔日的同僚們，希望他們「盡力持護」中國教育會。部分同僚受到章太炎的感召，後來開辦了愛國女校。八月初，章士釗在《蘇報》停辦後，利用《蘇報》現成的資源與張繼、陳獨秀、蘇曼殊、何梅士等創辦了《國民日日報》。章太炎在獄中聞訊後十分高興，撰寫了〈論承用「維新」二字之荒謬〉，發表於八月九日《國民日日報》上。章太炎在文中對「維新」二字進行了考釋，指責康有為濫用「維新」。章太炎說，只有經過流血鬥爭，建立革命政權，才能說得上維新。

戊戌維新以後，清廷對報刊文章控制嚴格。與《蘇報》案發生的同時，有一個叫沈藎的人因發文而獲罪，清廷將其逮捕入獄，未經審判即被杖斃。數日後，章太炎在獄中聽到了他的好友沈藎的死訊，十分悲痛。

沈藎（18721903年），原名克誠，字愚溪，湖南善化（今長沙）人。戊戌變法時，沈藎與譚嗣同、唐才常等交往，認為要革新湖南，非有一番破壞不能奏功效。變法失敗後，他留學日本，一九〇〇年返上海，與唐才常等致力於自立軍運動，事敗後繼續從事反清活動。沈藎因揭露〈中俄密約〉事，一九〇三年七月十九日被逮捕，判斬立決。因逢慈禧萬壽慶典，慈禧命杖斃。三十一日，沈藎在刑部監獄遭受了連續四個多小時的竹杖拷打，打得血肉橫飛，體無完膚。沈藎氣未絕，後被獄卒用繩子活活勒死。是為著名的「沈藎案」。

章太炎聽得昔日好友死於非命，在獄中撰詩一首，以為悼念。這首詩最初刊登在八月十四日的《國民日日報》上，九月十一日《浙江潮》第七期重新刊登時，章太炎略加了修改：

不見沈生久，江湖知隱淪。[31]

蕭蕭悲壯士，今在易京門。

魑魅羞爭焰，文章總斷魂。

中陰應待我，南北幾新墳。

八月二十三日，上海數百人在愚園舉行沈藎追悼會，事前獲悉消息的章太炎撰寫了〈祭沈藎文〉，在會上由章士釗代為宣讀。章太炎在祭文中沉痛悼念沈藎，表示要「復九世之仇，還漢族江山」。未久，章士釗撰寫了一本《沈藎》的小冊子，概述了沈藎的一生。章太炎在獄中閱讀後，慨然為《沈藎》撰寫了序言。

一九〇四年五月二十一日，會審公廨再次開庭，宣佈了由清政府外務部和各國公使共同簽署的判決書：

> 本縣指上海縣令。奉南洋大臣委派，今同英副領事審訊《蘇報》館一案。今審得錢允生、程吉甫，一為館友，一為司賬，已管押四月，應行開釋。陳仲弊係館主陳范之子，姑準交保，尋父到案。龍積之係鄂督訪拿之人，惟案無證據，且於《蘇報》館一事無關，亦應省釋。至鄒容作《革命軍》一書，章炳麟作《訄書》並作《革命軍序》，又有《駁康有為》一書，言語紕繆，行同悖逆。彼二人者，同惡相濟，罪不容恕，議定鄒容監禁二年，章炳麟監禁三年，罰作苦工，以示炯戒，限滿開釋，驅逐出境。[32]

會審公廨判處章太炎監禁三年、鄒容監禁二年，刑期從上年被拘

---

31 原作此句為：不見此君久，江湖久隱淪。

32 《東方雜誌》第1卷第6期，1904年5月。

捕時起算。宣判後，章太炎、鄒容二人被送往上海西牢關押。《申報》以〈黨魁移禁〉報導說：「前日，捕頭遂命將章、鄒二犯送入提籃橋畔西獄收禁。」[33]

《蘇報》案後來之所以輕判，從「斬立決」到「永遠監禁」再到有期徒刑，章太炎獲刑三年、鄒容獲刑二年，蓋因沈藎案引發國內外輿論對清政府的口誅筆伐。沈藎的死，為章太炎和鄒容一案的審判營造了相對寬鬆的氛圍，這是當時身在獄中的章太炎和鄒容所不知道的。章太炎還不知道的是，《蘇報》案前後長達十個月的審判，擴大了《革命軍》和《駁康有為論革命書》的影響，也擴大了章太炎和鄒容「雙璧」的影響。原來只有知識界的精英知道章、鄒二人，現在連茶肆坊間也知道「雙璧」了。

法庭判決以後，章太炎與鄒容開始服刑，服刑的地方是上海西牢。上海西牢坐落於華德路一一七號（今長陽路147號），稱上海公共租界工部局華德路西牢，外間稱提籃橋監獄、提籃橋外國牢監和西牢。

一九〇一年，上海公共租界工部局動工興建監獄，一九〇三年五月十八日建成交付啟用。監獄最早建有兩棟南北向的四層監樓，編號為 AB 監、CD 監，每層六十間，共四八〇間。另建有工廠間、醫院、炊場、絞刑房、辦公樓等。後經過數次擴建，西牢最多可關押八千多人犯，號稱「遠東第一監獄」。監獄的所有建築皆為鋼筋混凝土，連高達五米的圍牆也不例外。圍牆四周有崗樓若干，外來人員或車輛要經過四道沉重的鐵門才能到達監區，每道大門的門樓上設有機槍，可謂戒備森嚴。西牢的規模高於印度孟買監獄和日本巢鴨監獄，所以稱為「遠東第一監獄」。西牢關押對象是上海公共租界內判處徒刑的中國籍犯人，也有少數外國人犯。

---

33 《申報》1903年12月26日。

　　進入監獄的犯人要穿上統一的號衣，每人獨居一室。每間牢房面積為三點三至三點六平方米，結構為三牆一柵，即三面為鋼筋水泥牆，一面為鐵柵欄。牢房地上鋪有十公分高的木板，即為床鋪。床鋪僅置薄線毯一條，一年四季均如此。除一隻木桶作為便器外，別無他物。牢室的外面是長長的走廊，走廊上裝著電燈，微弱的燈光日日夜夜的亮著。

昔日上海西牢，今稱提籃橋監獄

　　監獄裏時時傳出手銬腳鐐撞擊的金屬聲，又時時夾雜著拷打時的哀號聲，令人毛骨悚然。監獄的伙食很差，飯菜常常難以下嚥，甚至解不出大便。獄警對犯人非常粗暴，輕則訓斥，重則拳腳相加，犯人常常被打得頭破血流乃至被活活打死。上海西牢當時關押犯人約五百餘人，每年死亡百人左右，死亡率占百分之二十。入獄一年，章太炎見到被打死、餓死、病死、凍死的犯人有百多人，差不多兩三天死一個人。監獄規定星期天停工，這時往往有傳教士到獄中講道，勸犯人

改過自新。章太炎因為是公開的革命黨，傳教士找他談話的時間比別人更多一些。偶而有不認識的外國人來探望章太炎，巡捕皆不阻攔，但不允許饋贈食物。

監獄是一個大雜燴，什麼樣的人都有，犯人之間彼此鬥毆是常事。章太炎名聲響亮，犯人見到他，都恭恭敬敬地稱他「先生」。有一個犯人叫徐福生，基本不識字。章太炎每天在獄中教他識字並為他講解。後來徐福生出獄的時候，已經能讀會寫。徐福生稱章太炎是「人中麟凰」。章太炎逝世後，徐福生曾撰文〈鐵窗感遇記〉，懷念先生。

章太炎在獄中可以閱讀報紙雜誌，也可以從探監的朋友處得到外界的消息。朋友給他送來留日學生創辦的《浙江潮》、《江蘇》等雜誌，章太炎看得非常仔細，除為這些雜誌寫稿外，還提出了不少改進意見。從探監的朋友那裏，章太炎得知孫中山從越南來到了日本橫濱。章太炎與孫中山在上海曾經促膝長談，對孫中山不屈不撓的革命精神十分欽佩。章太炎在獄中給孫中山寫了一封信，尊稱他為總統。這封信交由張繼面致孫中山先生。章太炎在獄中給革命黨領袖孫中山寫信是非常危險的行為。沈延國對此評價章太炎說：「身在獄中，不忘國是，尊為『總統』，這種不避殺身之禍，竟敢上書，浩然之氣與中華民國長存了。」[34]

章太炎囚於西牢之際，章士釗翻譯了一本《孫逸仙》的書，作者是日本人白浪庵滔天（宮崎寅藏）。《孫逸仙》介紹了革命家中山先生的事蹟，邀章太炎為之作序，章太炎在獄中閱讀了《孫逸仙》後，在書的封頁上題了一首詩：

---

34 沈延國：〈記章太炎先生〉，《自述與印象：章太炎》（上海市：三聯書店，1997年），頁62。

索虜昌狂泯禹跡，有赤帝子斷其嗌。

揜跡鄭洪為民闢，四百兆人視茲冊。[35]

《孫逸仙》一書，作者是宮崎寅藏，翻譯者是章士釗，作序者是章太炎，這三個重量級人物加重了《孫逸仙》一書的分量，在「其時天下固憒然不知孫氏為何人也」[36]的年代，《孫逸仙》一書將孫中山隆重推出，實際上是宣傳了革命。

從章太炎給孫中山的信及獄中題詩來看，章太炎當時尊重孫中山，推崇孫中山，真心擁戴孫中山。這一年冬天，蔡元培到監獄看望章太炎。身陷囹圄的章太炎沒有述及自己的案情，卻對蔡元培表示了對沙俄軍隊強佔中國東北的擔憂，令蔡元培十分感動。蔡元培受此鼓舞，後來聯絡章士釗、林森等人創辦了《俄事警聞》後改名《警鐘日報》。，建立了警鐘社。在警鐘社的基礎上，先後成立了「對俄同志會」、「對俄同志女會」。一九〇四年三月，「對俄同志會」改名為「爭存會」。「對俄同志會」公開宣佈，中國人決不做俄國的順民，也決不做任何一個國家的順民。

監獄的犯人每天要從事苦役，當時最苦的差事是敲石子，供造房子或鋪路之用。章太炎、鄒容開始被指派敲石子，定額完不成，就要遭到辱罵或毒打。西方標榜「文明」的監獄，竟是人間活地獄。當時的獄警多是印度巡捕，這些巡捕經常無緣無故折磨犯人或毒打犯人。一介書生、手無縛雞之力的章太炎不止一次挺身而出，與獄警抗爭，甚至勇敢地與獄警廝打，然而吃虧的每每都是章太炎。章太炎曾經絕食七天表示抗議，可是獄警將他關進鐵檻，不理不睬。

---

35 索虜：指滿清政府；昌狂：同倡狂；泯：泯滅；禹：大禹；帝子：指孫中山；嗌：咽喉；揜：同掩；鄭洪：指鄭成功和洪秀全。

36 章士釗：〈孤桐雜記〉，《甲寅》第1卷第2號。

　　由於朋友的疏通，章太炎、鄒容後來被派作輕工，如縫襪底、寫號衣等。寫號衣對章太炎來說尚屬內行，可是縫襪底就難了。他從來沒有摸過針線之類的玩意兒，只能瞎應付。章太炎後來回憶獄中生活說：「今西人所設獄，外觀甚潔清，而食不足以充腹，且無鹽豉，衣又至單寒，臥不得安眠，聞鈴即起。囚人相對，不得發一言，言即被棒。此直地獄耳。」[37]

　　章太炎出獄後，張庸曾經訪問他，章太炎向張庸詳細敘述了被捕經過及監獄內幕：

　　問：先生以何事被逮？

　　答：因《駁康有為書》。

　　問：書中何語？

　　答：康言保皇，予駁之，此書傳佈於外，因被禍。此事尚有原
　　　　因，時湖南陳范辦《蘇報》，大聲倡革命，無所諱；蔡子
　　　　民辦愛國學社，與群弟子大聲講革命，四出演說，亦無所
　　　　諱，於是官場乃發難。

　　問：發難者為何人？

　　答：人皆言魏光燾（前清兩江總督），此自表面言之耳，其實
　　　　別有人在。

　　問：先生被逮時狀況如何？

　　答：先數日已得消息，未幾《蘇報》被封，陳范逃，蔡子民與
　　　　予議，謂舍走無他法，子民遂去，予遂被逮。

　　問：被逮後奈何？

　　答：拘至會審公堂，英領事出《駁康書》問予，此書是你作的
　　　　不是？予答是。遂送入英捕房，不准出。

----

37 章太炎：〈革命軍約法回答〉，《民報》第22號。

問：自後如何定罪？

答：定罪甚奇，予住捕房十個月，甚悶。某日，會審公堂忽傳予，謂上海道有文書來，北京外務部與各公使會議，定汝罪監禁西牢三年，是夕移入獄。此事甚奇，外部掌外交，民刑事自有主管衙門，予罪乃煩外部判定；予為中國人，各公使為外國人，定予罪乃煩各公使會議，奇奇。

問：先生入獄後，曾受何等苦楚？

答：他無所苦，苦不准與人接談，附耳一二語尚得，多則巡捕來干涉。

問：牢中能讀書否？

答：不能，進獄時一物不得帶，哪得來書？然向主者要求，有時亦可得，惟洋裝書不許入獄。

問：獄中能作字否？

答：不能，無筆無墨，哪得作字？然欲作家書與寄朋友書，亦能要求得之。書須交主者閱過，乃肯代遞。

問：然則先生在獄何作？

答：作工。

問：先生能工乎？

答：予作裁縫。

問：先生裁縫乎？

答：予縫襪底，縫衣時亦為之。

問：先生能縫何等衣？

答：犯人衣。（復笑曰：）草草縫去，不能工也。

問：犯人衣奈何？

答：粗布單衫，粗布單褲，皆牢中犯人所縫，犯人所著，予亦著之。

問：此外尚有何工？

答：工甚多，擊石子最苦。大抵牢中派事，亦視其人之能勝與
　　否而任之，商人多派粗工，老犯人又欺侮之，故商人最
　　苦。予所作皆輕工，蓋已在優待之列矣。

問：先生裁縫外曾作何工？

答：予擔任者二：縫襪底，一也；犯人衣上編號寫字，二也。
　　最後升一美缺，曰燒飯。

問：燒飯美缺乎？

答：牢中人以為甚美，廚房派八犯人，各司其事，混言之曰燒
　　飯，予職實稱飯也。每犯每頓各得飯重一磅，一律無多
　　少，惟燒飯者之權利可偷飯，予之權利亦然。故予之此
　　缺，他犯人皆極羨之。

問：牢中工作，有限制否？

答：時間有限制，每日作工八小時。作工多少無限制，予縫衣
　　寫字，隨多隨少，未嘗限也。

問：牢中有私刑否？

答：此事無之。

問：牢中有索賄者否？

答：索則無之，若饋之金，亦未嘗不受也。

問：牢中飲食如何？

答：星期日有肉吃，非星期日吃素菜。

問：予不善問，請先生更言其餘。

答：牢中星期日停工，各犯得稍稍遊行，惟有巡捕監視之。星
　　期日必有教士來講道，勸犯人改過，有數教士恒至予室慰
　　問，或作長談，與教士談，雖久，巡捕弗來干涉矣。
　　予在牢中，有不相識之西人，亦時來視予。

予在牢中，有西人攜食物欲饋予，為巡捕所阻。

入牢時必換犯人衣，原有衣服，悉使脫去，有人代為收藏，俟出獄時給還。此事多有笑話，有冬月入獄，夏月釋出者，脫去犯人衣，仍著皮袍而出。

犯人衣分冬夏兩副，一副單衫單褲，一副棉襖棉褲，皆粗布為之。

三月底一律脫去棉衣，著單衣；九月底一律脫去單衣，著棉衣。

此時最苦，體弱者中寒成病，或竟死，鄒容亦死此牢中。

計牢中五百人，每年死者約百人，比牢外人，死較多矣。

每犯一室，室深八尺，廣四尺，廊外裝電燈。

衣服居處，還算潔淨。

臥無被褥，每犯各給線毯一條。

飯：麥六分，米四分，初時粗糲難下嚥，後亦習之。[38]

　　章太炎、鄒容二人在上海西牢服刑後，時時關注著革命的新動向。從蔡元培的口中，他得知蔡元培、章士釗、陳獨秀等人秘密組織了暗殺團。在東京成立的浙學會重要成員陶成章等現已抵達上海。章太炎向蔡元培建議，希望「爭存會」（原「對俄同志會」）、暗殺團和浙學會聯合組成「光復會」。

　　光復會又稱復古會，是繼興中會、華興會以後成立的又一個革命團體，首任會長蔡元培。光復會以「光復漢族，還我河山，以身許國，功成身退」十六字為宗旨。光復會擁有會員二七二人，一說五六

---

38 張庸：〈章太炎先生答問〉，《自述與印象：章太炎》（上海市：三聯書店，1997年），
　　頁38-42。

○多人，其中婦女五人。光復會的活動範圍在江蘇、浙江、安徽一帶，以暗殺和武裝暴動為主要手段。光復會會員每人佩戴徽章一枚，中鏤篆文「復」字。一九○五年後，光復會許多成員加入了同盟會，但光復會一直保持獨立活動。

　　光復會成立，章太炎當時身在獄中，被推為副會長。出獄雖然有期，但章太炎做好了以身許國的準備。他與鄒容在獄中一唱一和共吟絕命辭二首。其一：

　　　　擊石何須博浪椎，（鄒容）
　　　　群兒甘自作湘累。（章太炎）
　　　　要離祠墓今何在？（章太炎）
　　　　願借先生土一坏。（鄒容）[39]

其二：

　　　　平生禦寇御風志，（鄒容）
　　　　近死之心不復陽。（章太炎）
　　　　願力能生千猛士，（鄒容）
　　　　補牢未必恨亡羊。（章太炎）[40]

39　擊石：指在獄中被迫作敲石子的苦役；博浪：地名；椎：同錐；相傳張良與一大力士曾經用120斤重的椎在博浪行刺秦始皇，意為殺雞用牛刀；群兒：指章太炎、鄒容等革命志士；湘累：指屈原；要離：春秋吳國人，為吳王刺殺公子慶忌後自殺而亡；先生：指要離；意為借要離墓上的土來埋葬自己。

40　禦寇御風：《莊子·逍遙遊》有「禦寇駕風而行」，鄒容藉此表達自己的志向；近死之心不復陽：《莊子·齊物論》有「近死之心，莫使復陽也」，意為人臨死之際，心已如枯木。

五　獄中習佛

　　章太炎入獄之初尚未判刑時，曾經向獄警借書消磨時光。當時獄警拿給章太炎的書是一些佛經。雖然是佛經，章太炎竟也讀得津津有味。判刑以後，章太炎獲准可在獄中閱讀書籍。章太炎在獄中先後閱讀了《瑜伽師地論》、《因明入正理論》、《成唯識論》等。為了打發獄中時光，章太炎托友人羅致佛典並開始晨夜研誦。章太炎系統研究佛學，係在囚獄中之時。

　　對於佛學，章太炎並不是初獵。早在一八九七年，他在夏曾佑的影響下，曾經翻閱過《法華》、《涅槃》、《華嚴》等經書，章太炎自己說只是「略涉」，「不能深也」。此後，在日本期間，他曾經獲得一部《瑜伽師地論》，但是沒有讀完。章太炎一次偶然披閱《大乘起信論》，一見心悟，對佛學探究了一番。總的來說，章太炎曾經在佛門外徘徊，並沒有進入佛學殿堂。他認為佛學提倡的是四大皆空，與真刀實槍的變法維新南轅北轍。

　　枯燥的鐵窗生涯是非常難熬的，在百無聊賴的情況下，章太炎再次拾起了佛經。歷經磨難的章太炎在鐵窗之中需要尋找精神上的安慰，而佛學正好填補了這樣一個空白，他閱讀佛經後覺得漸漸入港，開始緩慢地步入佛學的殿堂了。

　　《警鐘日報》記者在獄中採訪他，他介紹獄中生活說：「每日作工外，輒與鄒子研究佛學、社會學。」[41]章太炎出獄後回憶說，獄中他與鄒容「讀佛經及周秦諸子以為樂」。[42]在閱讀《因明入正理論》時，他對鄒容說，讀了這部佛經，可以解你三年之憂。[43]章太炎的好

41　〈國事犯獄中無恙〉，《警鐘日報》289號，1904年12月20日。
42　〈鄒容傳〉，《革命評論》第10號。
43　〈贈大將軍鄒君墓表〉，《華國》第一卷，第10期。

友黃宗仰獲悉章太炎在獄中研究佛經，撰詩一首贈章太炎：

> 颯颯飛霜點鐵衣，音容憔悴鬢髮肥。
> 稔君獄讀《瑜伽論》，還與《訄書》理合非？[44]

　　黃宗仰在詩裏問，聽說你在獄中閱讀了《瑜伽論》，現在如何看待《訄書》呢？三年鐵窗生涯，對於章太炎而言，也是寒窗生涯。章太炎在獄中研究佛學，其思想獲得了一次昇華。章太炎與佛學結緣，卻並沒有在青燈黃卷中靜坐觀心，而是將佛學作為經世的武器。他不僅品味把玩佛典，而且與西方哲學相溝通。他以西方哲學對校、詮釋佛學繁難名相，以佛學改變傳統思維方式，在大牆裏進行哲學革命，營造屬於他自己的哲學體系。

　　章太炎總結說，三十歲左右的時候開始閱讀佛經，然不求甚解，「未有所專精也」。上海西牢三年，他開始步入佛學殿堂，投入大乘佛教的懷抱。他認為，佛學的玄言遠遠高出諸子，高出儒學。與當年撰寫《訄書》相比較，他覺得自己進入了一個新的天地。三年監獄生涯，對於章太炎來說，不過是佛學院的生涯罷了。自從獄中習佛以後，章太炎發現自己竟然漸漸心寬體胖了。後來他刑滿釋放，走出監獄，迎接他的人都說「容顏反見豐潤」了，章太炎當時是又白又胖，誰也說不出，這是不是獄中深研佛典的緣故？

　　章太炎從機械唯物論和庸俗進化論中走出來，漸漸成為一個唯心主義者。出獄以後，他廣求佛典，深入探討法相唯識義理，以佛解莊，以莊、佛證孔，對人類理論思維進行系統反思。在章太炎的哲學革命中，章太炎先後發表了《建立宗教論》、《無神論》、《人無我

44　〈寄太炎〉，《國民日日報彙編》第3集。

論》、《俱分進化論》、《國故論衡》、《諸子略說》等一系列重要哲學論文以及他自詡為「千六百年未有等匹」的「一字千金」之作——《齊物論釋》,系統地闡述了他的法相唯識哲學。章太炎提出了唯心主義的哲學體系並主張以佛學作為民族民主革命的理論武器。

一次,在東京留日學生舉行的歡迎會上,章太炎發表演講說,在聯繫到佛學的時候,他說:「佛教理論,使上智人不能不信;佛教的戒律,使下愚人不能不信,通徹上下,這是最可用的。」

六　痛失鄒容

獄中研究佛學,使章太炎那顆放馬狂奔的心漸漸平靜下來。雖然飽受苦難,但是入獄後期,章太炎常常能做到心平如止水,他吃得下、睡得著,所以無災無病,身體硬朗。可是,年輕氣盛的鄒容就不行了。

鄒容出生在四川巴縣一個鉅賈家庭,從小生活優越,崇尚自由。入獄以後,淪為囚徒,不但身陷囹圄,而且飲食惡劣、日日勞作,且經常被獄警訓斥乃至暴打,身體狀況日下。章太炎常常與他講經念佛,勸他稍安勿躁,面對現實,鄒容的症狀一度有所緩解。進入一九〇五年,鄒容煩惱鬱悶的症狀開始加劇。起初,他晚上難以成眠,心情煩躁,動輒肝火上陞,大聲罵人。不久,每天開始發低燒,伴有不能自主的遺精,面色漸漸憔悴起來。二月間,鄒容多次發生昏厥。章太炎家傳醫學,耳聞目睹,對醫道稍有涉獵,託人先後買來黃連、阿膠等中藥給鄒容服用,然無甚效果。章太炎要求監獄長為鄒容在獄外尋找醫生,遭到拒絕。

到了四月,鄒容昏厥的次數愈來愈頻繁。章太炎向監獄長提出保釋就醫,終於得到會審公廨的批准,計劃四月四日出獄。四月二日,

鄒容服用了工部局醫生開的藥後睡下。不料三日淩晨，在沒有徵兆的情況下，年僅二十歲的鄒容突然停止了呼吸。這時，天空烏雲密佈，大雨滂沱，好像為鄒容的屈死鳴不平。第二天，章太炎見到了長眠的好兄弟，只見鄒容瘦得皮包骨頭，不成人形，口吐鮮血，死不瞑目。章太炎「往撫其屍，口張目視，慟不能出聲」。[45]

　　一九〇五年四月三日，年僅二十歲的鄒容卒於獄中。鄒容的刑期是二年，他逝世的時候，距刑滿之日僅七十多天。鄒容的慘死，不能不使人懷疑他是被毒死的。東京留學生會館聞訊後，曾經派張繼到上海調查，但沒有弄清事實真相。《申報》以《鄒容斃獄》為題報導了消息：

> 前年，章、鄒《革命軍》一案，判定章監禁三年，鄒監禁二年。茲聞鄒容於昨日黎明四點鐘時病死獄中，由某君派人收斂，髀肉盡消，空存皮骨。生敬鄒容者，當為慘然。[46]

　　張庸採訪章太炎時，曾經詢問鄒容入獄後的情況和死亡的原因：

問：鄒容下獄，是否與先生同時？
答：是，予與渠曾在一室縫衣。
問：先生與鄒容是否舊識？
答：非也，予在滬上，渠以所作《革命軍》一書來請予改，因是相識。文字當使人易解，彼書尚好，予未為改也。
問：鄒容之死，人謂有毒之者，信乎？

45　《太炎先生自定年譜》光緒三十一年（上海市：上海書店，1986年）影印本。
46　《申報》1905年4月4日。

答：是或有之，然難言也。鄒容在牢時，容色甚悴，若瘋若
　　癲，夜不寐，大聲罵人。旦問之，渠似不知，人謂渠有精
　　神病。牢中每星期必有醫生來察視，犯人有病，則為之
　　治，病甚者由醫報告，送入病院。鄒容病急時，已許某日
　　某時出獄矣，先一夕服醫生藥，遂死。故外間生疑，多謂
　　遇毒。

問：是時先生有憂乎？

答：憂之何益。然鄒容死，外論頗嘩，因是不毒我，亦未可
　　知。雖然，我無病，進藥亦無因也。[47]

　　鄒容突然逝世，受到輿論的懷疑，許多人認為鄒容可能是被毒死的，
但沒有證據。輿論對上海西牢的譴責，引起了人們對章太炎健康的關
注。鄒容暴死後，外間輿論頗嘩，皆謂官吏行賄毒殺。革命人士深恐
鄒容被毒死後，再毒死先生，一方面策動言論，歐美人士亦起評論；
一方面徐錫麟奔走調護，乃稍稍弛禁。西牢迫於輿論的壓力，又因為
章太炎縫襪底總是「不工」，不久讓章太炎到伙房燒飯。燒飯的活不
僅輕鬆，更重要的是獄中吃不飽飯，燒飯的人可以把肚子填飽。章太
炎每天的差事是管稱飯，按照每人一磅的標準稱給犯人。章太炎獄中
狀況的改善，是因為鄒容的死亡。章太炎後來十分感慨地說：「余之
生，威之死為之也。」[48]

　　鄒容死後，監獄將他的遺體拋在監獄圍牆之外。關於鄒容死後情
況，蔣維喬〈中國教育會之回憶〉一文記載較詳：

　　二月二十九日，鄒容病斃於獄中，葉浩吾有函告蔡子民，已由中
外日報館備棺殯殮。十日之內，即須埋葬，囑會中覓地及籌葬費。

47　〈章太炎先生答問〉，《自述與印象：章太炎》（上海市：三聯書店，1997年），頁42。
48　〈獄中與威丹唱和詩〉，《漢幟》第2號。

　　三月初一日，教育會同人，在愚園開鄒容追悼大會。到會者五十餘人。

　　初二日，在愛國女學校，會議鄒容善後事宜。擬將柩暫停於會館，一面擇地，一面通知其家屬，後有義士劉東海願以其宅畔空地，為鄒容墓穴。會中乃就此地，開始經營葬事。[49]

鄒容墓

　　劉季平（1890-1938年），自稱「劉三」或「江南劉三」，上海縣華涇人，早年參加南社，一九〇三年東渡日本，參加「拒俄義勇隊」及「軍國民教育會」。

　　鄒容瘐死獄中，由《中外日報》備棺殯殮。因四川道遠，無法歸葬故里，遂暫厝四川會館，化名為「周鎔」。南社創始人陳去病致信劉三，「乞謀片土」，劉三慨然應允，與堂兄劉東海等將鄒容靈柩移葬華涇。

---

49 蔣維喬：〈中國教育會之回憶〉，《追憶章太炎》（北京市：生活・讀書・新知三聯書店，2009）年，頁161。

　　一九二二年冬，章太炎、蔡元培偕至華涇祭奠鄒容。一九二四年
清明，章太炎、于右任、張繼、章士釗、李印泉、馬君武、田桐、馮
自由等二十餘人專程前往華涇舉行公祭，推劉三和李根源主持修墓立
碑事宜。章太炎撰寫〈贈大將軍鄒容墓表〉，由于右任書寫，刻石碑
於鄒容墓。

一九二二年冬，章太炎、蔡元培等祭掃鄒容墓

　　章太炎感於劉三義行俠氣，撰詩曰：

　　　落魄江湖久不歸，故人生死總相違。
　　　只今重過威丹墓，尚伴劉三醉一回。

　　于右任撰詩曰：

　　　廿載而還事始伸，同來掃墓一沾巾。
　　　威丹死後誰收葬，難得劉三作主人。

　　鄒容英年早逝，遺物僅家書二封，是烈士生前僅存手跡。「鄒容家書」共二封五頁，原存於鄒容二妹鄒蘭手中。一九七四年，由鄒容過繼的後人鄒傳德、鄒傳參捐獻給重慶市博物館。一九〇一年，鄒容赴日前給父母一信，信中批駁舅父阻止他赴日留學，表示自己決不困守，要尋求拯救國家危亡的良策。另給大哥一信，信中抨擊科舉制度，勸兄不要醉心於科名。

　　鄒容的一生是追求革命的一生，他以推翻清朝、革新中華為己任。他的《革命軍》喊出了中國人民要求民族獨立的心聲，第一次提出建立獨立自主的「中華共和國」，並制定了詳細的資產階級共和國的政治綱領，被譽為中國的《人權宣言》。《革命軍》問世後，風靡海內外，章太炎稱之為「義師先聲」，《蘇報》譽之為「國民教育之第一教科書」。辛亥革命勝利後，中華民國追認鄒容為「陸軍大將軍」。一九一二年二月，孫中山以臨時大總統的名義簽署了追贈「大將軍」的命令。吳玉章題詩曰：

　　　　少年壯志掃胡塵，叱咤風雲《革命軍》。
　　　　號角一聲驚睡夢，英雄四起挽沉淪。

　　鄒容墓「文革」中遭受破壞，一九八〇年，為紀念辛亥革命七十週年，上海市文物管理委員會重修鄒容墓。值得一說的是，劉三生前親自為鄒容守墓。劉三遺囑，讓家人世代相守。劉三後人恪守劉三遺訓，義務為鄒容守墓迄今已歷五代。滿門俠義，感人至深。[50]

---

50 著者兩次踏訪鄒容墓，均在墓地見到劉氏後人，其主動為遊客講解。劉氏義務守墓，
　《新民晚報》二〇一一年四月三日和五月九日均有報導。

章太炎親撰鄒容墓誌銘

一九○六年六月二十九日早上，上海四馬路工部局巡捕房門口突然熱鬧起來，原來這一天是章太炎三年服刑期滿的日子。中國公學的代表蔡元培、于右任、朱少屏、柳亞子、劉道一、張默君、熊克武、劉光漢等早已迎候在門口。中國同盟會總部特意從東京派代表龔練百、仇式匡、時功玖、胡國染和鄧家彥到巡捕房迎接章太炎。香港與全國各地發來電報十餘份，賀章太炎重獲自由。上午十一點，章太炎走出束縛他三年自由的監獄，眾人鼓掌歡迎。章太炎微笑著一一與眾人招呼。大家見他容顏豐潤、步履穩健，也十分欣慰。中國公學與中國同盟會的代表一併向章太炎轉達了問候。

章太炎與眾人一起乘馬車至吳淞中國公學，熊克武問：「先生，你準備去哪裏？」章太炎說：「中山在哪裏，我就去哪裏。」同盟會總部代表誠懇地對章太炎說：「我謹代表中山先生邀請你到日本。」

孫中山對「蘇報案」給予高度評價,「蘇報一案,章太炎、鄒容以個人和清政府對訟」,「於是民氣為之大壯」。章太炎對同盟會總部代表說:「孫逸仙與吾輩同氣,允宜合作。」決定赴日。中國公學的人擔心有人加害先生,催促先生早日啟程。三天後的晚上,章太炎乘日本郵輪離開上海,隨同盟會代表東渡日本。

　　走出西牢的章太炎,每當念及鄒容,就有一種深深的負疚感,他認為「伯仁因我而死」。他在住所的牆上掛了一幅鄒容遺像,前置橫板一張,上設香爐,每月初一、十五沐手敬香,為鄒容祈禱。章太炎晚年遷居蘇州,亦在家中懸掛鄒容遺像,為鄒容上香,直到逝世。

上海鄒容紀念館

第五章
章太炎與孫中山

　　章太炎主持《民報》，其筆政貢獻深得孫中山嘉許。就在國內革命形勢如火如荼的時候，中國同盟會內部出現了裂痕，起因是經費問題。隨後發生的「洩密」事件，使同盟會內部裂痕更深。日本政府下令封閉《民報》，使章太炎對日本改變了看法。黃興邀請汪精衛主持《民報》復刊，章太炎將復刊後的《民報》稱為「偽民報」。章太炎給端方的五封信公佈於眾，許多不明真相的人認為章太炎是清政府的「偵探」和同盟會的「奸細」、「內奸」。章、孫交惡，導致同盟會分裂。一九一〇年二月，光復會宣告重新成立。陶成章被陳其美暗殺，導致章、孫矛盾更加尖銳。陶成章去世後，光復會解體。一九一三年，宋教仁在上海遇刺身亡。章太炎與孫中山一起議定了〈討袁檄文〉。一九一七年，孫中山掀起了護法運動，章太炎被推選為軍政府秘書長。孫中山與章太炎一度交惡，但是在革命大義面前，兩人仍然肩並肩地在一個戰壕裏對敵人衝鋒陷陣。

一　兄弟情誼

　　一九〇六年六月二九日，章太炎步出上海西牢後，第三次流亡日本。章太炎初到日本時被安排住在《民報》社，即東京牛込區小川町二丁目八幡，孫中山住在牛込區築土八幡町二十一番，兩地相隔不遠。黃興的住地距他們兩人也不遠。章太炎幾乎每天都要走到孫中山

的寓所，黃興也每每不約而同，三人一起討論研究，情如兄弟，非常融洽。

在孫中山住所，為了加強革命黨的建設，章太炎與孫中山、黃興等共同制定了同盟會的《革命方略》，其中包括〈軍政府宣言〉、〈軍政府與各處民軍之關係條件〉、〈軍隊之編制〉、〈將官之等級〉、〈軍餉〉、〈戰士賞恤〉、〈軍律〉、〈略地規則〉、〈因糧規則〉、〈安民布告〉、〈對外宣言〉、〈招降滿洲將士布告〉、〈掃除滿洲租稅釐捐布告〉等十四個重要文件。這些檔，有不少出自章太炎手筆。檔充分反映了孫中山的三民主義思想，同時貫徹了平等、博愛、自由的精神。

孫中山住所距《民報》社雖然不遠，但是章太炎出門不認路，每次回家都要人陪同。有一次，他從孫中山住所獨自回去，走著走著就沒方向了，竟至於稀裏糊塗地敲開了一個日本人家的門。報社的人見他久久不回，四處尋找，總算在日本人家裏找到他了。

七月十五日，留日學生七千多人在錦輝館集會歡迎革命大師章太炎。章太炎熱情洋溢地說了一番「瘋話」，最後說：「總之要把我的神經病質，傳染諸君，更傳染與四萬萬人！」[1]

一九〇六年十二月二日，為紀念《民報》創刊一週年，中國同盟會召開大會，革命黨人和日本留學生五千多人參加了會議。孫中山在會上作了關於三民主義的演說，章太炎作了即席演講。章太炎說，以前的革命叫強盜結義，今天的革命叫秀才造反。強盜造反攀不上官府，秀才造反卻能夠攀上官府，有些革命黨人想攀附督撫，發動所謂「督撫革命」，這是行不通的。

對於如何進行革命，同盟會內部有不同的看法。有人主張利用會黨，因為會黨都具有現成的組織，有的會黨還擁有一定的武裝力量；有人提出依靠督撫，因為督撫往往是封疆大吏，手中握有兵權，而一

1　沈延國：〈章太炎〉，《自述與印象：章太炎》（上海市：三聯書店，1997年），頁77。

些督撫或同情革命或傾向革命，可以爭取為革命所用。章太炎認為可以利用會黨，但反對攀附督撫。在〈軍人貴賤論〉一文裏，他提出重視新軍的工作，顯示了他的遠見卓識。他指出，清政府建立的新軍，雖有部分士人加入，然其本質與舊軍隊沒有什麼不同。新軍是清政府用來對付小民百姓的，而不是用來抵禦外來侵略的。革命黨人對這樣一支軍隊不能聽之任之，必須重視新軍工作，在軍隊中進行「反正」，較有成功之望。

　　民生主義思想是章太炎政治思想的主要內容之一。章太炎不僅就如何革命發表高見，還對革命黨人的道德品質提出要求。在《民報》第八號，章太炎發表〈革命之道德〉一文，將社會階層分為農人、工人、坐賈、學究、通人、行伍、藝士、軍官等十六等，對十六等人一一作了詳細分析。「其職業凡十六等，其道德之第次亦十六等。」他對社會財富的創造者農人、工人等評價甚高，「農人於道德為最高」，工人「與農人無異」，[2] 而京朝官、方面官、軍官、差除官、職商、幕客、行伍等「則多不道德者」，對士大夫之類的通人評價甚低。作為地主士大夫階級出身的章太炎沒有站在本階級的立場上，而是站在農工階級的立場上，是難能可貴的。

　　在十六等職業中，並沒有革命黨人一項，因為革命黨人中包含士、農、工、商等各類人士。無論革命黨人以前從事何種職業，一旦成為革命黨，就應當自律，做到「一曰知恥，二曰重厚，三曰耿介，四曰必信」。章太炎指出，革命黨人的道德關係到革命的成敗，「道德墮廢者，革命不成之源」。〈革命之道德〉發表後，在革命黨人中引起強烈反響，特別是革命黨人中的知識分子，對章太炎的觀點表示熱烈贊同。

2　章太炎：〈革命之道德〉，《民報》第8號，頁20-24。

　　一九〇七年四月，章太炎與印度愛國志士缽邏罕、保什等發起組織「亞洲和親會」，起草了「亞洲和親會約章」，第一次提出了「反對帝國主義」的口號。章太炎身體力行，投入到當時開展的收回利權運動。這一年，江、浙兩省紳商反對將滬杭甬鐵路路權出賣給英國，聯名上書北京，要求自行籌款築路。十一月十日，章太炎邀請在日本的江、浙人士及各省代表八百多人在錦輝館開會。在會上，章太炎宣佈了宗旨，表示發通電、推代表於事無益，「今日辦法，惟有股東收回股本及自行斷路，或運動省城罷市，庶可收回」。[3]十七日，章太炎在留學生召開的會議上發表演講，再次強調對清政府的和平運動沒有作用，主張「積極的則罷工，消極的則斷路」。[4]在章太炎等人的推動下，江、浙兩省紳商採取了諸如停止貿易、停交捐款等相對激進的手段。

　　一九〇八年，山東人民開展爭取礦產開發主權的運動，反對德國帝國主義。章太炎聞訊後，發表評論，支持山東人民限制開礦、抵制德貨。希望山東人民成為義和團，而不要成為孔夫子。

　　孫中山評價章太炎主持《民報》筆政的貢獻，說：「《民報》鼓吹三民主義，遂使革命思潮彌漫全國，自有雜誌以來，可謂成功最著者。」

二　禍起蕭牆

　　就在國內革命形勢如火如荼的時候，中國同盟會內部出現了裂痕，矛盾的起因是經費問題。

　　一九〇六年三月，清政府致函日本西園寺公望內閣，請求驅逐孫

3　〈黨人拒款之運動〉，《神州日報》1907年11月24日。
4　〈留學界全體大會紀事〉，《神州日報》1907年12月4日。

中山出境，並開除三十九名中國留日學生。按照日本政府當時的法律，政治犯是不能驅逐出境的。因為清政府的一再要求，加上日本政府當局也不贊同孫中山在日本從事革命活動，但日本政府預感孫中山未來事業可能有成，粗暴地驅逐孫中山不妥，決定禮送孫中山出境。孫中山離日前，日本政府為他設宴餞行，參加宴會的人除孫中山，尚有章太炎、汪東、胡漢民、汪精衛、劉師培、田梓琴、張溥泉、山西喬君、宮崎寅藏等。宴會上，山西喬君、宮崎寅藏代表日本政府外務省向孫中山贈送程儀（路費）五千元，一個名叫鈴木久五郎的日本股票商亦贈款一萬元。孫中山因為革命活動亟須經費，便悉數笑納。孫中山從捐款中撥付兩千元充作《民報》經費，開支告別宴會費用一千元，餘款一點二萬元由孫中山隨身攜帶，作為在越南發動革命的經費。當時，日本股票商的贈款一萬元是公開的，日本政府饋贈的五千元只有少數幾個人知道。宴會的第二天，孫中山與汪精衛、胡漢民匆匆離開日本，前往南洋。[5]

章太炎在日本（前排右起第二人為章太炎）

5　汪東：〈辛亥革命前後片斷回憶〉，《文史資料選輯》，總第6輯，蘇州文史資料研究委員會編，頁36-37。

　　孫中山離開日本後，章太炎、張繼、宋教仁、譚人鳳等不知怎麼知道了內情，於是在同盟會內部掀起了一場波瀾。章太炎等七嘴八舌，認為孫中山既被日本政府驅逐出境，就不應該接受日本政府的撥款。如果因為革命需要，確實需要接受撥款，此事應提交同盟會總部討論。孫中山沒有提交同盟會總部討論而私下接受日本政府撥款，是被日本政府收買，是一種「受賄」行為。

　　在眾人的議論中，要數章太炎的火氣最大。章太炎作為《民報》的主編，一直為經費捉襟見肘而發愁。如今孫中山得款一點五萬元，

孫中山

而僅撥付《民報》兩千元，他覺得太少。他提議解除孫中山同盟會總理的職務，得到了張繼等人的附和。章太炎一怒之下，將《民報》懸掛的孫中山相片取下，在相片上揮筆寫了「賣《民報》之孫文應即撤去」十個大字。章太炎還不解恨，他要讓孫中山知道章太炎對他的指責和不滿，於是將相片直接寄給孫中山。這幅相片孫中山沒有收到，因為章太炎以為孫中山當時在香港，而孫中山這時已經到達越南了。雖然如此，此事還是鬧得滿城風雨，日本友人宮崎寅藏多次從中調停，但終未能彌補昔日戰友的裂痕。

　　一九〇七年五月至六月，孫中山先後領導了潮州黃岡起義和惠州七女湖起義，但均以失敗而告終。消息傳到東京，為同盟會內部的倒孫風潮掀了一把火。孫中山離開日本後，同盟會由庶務幹事劉揆一代行總理職權。章太炎、張繼、劉師培等獲悉起義失敗消息後，敦促劉揆一立即召開同盟會總部會議。關於會議內容，章太炎等公開宣佈有三：一是罷免孫中山總理職務；二是推舉黃興擔任總理一職；三是改

組同盟會總部，推薦日本人北輝次郎和和田三郎為同盟會總部幹事。

劉揆一不同意召開同盟會總部會議，更不同意罷免孫中山。他一再向章太炎、張繼等人解釋，稱孫中山接受日本政府撥款是因為國內舉行起義急缺資金，因情況緊急，來不及提交同盟會總部討論，絕對不是什麼「受賄」，希望大家消除誤會，精誠團結。章太炎、張繼等聽不進劉揆一的解釋，張繼甚至為此與劉揆一不惜以老拳相見。

正當劉揆一一籌莫展的時候，同盟會總部收到了黃興的一封信。黃興對同盟會內部的分裂瞭若指掌，對此表示痛心。他在信中告訴大家，他此時正與孫中山策劃一次新的起義。起義需要獲得資金的支撐，孫中山出於公心，並沒有被日本政府收買。黃興語重心長地說：「革命為黨眾生死問題，而非個人名位問題。孫總理德高望重，諸君如求革命得有成功，乞勿誤會而傾心擁護，且免陷興於不義。」[6]黃興的來信，使同盟會總部的多數人對孫中山盡釋前嫌，張繼主動表示認錯，只有章太炎不改初衷。不管章太炎的態度如何，同盟會總部倒孫風潮總算告一段落。

三　軍火事件

倒孫風潮稍稍平息，不料又發生所謂「洩密」事件。「洩密」事件的經過是這樣的：

一九〇六年十二月，同盟會發動了萍瀏醴起義，起義以失敗告終。孫中山密切關注形勢，準備東山再起。一九〇七年初，廣東欽州發生民眾抗捐運動，孫中山決定趁勢發動起義，派人到日本購買一批

6　劉揆一：〈黃興傳記〉，中國近代史資料叢刊《辛亥革命》第4冊（上海市：人民出版社，2000年），頁289。

武器。經辦人通過宮崎寅藏的關係購買了一批日本軍隊淘汰的舊武器，計有村田式快槍兩千支，每支槍配彈六百發；短槍三十支，配子彈若干；另購軍刀若干。由於中日兩國當時軍事力量的差距，村田式快槍在日本雖然已經屬於落後槍械，在中國卻屬於較好的武器。武器裝運上船後，按計劃駛往中國南海。

章太炎對孫中山購買武器之事並不知情。有一天，章太炎正在《民報》社上班，突然有兩個日本友人造訪。日本友人十分神秘地將孫中山購買武器的事情告訴章太炎和宋教仁，並對章、宋二人說，這些武器屬於明治十八式，都是日本軍隊的淘汰貨，根本不堪使用。貴國購買這些武器上陣，不是白白送死嗎？章太炎和宋教仁一聽，覺得事關重大，立即派人打聽這些武器的來龍去脈，得知兩位日本友人所述皆是事實，而裝運這批武器的船隻已經離開日本。

章太炎與宋教仁商量，認為孫中山一定是不知內情。這批淘汰的舊武器一旦運到國內，將白白斷送無數同志們的生命。劉揆一在《黃興傳記》中說：章太炎當時「亂吵亂嚷地說道：『孫某所購軍火是村田式，這種式子在日本老早不用了，用到中國去不是使同志白白地丟了性命嗎？可見得孫某實在是沒道理，我們要破壞他！』他說了這些話便使別的同志也附和了起來」；「幾批的軍火都是這樣被他們破壞，後來只有一批軍火了」。[7]孫中山隱藏的地點是秘密的，沒有人知道。為了不讓同志們作無謂的犧牲，章太炎、宋教仁兩人決定破壞這個計劃。

怎麼破壞呢？章太炎想到一個辦法。《民報》與香港的報紙多有業務聯繫，他決定用明碼給香港的《中國日報》發一個明碼電報，讓

7　劉揆一：〈黃興傳記〉，中國近代史資料叢刊《辛亥革命》第4冊（上海市：人民出版社，2000年），頁289。

事情曝光。香港《中國日報》果然接到了來自日本東京的明碼電報：
「械劣難用，請停止另購。」章太炎的這個電報等於將孫中山購買武
器之事公之於眾，孫中山結果沒有得到這批武器。

　　孫中山發動的欽廉防城起義連破數城，隊伍發展到三千多人。清
政府派兩廣總督率兵圍剿，在起義軍急需武器與清軍浴血奮戰之時，
計劃中購買的武器因為明碼電報洩密而泡湯。孫中山得知事情真相
後，極為惱怒，認為章太炎、宋教仁是「洩漏機密，破壞戎機」。[8]孫
中山在給宮崎寅藏的信中，表示對那兩個致使起義流產的日本友人不
信任，全權委託他在日本籌資購械，「即本部中人及民報社中人亦不
必與之商議」。[9]孫中山實際上不僅對透露消息給章太炎的兩個日本友
人表示不滿，對同盟會總部和《民報》也表示不滿。孫中山給宮崎寅
藏的信，表明他信任宮崎寅藏勝過信任同盟會總部及《民報》的同
志，章太炎、宋教仁等非常失望。因為「洩密」事件，同盟會內部的
裂痕實際上更深了。

　　「洩密」事件以後，同盟會發生了很大變化。一是孫中山出於對
同盟會總部和《民報》的不信任，此後將他工作的重點轉移至南洋，
有意無意地冷落了同盟會總部及《民報》。孫中山此後發動黃岡、河
口等一系列起義，沒有再使用同盟會名義。二是孫中山對章太炎和
《民報》有了成見。《民報》在章太炎的主持下，發表了許多鼓吹革
命的文章，同時發表了不少關於國粹和佛學的文章。孫中山對章太炎
頻頻發表國粹和佛學方面的文章早就有看法，但出於團結，從來沒有
指責過《民報》和章太炎。這一次，他覺得不能再繼續容忍下去了。

　　一九○七年八月，在孫中山的支持下，同盟會新加坡分會創辦了

8　馮自由：〈弔章太炎先生〉，《制言》第25期。

9　孫中山：〈致宮崎寅藏函〉，《孫中山全集》第1卷（北京市：中華書局，1981年），頁
　　343。

《中興日報》，以宣傳革命、鼓吹革命為己任。孫中山對《中興日報》寄予莫大希望，不僅親自撰稿，還親自過問報社的經費問題、編輯問題等。《中興日報》不負孫中山厚望，以嶄新的姿態陸續發表了大量反清文章並與改良派展開論戰。

四　查封《民報》

　　孫中山是中國民族民主革命的一面旗幟，黃興與孫中山在越南等地一直策劃起義等諸事宜。在孫中山的感召下，胡漢民、汪精衛、朱執信等先後由日本到達南洋。不久，張繼離開日本遠赴歐洲。這麼一來，東京的同盟會總部所剩骨幹已寥寥無幾。

　　由於缺乏經費，《民報》陷入困境，搖搖欲墜，生活非常拮据，章太炎與同仁不得不以鹽篤飯為食。所謂鹽篤飯，乃浙江方言，即桌上放一小碟鹽水，用筷子蘸著鹽水下飯。最困難的時候，甚至連鹽篤飯也吃不上，到了「寓廬至數月不舉火，日以百錢市麥餅以自度」②[10]的地步。章太炎向孫中山求援，又是寫信又是發電報，卻始終未見回音。章太炎為此很是惱火，其實因為孫中山住地隱蔽並經常轉移住地，章太炎的信和電報均未收到。再則，孫中山此時集中精力發動起義，經費非常緊張，即使收到章太炎的信和電報也無力顧及同盟會總部和《民報》了。

　　對於章太炎來說，這一段時間是在煎熬中度過的。經費匱乏，以致度日如年，但章太炎從來沒有想到自己外出籌措經費。孫中山的經費，是他以革命的名義四處募集得來的，不是人家自動送上門的，更

10　黃侃：〈太炎先生行事記〉，《自述與印象：章太炎》（上海市：三聯書店，1997年），頁48。

不是天上掉下來的。但是，章太炎沒有這樣想，他覺得孫中山為《民報》提供經費是天經地義的事情。

　　革命營壘內部發生分歧，《民報》難以為繼，自己身無分文，沉湎於佛學之中的章太炎竟忽然萌發到印度當和尚的奇怪念頭。已經有了家室的章太炎為什麼突然要去當和尚？他的弟子黃侃後來解釋說，章太炎「睹國事愈壞，黨人無遠略，則大憤，思適印度為浮屠」。[11]章太炎本來就是性情中人，想到哪就是哪。到遙遠的印度去，需要一筆不菲的路費，到哪裏籌措呢？不知為什麼，他忽然想起端方這個人。

　　端方（1861-1911年），字午橋，號陶齋，滿洲正白旗人，光緒八年舉人，歷任湖廣、兩江、閩浙總督。清宣統元年調直隸總督，旋奉命入川鎮壓保路運動，後為起義新軍所殺。

章太炎在日本（後排右起第五人為章太炎）

11 黃侃：〈太炎先生行事記〉，《自述與印象：章太炎》（上海市：三聯書店，1997年），頁48。

　　章太炎最初知道端方，是在變法維新的時候。一八九八年，有一個叫端方的人寫了一首〈勸善歌〉鼓吹維新，引起光緒皇帝的關注。光緒將他從直隸霸昌道直接提升為陝西布政使。端方後來追隨慈禧，官運亨通，先後出任閩浙總督和兩江總督。端方是革命黨人的死對頭，章太炎與他素無交往，此時竟異想天開地希望端方能給他一筆資斧。章太炎知道劉師培、何震夫婦與端方素有往來，於是一連寫了五封信給劉師培夫婦，希望通過他們夫婦與端方斡旋，爭取獲得路費，結果是泥牛入海無消息。

　　章太炎沒有獲得任何路費的資助，到印度當和尚的迷夢破滅，然而他要出家當和尚的事不知為什麼卻不脛而走。廣州《國民報》上刊登了一則名叫《章炳麟出家》的活劇曲，嘲笑章太炎：

> 　　（同志掃板唱）：章炳麟拋卻了、平生抱負；（慢板）眼見得漢人中、少個幫扶；披袈裟，坐蒲團，不顧宗祖；縱不念、眾同胞，該念妻孥；況且是、我支那，蹉跎國步。望同志，抱熱心，休作浮屠。
> 　　（章炳麟中板唱）：除卻了三千苦惱，逼著我請個高僧來到東京披剃頭毛。我非是、主持厭世遁入空門愛棲淨土，我國人莫予肯服故把禪逃，從今後理亂不聞興亡不顧，入沙門、參佛祖做貝葉工夫。[12]

　　章太炎連寫五封信，說明他對此事經過深思熟慮，並非一時之興。他向端方謀取資斧雖未成功，也沒有背叛革命，但這件事影響極壞：一是章太炎為了一己私利，竟向革命黨人的敵人謀取金錢；二是

---

12 《國民報》，1908年4月27日。

章太炎謀取金錢的目的不是為了革命事業，而是為了脫離革命，逃避現實。無論如何，這是章太炎身上抹不掉的一個污點。

沒有資斧，章太炎無法到西天取經。在《民報》館，他還得每天面對現實。然而，對搖搖欲墜的《民報》來說，不久便發生了一件更糟糕的事：《民報》被日本政府查封了。

一九〇八年七月，日本組成新一屆內閣，新內閣向清政府提出關於取得中國東北若干利權的要求。日本政府為了示好清政府，下令封閉《民報》及在日本出版的其它宣傳革命的報刊。《民報》是中國革命黨人的一面旗幟，孫中山曾經高度評價《民報》。《民報》的文章因為鋒芒畢露，一針見血，早就引起清政府的關注。關於封閉《民報》的問題，清政府早在一九〇七年九月四日就正式照會日本駐華代理公使，要求日本方面取締《民報》等七種在東京出版發行、宣傳革命的報刊。日本政府當時未置可否。

一九〇八年十月十九日，東京警視總監龜井英三郎簽署了一份由日本內務大臣平田東助發佈的命《民報》停刊的檔：

《民報》發行人兼編輯人章炳麟：

> 明治四十一年十月十日發行《民報》第二十四號，有人告發，違背新聞紙案例第三十三條，遂以同案例之第二十三條，停止其發賣頒佈。且記事如〈革命之心理〉、〈本社簡章〉有與同一主旨事項之記載皆被禁止。合將內務大臣命令相達如右。
>
> 明治四十一年十月十九日警視總監龜井英三郎

東京警視廳要求《民報》停刊的理由是《民報》第二十四號發表的〈革命之心理〉及每期刊登於《民報》封底內頁的〈本社簡章〉違反了日本出版條例。書面通知發出的當天，章太炎不在報社。次日，

員警署傳章太炎，向章太炎宣讀了命令。接著，員警署沒收了編輯部
未發行的第二十四號《民報》。事發突然，章太炎非常氣憤。《民報》
創刊以來，發表了許多宣揚革命、推翻滿清的文章，《革命之心理》
只是其中一篇，並沒有什麼特別之處。至於表明《民報》宗旨的《本
社簡章》，《民報》每期必刊，已連續刊載二十四期。章太炎揮筆覆
信，將平田東助的命令退還並表示強烈抗議：

> 內務大臣鑒：
>
> 《民報簡章》六大主義，前經內務省認可，今未將此項保證退
> 還，特令不許登載與此《簡章》同一主義之事項，本編輯人兼
> 發行人不能承認，特將此紙交還貴內務府。如以撓擾害秩序為
> 嫌，任貴內務省下令驅逐，退出日本國境可也。
>
> 《民報》編輯人兼發行人章炳麟白十月二十一日[13]

十月二十三日，員警署找到章太炎，勸告他接受命令書並坦率地
告訴他「此事關於外交，不關法律」。章太炎什麼都明白了，這一定
是清政府與日本政府之間的骯髒交易。他再次致信內務大臣平田東
助，痛斥日本政府以扼殺《民報》的革命宗旨與清政府私下交易獲
利，「本編輯人兼發行人寧為玉碎，不為瓦全」。[14]章太炎憤怒地斥責
日本政府的行為乃是娼妓的行為。

十月二十四日，一個叫高橋孝之助的日本人登門找章太炎，稱要
買《民報》。章太炎告之以情並向他出示了日本當局關於查封《民
報》的命令書。高橋告訴章太炎，他聽說此事是唐紹儀與日本政府秘

---

13 〈報告《民報》二十四號停止情形〉，《新世紀》第79號。
14 〈報告《民報》二十四號停止情形〉，《新世紀》第79號。

密達成的交易，所以關於外交而不關法律。章太炎一聽，便知來人的身份和用意。他對來人說，貴國政府之所為，非官吏行為，而是娼妓行為，娼妓總是三心二意的。高橋灰溜溜地走了。

十月二十五日，章太炎與黃興、宋教仁等討論《民報》的存廢問題。大家一致意見，《民報》要生存，絕不能屈服於清政府和日本政府的壓力。同時，《民報》的革命宗旨也絕不能改變。在如何生存的問題上，與會者產生了不同的看法。章太炎認為日本政府是娼妓，不值得信任，主張對日本政府採取強硬態度，「縱令裁判治罪，亦惟聽其施行」。黃興與宋教仁不贊成章太炎的做法，他們提出要採取溫和的方式，爭取得到日本朝野的同情與支持，最終達到日本政府主動取消查封《民報》的命令。在《民報》查封令未取消前，《民報》可以暫時遷移到第三國出版。討論沒有取得一致意見。

十月二十六日，章太炎給內務大臣平田東助寫了第三封信，一針見血地指責日本政府企圖強迫《民報》改變宗旨而達到永遠禁止《民報》出版發行的目的。為了把日本政府查封《民報》的真相大白於天下，章太炎將他撰寫的《報告〈民報〉二十四號停止情形》並附他給內務大臣平田東助寫的三封信印製成傳單，四處散發。章太炎將傳單翻譯成英文，投寄各國駐日使館並寄發海外。

章太炎籲請日本人民和世界人民關注《民報》的宣傳取得了預期效果。日本朝野人士獲悉《民報》查封真相後，紛紛對《民報》表示同情和支持。美國檀香山出版的《民生日報》一九○八年十一月二十四日全文刊登了章太炎的傳單。接著，檀香山出版的《太平洋商業廣告報》十二月七日刊登了英文本傳單。法國巴黎《新世紀》十二月二十六日不僅全文刊登了傳單，還發表了時評。

日本政府封閉《民報》的事情被章太炎弄得沸沸揚揚，日本當局對此十分惱火。《民報》接二連三發生了一連串莫名其妙的事情。先

是有人在《民報》社的茶壺裏投毒，在《民報》打工的一個日本下女首先中毒，一個叫湯增壁的愛國學社社員飲服毒茶後險些喪命。

黃興像

東京員警廳經勘察，認定有人在水中投毒，遂派員到《民報》調查。汪東認為，此事的主謀是汪公權，但沒有證據。員警詢問章太炎，有無嫌疑人？章太炎答無。再問黃興，黃興說，湖北張某有可疑之處。張某被員警拘留，因缺乏證據，一日後釋放。張某哭訴於章太炎，章太炎大怒，叫黃興過來。黃興至，章太炎一言未發，隨手將桌上的石筆筒砸過去，沒有擊中，又將石頭硯臺扔過去，還是沒有擊中。章太炎惱羞成怒，揮拳就打。黃興體態偉碩，孔武有力，三拳兩腳，就將章太炎打倒在地。章太炎無可奈何，用手抓黃興的面孔，黃興掙脫而去。

章太炎為區區小事，與戰友不惜以老拳相見，一是當時的章太炎年輕氣盛，脾氣暴躁；二是以此可見章太炎與黃興當時已經產生隔閡，否則不會為這樣的小事傷了和氣。

《民報》接下來又發生一件事：半夜三更被人放了一把火。幸虧眾人及時撲滅，火才沒有燒起來，但大家嚇得不輕。失火的第二天，員警署上門告訴章太炎一個「好消息」，稱外務省可以送他一筆旅費，供他到印度考察。天上哪會掉餡餅？章太炎一眼就洞穿了日本政府將他視為眼中釘、肉中刺的陰謀，當場予以拒絕。

事後，章太炎寫了一封信給外務省，表示了自己的態度。其實，章太炎曾經在友人面前流露過出國的想法，但是他現在想去的地方已經不是什麼印度，而是美國。他的真實意圖是想到美國後發起一場抵制日貨的運動，以此打擊日本政府。日本政府用盡雕蟲小技，卻未能

奈何章太炎。十一月二十五日上午和二十六日上午、下午，日本東京
地方裁判所三次開庭對章太炎進行審訊。在日本的華人聽到開庭的消
息後，從四面八方趕來旁聽。

　　第一次開庭，聽眾有三百多人，法庭只放了六十個人參加旁聽。
第二次開庭和第三次開庭，法庭竟然宣佈禁止旁聽。這是因為日本檢
事提出的起訴理由太荒誕，而章太炎的答辯內容太精彩。

　　第一次開庭，日本檢事提出的起訴理由稱，《民報》主張顛覆清
政府，日本政府雖沒有受到擾害，但是大清國是日本的鄰居，大清國
如果爆發革命，鄰居可能起而仿傚，這就會導致嚴重後果。因為此
故，日本政府判處《民報》有罪。日本檢事在闡述起訴理由時，法庭
聽眾席上不斷傳出轟笑聲，法官不得不再三落槌，高呼「安靜」。章
太炎從容不迫地反駁道，日本的新聞條例是禁止新聞擾害日本的秩
序，並不禁止新聞擾害他國的秩序。《民報》反駁的文章呼籲顛覆大
清國政府，從不涉及日本。因此，大清國可以說我們擾害秩序，而日
本國不能說我們擾害秩序。日本認為革命擾害秩序，而中國不認為革
命擾害秩序，因為中國的歷史就是一部革命的歷史。可以說謀反有
罪，但不能說革命有罪，因為謀反與革命是兩個不同的概念。總而言
之，日本政府不能說我們擾害秩序，甚至大清國也不能說我們擾害秩
序。[15]章太炎的辯護詞句句切中要害，聽眾席不時爆發掌聲，而法官
一直沉默無語。章太炎的辯護律師在法庭上陳述，清國革命有害於日
本，應屬於政治和外交問題，法庭討論的是法律問題，因此，檢事的
指控不能成立。二十六日下午法庭第三次開庭後，法庭沒有判決。

　　十二月十二日，東京地方裁判所開庭宣判判決結果：

　　一、《民報》禁止出版發行；

15　〈民報裁判情形報告書〉，新加坡《中興日報》1908年12月16日。

二、《民報》編輯人罰款五十日元，發行人罰款五十日元，《民報》發行所地址變更未及時申報罰款十五日元。

由於章太炎既是編輯人又是發行人，合計對章太炎罰款一一五日元。章太炎不服判決，拒絕繳納罰款。十二月十三日下午，章太炎、黃興、宋教仁等十餘人在黃興寓所開會，討論是否上訴問題。大家七嘴八舌，認為日本政府態度強硬，說明日本政府對中國革命黨的政策已發生變化，上訴幾無勝訴可能。即使勝訴，《民報》獲准發行，但其內容必定受到監督和審查，對《民報》的發行管道和發行範圍也可能加以限制，對《民報》不利。《民報》如果不能成為中國革命黨的喉舌，就沒有存在的價值了。討論結果，決定不上訴，按照上年十月二十五日討論的結果，《民報》遷移到第三國出版發行。當時，多數人希望遷移至美國。

關於章太炎到日本赴任《民報》及《民報》遭受日本政府查封的前後情況，章太炎與張庸有一番對話：

問：先生到東何作？
答：東京民報館辦筆墨。
問：《民報》創者何人？
答：同盟會所設，胡漢民、汪精衛為主筆。方予將出獄時，胡、汪先有書來招，故就之。
問：住民報館幾年？
答：三年，其後為東京巡警總廳禁止出版。
問：何故禁止？
答：此難言也。時前清方遣唐少川赴美（時盛倡聯美主義），日人忌之，藉禁《民報》以為見好中國起見，亦未可知。
問：禁止出版，有無理由？

答：突如其來，有何理由。

問：既無理由，警廳何以干涉？

答：彼謂我擾亂秩序，妨害治安。

問：何所指？

答：指報中登有《革命之心理》一篇，山西湯某所作。

問：先生辯乎？

答：如何弗辯！彼來傳吾時，我方他出，及歸，知有此事，即
　　赴地方裁判廳起訴，彼邦辯護士五六輩，亦來助我。

問：先生勝乎？

答：理勝而事不勝。我語裁判長，擾亂治安，必有實證，我買
　　手槍，我蓄刺客，或可謂擾亂治安，一筆一墨，幾句文
　　字，如何擾亂？廳長無言。我語裁判長，我之文字，或煽
　　動人，或搖惑人，使生事端，害及地方，或可謂擾亂治
　　安。若二三文人，假一題目，互相研究，滿紙空言，何以
　　謂之擾亂治安？廳長無言。我語裁判長，我言革命，我革
　　中國之命，非革貴國之命，我之文字，即鼓動人，即煽惑
　　人，煽惑中國人，非煽惑日本人，鼓動中國人，非鼓動日
　　本人，於貴國之秩序何與？於貴國之治安何與？廳長無
　　言。我語裁判長，言論自由，出版自由，文明國法律皆
　　然，貴國亦然，我何罪？廳長無言。我語裁判長，我言革
　　命，我本國不諱言革命，湯、武革命，應天順人，我國聖
　　人之言也。故我國法律，造反有罪，革命無罪，我何罪？
　　廳長無言。

問：究竟結果如何？

答：無結果，最後開庭，彼仍判禁止出版數字，判後不容人
　　辯。惟曰：若不服者，可向上級官廳起訴。聞彼承內務省

命令，弗能違也。[16]

一九〇九年三月三日，東京小石川員警署奉命將章太炎拘留，理由是章太炎拒絕交納罰款。檢事廳命將章太炎押至勞役場所做工，每天工錢一日元，應服役一一五天。章太炎的學生聞訊後非常著急，龔寶詮與魯迅商量，決定請保管《支那經濟全書》的許壽裳幫忙，從其經費中暫借一一五日元應急。章太炎被拘留當天，學生將罰款送到員警署，章太炎當天獲釋。

《民報》被查封，使章太炎對日本改變了看法。章太炎東渡前對日本一無所知，不知為什麼，他當時對這個陌生的國度充滿了莫名其妙的好感。他一次次自覺地為日本的侵華政策辯護，甚至提出將中國的國土送給日本。章太炎三次東渡，都是因為躲避清政府的緝捕。日本散發清香的木板小屋、清潔的街道、幽靜的環境、美麗的櫻花，尤其是遠比國內寬鬆的人文環境，曾經給他留下美好的印象。

《民報》事件的發生，顛覆了日本在章太炎腦海裏的美好印象。章太炎在《報告〈民報〉二十四號停止情形》一文中，稱日本政府迫害《民報》「乃娼妓之行為」，對日本人民表示藐視。章太炎將這篇文章連同他給內務大臣平田東助的三封信印製成傳單廣為散發，引起一些原本同情中國革命的日本人的不滿。

《民報》的官司告一段落，但《民報》的事情還沒有完。

五　章孫交惡

從一九〇七年到一九〇八年，孫中山在中國南方先後策劃了黃岡

---

16 張庸：〈章太炎先生答問〉，《自述與印象：章太炎》（上海市：三聯書店，1997年），頁35-36。

起義、惠州七女湖起義、防城起義、鎮南關起義、欽廉上思起義和河口起義，六次起義均以失敗而告終。同盟會在此期間好不容易籌集的經費被六次起義消耗殆盡，引起章太炎、宋教仁、陶成章等人的不滿。他們認為孫中山之所以一次次失敗是因為選錯了起義的地方。他們認為起義可以選擇在中國中部地區，例如長江流域，在這裏發動起義可以影響到全國，對清政府的震撼也更大。孫中山當時選擇南方，主要考慮到南方近海，便於得到海外武器和資金的支持。再則，南方會黨活躍，是一支可以利用的力量。章太炎、宋教仁、陶成章等人的建議並沒有引起孫中山的重視，當陶成章為長江流域的革命活動在南洋募集資金時，受到了孫中山的阻撓。陶成章為此對孫中山很有意見，決心將孫中山拉下臺。

陶成章受東京同盟會總部眾人之托赴南洋找孫中山催款。陶要求孫接濟三千元以供《民報》所需，同時希望孫另籌一筆鉅款供他日後到浙江發動革命之用。孫中山當時經濟非常拮据，一樣都沒能滿足他，遂引起陶對孫的不滿。章太炎獲悉詳情後，大動肝火，對章本來就有看法的黃興這時站在孫中山的立場上為孫辯護，章太炎積壓的怒火爆發了。

根據同盟會的章程，同盟會總理一職應當四年換屆。一九〇九年八月，同盟會成立四週年，陶成章決定利用這個機會罷免孫中山總理一職。陶成章等人以川、廣、湘、鄂、江、浙、閩七省同志的名義向同盟會提交《宣佈孫文南洋一部之罪狀致同盟總會書》，羅列了孫中山的「罪狀」三款十二項，諸如「殘賊同志」、「蒙蔽同志」、借公肥私、攫取鉅款等，要求罷免孫中山總理職務並將孫中山開除出同盟會。陶成章將這份孫中山的「罪狀書」印製數百份，散發至南洋同盟會分部及一些報館，同時面見黃興，當面遞交「罪狀書」，要求同盟會總部開會，遭到黃興的拒絕。

　　對陶、章等人的無理要求，黃興勸說無果，於是堅定地站在孫中山一邊反擊陶、章。黃興對孫中山說：「至東京事，陶等雖悍，弟當以身力拒之，毋以為憂。」在黃興等人的策劃下，香港《中國日報》、巴黎《新世紀》連篇累牘發表攻擊章太炎和陶成章的文章，首當其衝的是章太炎。報紙上稱他為「滿洲鷹犬」、「出賣革命」、「中國革命黨之罪人」、「《民報》之罪人」等。禍起蕭牆，革命黨內部分裂了。

　　九月，陶成章等發佈〈七省同盟會員意見書〉，「羅列孫文罪狀十二條，善後辦法九條」。〈意見書〉稱：

> 竊念我同盟會初成立之際，彼固無一分功庸，而我同志貿貿焉直推舉之以為總理，不過聽其大言，一則以為兩廣洪門盡屬其支配，一則以為南洋各埠多有彼之機關，華僑推崇，鉅款可集，天大夢想，如此而已。……弟等一片公心，盡力為之揄揚，承認其為大統領，凡內地革命之事業，均以歸之彼一人，以為收拾人心之具。於是彼之名譽乃驟起，彼又借我留學生之革命黨，推戴之名目，《民報》之鼓吹，南洋之西洋各報館，於是亦逐漸有紀其事、稱其名者。

　　陶成章羅列的孫中山「罪狀」主要為：

　　一是「殘賊同志」，列河口起事等五事。特別指出，凡是反對孫中山的人，孫都誣為反對黨、保皇黨或偵探，對陶成章就是。

　　二是「蒙蔽同志」，列南洋《中興報》等三事。

　　三是「敗壞全體名譽」，列四事。

　　陶成章所列孫中山罪狀多為經濟問題，最後提出「開除孫文總理

之名，發表罪狀，遍告海內外」。[17]在陶成章為要求罷免孫中山而積極活動的時候，東京發生了《民報》復刊的風波，一下子將同盟會內部的矛盾推向了社會。

廣東孫中山故居

　　《民報》停刊後，計劃遷移至第三國，需要一筆經費。章太炎致函孫中山，向他求助。孫中山這時在越南，正在策劃起義等諸事宜，原來籌集的不多的經費已經捉襟見肘，此時此刻無力也無暇顧及《民報》，因此沒有立即回覆。《民報》遷徙一事由於經費問題遲遲未動。在一次謀求《民報》如何生存的會上，眾人長籲短歎，議不出一個好辦法來。章太炎因為對孫中山不滿，竟當眾突然宣佈辭職，並聲言從此再不過問《民報》一切事務。

---

17 魏蘭：〈陶煥卿先生行狀〉，《辛亥革命浙江史料選輯》（杭州市：浙江人民出版社，1981年），頁343。

　　章太炎突然甩手,《民報》無人主持。一九〇九年秋,黃興秘密
邀請汪精衛到日本籌備《民報》復刊事宜。因為章太炎曾經宣佈不再
過問《民報》事宜,於是汪精衛繞開章太炎,先後編輯出版了二期
《民報》,即第二十五號和第二十六號。為掩人耳目,《民報》總發行
所印為:法國巴黎濮侶街四號,其實二期《民報》均在日本編輯印
刷。從這件事情本身來看,《民報》秘密復刊是黃興的決定,孫中山
沒有參與。《民報》是同盟會總部的機關報而不是私人報紙,在章太
炎宣佈不再過問《民報》的情況下,黃興完全有權任命他人負責《民
報》的復刊工作。

　　章太炎主辦《民報》,為《民報》付出過巨大心血,忽然獲知
《民報》已經復刊,而他這個主編卻毫無所知,自然十分惱火。章太
炎憤怒地稱汪精衛編輯的《民報》為偽報,並撰寫〈偽《民報》檢舉
狀〉一文,除在東京《日華新報》上刊登外,還印製成傳單,寄往南
洋、美洲同盟會分部及華僑聚居之地,同時在日本社會上廣為散發。
《民報》第二十五號和二十六號發行後,未再編輯發行。

　　章、孫交惡後,雙方在日本、巴黎、新加坡、三藩市等地的中文
報刊上發文,互相將污水潑向對方。章太炎在〈偽《民報》檢舉狀〉
一文裏譴責孫中山「背本忘初,見危不振」,稱「《民報》被封,猝謀
遷徙,移書告急,一切置若罔聞」,「忝為盟長,未有半銖之助」。[18]章
太炎又譴責汪精衛「假託恢復之名,陰行欺詐之實」。同盟會內部的
矛盾原來只是星星點點的傳言,現在一下子推向了社會。保皇派的報
紙如獲至寶,將章太炎的〈偽《民報》檢舉狀〉全文刊載在一九〇九
年十一月六日的《南洋總匯新報》上,標題換做〈章炳麟宣佈孫汶罪
狀書〉,趁機對孫中山進行攻擊。

---

18 章太炎:〈偽《民報》檢舉狀〉,《南洋總匯新報》1909年11月6日。

　　孫中山見到章太炎公開攻擊他的文章，十分氣憤。孫中山說：
「章太炎又發狂攻擊，其所言之事較陶更為卑劣，真不足辯。陶之志
猶在鉅款不得乃行反噬，而章之欲則不過在數千不得乃以罪人。陶乃
以同盟會為中國，而章則以民報社為中國，以民報之編輯為彼一人萬
世一系之帝統，故供應不周，則為莫大之罪。民報復刊，不以彼為編
輯，則為偽民報。」[19]孫中山對章太炎的批評是完全正確的。《民報》
不是章太炎的私人報紙，更不是章太炎的私人財產。章太炎明確宣佈
退出《民報》，聲明不再參加《民報》的一切活動。在此情況下，黃
興指派汪精衛恢復《民報》，章太炎無可指責。章太炎將復刊後的
《民報》稱為「偽民報」，實在是沒有道理的。

　　對於革命營壘的分裂，孫中山十分痛心。他說：「吾黨已成內亂
之勢，人心如此，真革命之前途大不幸也。」[20]面對陶成章、章太炎
等人的攻擊，孫中山覺得不能繼續保持沉默。他致函吳稚暉，敘述
《民報》前後情況並列收入開支情況，請吳出面撰寫文章，駁斥陶、
章二人。

　　在同盟會面臨分裂的情況下，黃興發表〈致美洲各埠中文日報同
志書〉，聲明章太炎、陶成章發往南洋、美洲各地的所謂「公函」並
不代表同盟會總部的意見，蓋因有奸細從中挑撥離間，勸告大家置之
不理。黃興還給予章太炎以致命一擊：公佈了章太炎於一九○七年底
致劉師培夫婦的五封信，稱章太炎已經成為清政府的「偵探」。章太
炎昔日致劉師培夫婦的五封信被黃興公佈，大大出乎章太炎的意料
之外。

---

19 孫中山：〈復吳稚暉函〉，《孫中山全集》第1卷（北京市：中華書局，1981年），頁
　　428。

20 孫中山：〈致王子匡函〉，《孫中山全集》第1卷（北京市：中華書局，1981年），頁
　　418。

在這場內訌中，劉師培的夫人何震致信吳稚暉，攻擊章太炎不遺餘力。何震之所以攻擊章太炎，完全是為泄私憤。

劉師培像

劉師培（1884-1919年），字申叔，號左盦，江蘇儀徵人，一九〇二年中舉。一九〇三年，章太炎在上海初識劉師培。劉師培改名光漢，表示反清的決心，一九一七年任北京大學教授，對《春秋左傳》及訓詁學有獨到研究。

何震，字志劍，江蘇儀徵人，一九〇七年隨夫劉師培赴日，提倡女子革命，曾創辦《天義》雜誌，鼓吹無政府主義。章太炎擔任《民報》社長後，特致函邀請劉師培夫婦加盟。劉師培夫婦欣然應邀。為了朝夕論道，章太炎從《民報》社搬出，與劉師培夫婦為鄰，關係相當融洽。在東京期間，劉師培先後發表〈普告漢人〉、〈辨滿洲非中國臣民〉等，與章太炎的民族主義思想十分合拍。劉師培後來受無政府主義思想影響，遂以無政府主義為追求目標，逐漸放棄反滿革命，踏上了兩江總督端方這條船。

一九〇八年四月開始，章、劉關係惡化，甚至發展到大打出手的地步。起因是劉師培的表弟汪公權與何震眉來眼去，不久勾搭成奸，被章太炎無意中察覺。章太炎私下告訴劉師培與他的母親，但母子二人不信，反而罵章太炎挑撥離間。汪公權得知情況後，要與章太炎白刀子進紅刀子出。未久，汪公權慫恿劉師培夫婦向端方告密，端方開始大肆搜捕革命黨人。劉師培夫婦成為告密者，變成清政府的鷹犬。汪公權罪大惡極，後被革命黨人王金髮刺殺。[21]

---

21 汪東：〈辛亥革命前後片斷回憶〉，《文史資料選輯》總第6輯，蘇州文史資料研究委員會編，頁38。

　　何震見章、孫交惡，決定給章太炎致命一擊。吳稚暉接獲何震文後，將此文刊於《美洲少年報》。《美洲少年報》編輯部特意加跋發表，跋云：

> 俄國革命之盛，得力於大文豪之文學鼓吹，今中國革命黨之所謂大文豪，卑鄙如此，蠢劣如此，此中國所以為中國歟！讀竟擲筆三歎。

何震的信為何讓《美洲少年報》「擲筆三歎」呢？何震信全文如下：

> 稚暉先生大鑒：
>
> 久慕大名，恨未晤面，以聆教誨，悵甚！留法中人發起《新世紀》，久為敝等所崇拜。不意日京民報社之章炳麟，因與先生有隙，即加詆毀，又因恨《新世紀》之故，並憾及留法之人以及法國各學派。於此次張君溥泉如法，彼即虛造偽言，甚至欲將渠入獄，一月引渡清國，險惡如此，罪當如何！而東方無知之革命黨受其影響，亦排斥無政府主義及世界語，故貴報於東方不克發達，而觀十九期《民報》，載有答先生書一篇，痛加宣佈。其言虛實，鄙人固不能知，但彼曖昧之歷史，則知之甚晰。試陳之以備參考。章炳麟，一名絳，字太炎，又字枚叔，別號末底、西狩、載角，浙江餘杭人。幼嬰羊瘋疾（今尚缺二門牙），甫應縣試，其疾大作，遂納粟為國子生，且從伯兄習制藝，冀應鄉舉。則其革命思想，非具於壯年之前，且非蓄排滿主義，始以應試為恥，彰彰明矣（此事彼家族及炳麟親對吾言）！彼又受張之洞之招，供其役使。又皖人吳保初為故提督吳長慶子，彼在滬常主其家，則又非疾視官場者比。且彼庚子

年偕保皇黨上書李鴻章（此書由章起稿），又致書張之洞及江
南道員俞明震，多以變法冀清廷（今此稿猶存），並明震復
言，將此面呈老帥，老帥大悅云（即劉坤一）。去歲曾受鐵良
二百金（係由國事偵探程家檉經手，劉林生言），又去年九月
上張之洞書，與伸舊誼，逢迎其國學，末言若助以巨金，則彼
於政治問題，不復聞問，並謝辭《民報》編輯（此言係下婢名
□□所發）。餘甚多，不克枚舉。近已用針筆板照像法付印，
俟成即寄上。外附《民報》十九期答先生原函寄上。是端已為
同志中一友人披過。如合尊意，留登貴報。余容續布。即頌自
由幸福並祝《新世紀》無政府萬歲！

Chin上

西4月21日[22]

　　吳稚暉對何震來信如獲至寶，係因章太炎與吳稚暉關係惡劣，起
因是《蘇報》案。章太炎認為《蘇報》案係吳稚暉向清廷告的密。章
在日本《革命評論》上發表〈鄒容傳〉時，述及此事。吳稚暉離開
《蘇報》後，先後輾轉於倫敦、巴黎，一九○七年另月在巴黎創辦
《新世紀》雜誌，宣傳無政府主義。一九○八年一月四日，吳在《新
世紀》第二十八號發文，要求章說出他告密的根據。章在《民報》發
表〈復吳敬恒書〉，說：「足下既作此鬼蜮事，自問素心，應亦慚惶無
地，計窮詞屈，乃復效訟棍行徑，以為造膝密談，非人所曉，洶洶然
馳書詰問。足下雖詰問，僕豈無以答足下哉！」吳稚暉非常憤怒，遂

22　何震此信係楊天石在美國斯坦福大學胡佛研究所查閱資料時，在當年革命黨人創辦、
　　如今所剩寥寥無幾的《美洲少年報》上發現，詳見楊天石《海外訪史錄》（北京市：
　　社會科學文獻出版社，1998年）。

在《新世紀》一一八號發表何震寄給他的「用針筆版照相法付印」的五封信。

何震原件的發現，對今天的學者洞察當年這一場公案極有幫助。對章太炎而言，此信涉及兩個重大問題：一是「曾受鐵良二百金」；二是「上張之洞書，與伸舊誼，逢迎其國學，末言若助以巨金，則彼於政治問題，不復聞問，並謝辭《民報》編輯」。

何震信中有章太炎「去歲曾受鐵良二百金」事，稱此事「係由國事偵探程家檉經手，劉林生言」。

鐵良（1863-1938年），字寶臣，清朝貴族，初為直隸總督榮祿幕僚，後任戶部、兵部侍郎，繼任軍機大臣、陸軍部尚書，一九一〇年調任江寧將軍。

程家檉（1872-1914年），字韻蓀，安徽休寧人，一八九九年赴日留學。一九〇五年加入同盟會，次年歸國，任京師大學堂農科教授，並在清肅王善耆門下為幕客，借機進行革命活動。

信中所說劉林生，即劉揆一，孫中山離日後東京同盟會總部的負責人。一九〇七年徐錫麟刺殺安徽巡撫恩銘後，清朝貴族鐵良、善耆、端方等「各自設法向黨人施展金錢政策，使為己用」。當時，程家檉受善耆委託，向東京同盟會總部提供贊助三萬元。劉揆一徵求各幹事意見，眾論不一。最後，根據一部分幹事的意見，東京同盟會總部接收了這筆贈款，結果引起同盟會內部糾紛。事後，章太炎表態說：「此款如用途正當，收受無礙，惜未開會解決，致貽同志以口實。」所謂章太炎接收鐵良贈款問題，當係由此引申而來。章太炎對此事無須負責。

何震信中稱章太炎「上張之洞書，與伸舊誼，逢迎其國學，末言若助以巨金，則彼於政治問題，不復聞問，並謝辭《民報》編輯」。此事真相如何？

　　章太炎在經濟拮据的時候，竟然異想天開地向張之洞、端方借錢，此舉無異與虎謀皮。一九〇七年九月，章太炎致函張之洞，信函委託劉師培夫婦交張之洞的女婿卞綍昌，再由卞交張。信函的內容是向張之洞借錢，章太炎向張之洞告貸，很可能是當年章被張驅逐時，張曾贈五百元之故。章太炎在信中承諾「若助以巨金，則彼於政治問題，不復聞問，並辭謝《民報》編輯」。為了能借到錢，章太炎作出了「不復聞問」政治問題和「辭謝《民報》編輯」的承諾。十二月二十四日，章太炎在《民報》第十八號發表啟事：「本社總編輯人章君炳麟因腦病忽作，不能用心，頃已辭職」的啟事應當是兌現自己的承諾。何震所述屬實，章太炎應當為此承擔責任。

　　章太炎事後解釋此事說：「張於革命黨素無惡感，不得已告貸焉。」章太炎的這一番解釋是蒼白無力的。章太炎告貸，用於何途？是要到西天取經，還是救《民報》燃眉之急？張之洞是何許人？章太炎一清二楚。張之洞對革命虛張聲勢、陽奉陰違，正是因為這樣的原因，章太炎當年在張之洞麾下僅一個月時間便棒打出門了。張之洞是否借錢給他，未見記載，但應當是沒有結果。章太炎表示「不復聞問」政治和「辭謝《民報》編輯」，說明這筆款不是用之於革命。與向端方借錢一樣，這是章太炎抹不掉的污點。

　　當年向端方借錢，那是章太炎準備以此作為到印度出家當和尚的路費。其實，向端方借錢的動議就是劉師培。劉師培得知章太炎要到印度而缺一筆旅費時，曾經對章太炎說，何不向端方借錢作旅費，我知道他那裏有一筆錢專門用於學術資助。劉師培為此專門致端方函，請求端方給予章太炎一筆資助，滿足章到印度求經參佛的心願。「以彼苦身勵行，重於言諾，往印以後，決不至於有負於明公」。端方對於章太炎的求告信及劉師培的密信均無動於衷。

　　章太炎看到自己給劉師培的信公佈於眾，這才知道當時發信後毫

無音訊的原因，原來是劉師培夫婦出賣了他，從此與劉師培夫婦交惡。在這一場因《民報》而引發的內訌中，交戰雙方沒有贏家，而章太炎受傷更大。章太炎自己應當檢討的是，他缺乏政治洞察力，在政治問題上顯得有一些童真。章太炎向張之洞、端方借錢均與革命無涉。蒼蠅不叮無縫鴨蛋，章太炎沒有潔身自好，是受到攻擊的原因之一。

劉氏夫婦在報刊發文，公開對章進行人身攻擊，但章太炎並沒有恨屋及烏。有一次，章太炎在東京見到劉師培的弟子劉文典。劉文典認識章，也知道章、劉彼此交惡，所以見到章很是尷尬。章太炎與劉文典交談之中才得知劉是劉師培的弟子，不料章太炎沒有流露絲毫的不快，與劉文典長談了幾個小時。言談之中，章太炎對劉師培的學問表示推崇，令劉文典非常感動。劉文典請求入戶，章太炎欣然應允。從此以後，劉文典成為章門弟子。

劉文典回憶這段往事說：「我經朋友介紹，去拜見他。章先生穿著一身和服，從樓上走下來，我經過自我介紹之後，就說明來意，要拜他為師。他問我從前從過什麼師？讀過什麼書？那時候，我明知道他和我本師劉申叔（師培）先生已經翻臉，但是又不能不說，心裏躊躇了一下，只好說：『我自幼從儀徵劉先生讀過《說文》、《文選》』。他一聽我是劉先生的學生，高興極了，拉著我談了幾個鐘頭，談話中間對劉先生的學問推崇備至。」[23]

章太炎對劉師培弟子如此，對劉師培本人亦不計前嫌。劉師培在端方幕府任事，後端方被殺，劉師培一時下落不明。章太炎多方營救並發表宣言：「今者文化陵遲，宿學凋喪，一二通博之材，如劉光漢輩，雖負小疵，不應深論。若拘之黨見，思復前仇，殺一人無益於中國，而文學自此掃地，使禹域淪為夷裔者，誰之責耶？」章太炎一面

---

23 劉文典：〈回憶章太炎先生〉，《文匯報》1957年4月13日。

給四川都督尹昌衡寫信詢問劉的下落，一面與蔡元培聯名在上海報刊登廣告，尋找劉師培。章太炎對劉文典說：「申叔若死，我豈能獨生？」[24]此後傳來消息，說謝无量接劉師培到成都，安置在存古學堂教書。聽到劉師培的確切下落，章太炎才定心。

　　黃興、吳稚暉、何震等一系列的文章發表，特別是章太炎給端方五封信公佈於眾，同盟會內部事態更加混亂。許多不明真相的人認為章太炎就是清政府的「偵探」，同盟會的「奸細」、「內奸」。有人在香港《中國日報》上發表文章，稱章太炎是「滿洲鷹犬」、「官場特派員」，是「中國革命黨之罪人，《民報》之罪人」。還有人發表文章，認為日本政府查禁《民報》，蓋因章太炎倡言恢復臺灣、朝鮮之義及鼓吹暗殺之故。不僅章太炎的革命經歷遭到否定，連同他主編的《民報》也一併遭到否定。在章太炎四面楚歌的時候，陶成章為他作了公開辯解。陶成章說：「彼居東京，每日講學，所出入者止學堂，何有官場特派員？」[25]

　　陶成章、章太炎攻擊孫中山擁有巨額資產，南洋同盟會到孫中山的故鄉進行了調查，發現孫中山在故鄉除數間舊屋外，別無他產，陶成章、章太炎等攻擊孫中山「借公肥私、攫取鉅款」等罪名不攻自破。十月下旬，孫中山致函吳稚暉，對陶成章重點攻擊的經濟問題作了一些解釋。吳稚暉在《新世紀》一一五號發文為孫中山作了若干澄清。

六　分道揚鑣

　　章、孫交惡，導致同盟會分裂。一九一〇年二月，光復會宣告重新成立。說到光復會成立的原因，陶成章十分平淡地解釋說：「逸仙

---

24 劉文典：〈回憶章太炎先生〉，《文匯報》1957年4月13日。

25 《致柱中、若愚手劄》，1909年。

難與圖事，吾輩主張光復，本在江上，事亦在同盟會先，曷分設光復會？」[26]

　　昔日同一個戰壕裏的戰友，今日不僅行同路人，而且爭相往對方身上潑污水。事情發展到這一地步，遠遠超出了雙方的想像。對峙的雙方已經沒有辦法坐下來進行心平氣和的溝通和協商，分道揚鑣已經不可避免。章太炎與陶成章決定脫離同盟會，重新建立光復會。

　　一九一○年二月，光復會在日本東京宣告重新成立。光復會起初成立於一九○四年十一月，光復會又名復古會。為什麼取名「光復」？章太炎說：「今中國既滅亡於逆胡，所當謀者，光復也，非革命云耳。」會長為蔡元培，總部設上海。中國同盟會成立後，光復會的多數成員加入同盟會，但有少數光復會會員仍保持獨立活動。光復會成員一說二七二人，一說五六○餘人，其中有婦女五人。

光復會會員一覽表[27]

姓名	字	籍貫	擔任職務	簡況
陶成章	煥卿	會稽（今紹興）	光復會領袖	辛亥十一月（農曆），被蔣介石刺死於上海
蔡元培	鶴廎	會稽（今紹興）	光復會會長	開始尚顧問會務，半載以後，即不聞不問
章炳麟	太炎	餘杭（今杭州）	會長	1919年在東京推為會長
錢恂	念劬	歸安		
蔣尊簋	百器	諸暨		蔣智由之長子
蔣方震	百里	海寧		

26　《太炎先生自定年譜》，宣統元年，上海書店1986年影印本。

27　此表內容係據沈瓞民《記光復會二三事》編輯。見《文史資料選輯》總第6期，蘇州文史資料研究委員會編。

姓名	字	籍貫	擔任職務	簡況
孫翼中	耦耕	錢塘（今杭州）		
許壽裳	季黻	山陰（今紹興）		
周樹人	豫才	會稽（今紹興）		
龔寶銓	未生	秀水（今嘉興）		
蔡 恭	伯謙	金華	龍華會首領	
魏 蘭	石生	雲和		
敖嘉熊	夢姜	嘉興	祖宗教首領	
王金寶		青田	雙龍會首領	就義
秋 瑾	璿卿	紹興		就義
許仲卿		紹興		商人
徐錫麟	伯蓀	紹興		就義
蔡元康	國卿	會稽（今紹興）		
竺紹康	酌仙	嵊縣	平陽黨首領	
曹欽熙	荔泉	紹興		
沈宗卿	瑛一	永康	龍華會首領	
周華昌	安浦	縉縣	龍華會首領	
褚輔成	慧僧	嘉興		
王文卿		臨安		
屈映光	文六	臨海		
方子筍	青箱	嘉興		
姚勇忱	定僧			憤國事，在嘉興自殺
王 廉	清夫	定海	商人	
呂逢樵		處州	龍華會處州首領	
宋利先	光甫	江山		庚子衢州起義，事敗逃往崇明

姓名	字	籍貫	擔任職務	簡況
董鴻禕	恂士	惇安		
陳伯平	名淵	餘姚		就義
俞　煒	丹犀	嵊縣		
馬宗漢	子貽	餘姚		就義
徐自華	石門人			詩人（女），與秋瑾友
謝斐麟		嵊縣		就義
魏毓祥	子文	處州		
王金髮	季高	嵊縣		
姚勇忱		歸安		
盧鍾獄		諸暨		
許宗型	仰光	嘉興		
孫乃泰		象山		被蔣介石殺死
王嘉禕	偉人	嘉興		
葉景菜	仲瑜	仁和（今杭州）		為拒路殉難
張雄天		蕭山		
蔣智由	觀雲	諸暨		脫會後參加政聞社
劉師培		儀徵		叛黨投敵，出賣張恭

（一說魯迅在東京參加了光復會，沈瓞民《記光復會二三事》一文未列入）

　　新成立的光復會決定總部設在東京，章太炎任會長，陶成章任副會長。章太炎雖名列會長，但是一個虛名，實權掌握在陶成章、李燮和等人手裏。陶成章提議讓章太炎任會長，是利用章太炎的名氣。陶成章曾經對光復會的人說：「太炎先生既為總會長，可藉以聯絡各埠，弟意自聯絡成後，可將太炎公改為教育會會長，方為合宜。蓋彼

之能力，在此不在彼，若久用違其長，又難持久矣。」[28]

光復會創辦了一份雜誌，名《教育今語雜誌》，作為機關刊物。光復會的重建，標誌中國同盟會的分裂。此前，因為同盟會內部的矛盾，孫中山將南洋、美洲等地的同盟會改組為中華革命黨，中國同盟會一分為二。光復會重新成立，中國同盟會一分為三。到一九一一年夏，宋教仁等在上海組織中部同盟會，中國同盟會已經一分為四了。

吳玉章覺得革命派內部的分裂，孫中山沒有過錯，而章太炎也可以原諒，於是設法彌補。他把從四川留日學生中捐到的錢交與章太炎去維持《民報》，章太炎感動地說：「同盟會中只有四川人才是好的，才靠得住。」章太炎的一番話雖然是對四川同盟會的誇獎，但吳玉章認為章太炎的門戶之見太深了。

在革命的洪流中，章太炎、陶成章等曾經加入同盟會，但並沒有脫離光復會。「一九〇五年（乙未），同盟會在東京成立。光復會陶成章、章炳麟、蔡元培等參加了同盟會。有人認為光復會已併入同盟會，這種說法是不符合史實的。如秋瑾先參加同盟會，後又加入光復會，可證明國內仍照光復會宗旨，進行革命活動，也極少參加同盟會者。」[29]因此，章太炎、陶成章等既是同盟會會員，也是光復會成員，一身二任。從他們後來的活動看，章太炎、陶成章基本上是以同盟會成員出現的。

---

28 〈致臨時大總統書〉，《章太炎政論選集》（北京市：中華書局，1977年），頁557。
29 沈㢠民：〈記光復會二三事〉，《文史資料選輯》總第6輯，蘇州文史資料研究委員會，頁53。

陶成章故居

　　光復會會長、副會長先後加入同盟會，但光復會的部分成員始終未加入同盟會而一直以光復會的名義活動，如徐錫麟、秋瑾等。一九〇七年，光復會發動安慶起義和紹興起義，起義失敗後，光復會的骨幹力量幾乎消失殆盡。

　　革命黨人內部以孫中山、黃興等為一方，章太炎、陶成章等為另一方，在共同革命的道路上因為政治思想、鬥爭策略逐漸產生分歧，最終分道揚鑣。

　　中國同盟會成立之初就是一個十分鬆散的組織，其組織成員主要有興中會、華興會和光復會。孫中山是興中會會長，黃興是華興會會長，章太炎是光復會副會長。孫中山、黃興和章太炎可以說是辛亥革命的三巨頭：孫中山是政治領袖，黃興是軍事領袖，章太炎是宣傳領袖。章太炎與孫中山在推翻滿清、建立民國的大政方針上完全一致，在革命的具體措施、策略上出現分歧。章太炎與孫中山、黃興的隔閡主要涉及《民報》經費、《民報》的停刊與復刊、起義地點和革命策

略、武器採購等。由於敵人的挑撥和煽動，章、孫之間的分歧既有誤
會，也夾雜了宗派觀念和地方主義，以致雙方不惜人身攻擊，使親者
痛、仇者快。章太炎由於稟性耿直、脾氣暴躁，應當負主要責任。章
太炎的第三代在回憶文章中說，如果一定要分的話，我以為先祖父太
炎先生應承擔多一些。

光復會與同盟會離合不一，但兩會「宗旨固無大異，皆以種族革
命為務，特民生之說殊耳」。[30]同盟會與光復會的分歧主要在於民生問
題。在民生問題上，不僅同盟會與光復會有分歧，即使在同盟會內部
也有分歧，光復會內部也有分歧。孫中山曾經述及與光復會的分歧，
在〈致陳炯明及同盟會電文〉中說：「兩黨宗旨，初無大異，特民生
之說殊耳。」光復會與同盟會之間的分歧其實一點也不奇怪。早在同
盟會成立的時候，革命派內部就發生了黨綱之爭，在同盟會的定名問
題、宗旨問題等方面均出現不同意見。

關於定名問題，孫中山提出的名稱是「中國革命同盟會」；部分
革命黨提出的名稱是「中國同盟會」，去掉「革命」二字；還有人提
出的名稱是「對滿同盟會」。在宗旨問題上，孫中山提出「驅除韃
虜，恢復中華，創立民國，平均地權」十六字宗旨，許多革命黨人對
「平均地權」有看法，要求刪除，孫中山沒有同意。經孫中山一再解
釋，雖然同盟會十六字宗旨最終被確立，但兩年多以後，共進會還是
從同盟會中分立了出去。共進會將「平均地權」改為「平均人權」。

光復會成員沈瓞民分析說：「主要分歧，反映在光復會方面的
是，光復會主張宣傳革命之外，主要在於革命的力行和實踐，認為用
暴力取得政權後，才能實現民主政治。因此，光復會自始至終，從領
導人陶成章起，深入各地，打進基層，實行武裝革命，從不少懈。而

---

30 章太炎：〈光復軍志〉，《檢論》卷9，浙江圖書館刊本。

同盟會，雖也重視武裝革命，但領導人
居國外時間多，宣傳也就多於力行。光
復會對這點意見較深。兩者分歧點在
此。徐錫麟就義時尚言：『我與孫文宗
旨不同。』就是指此而言。」「光復會
堅持由『鼓吹』而趨向『力行』，就是
重視武裝革命。自癸卯至辛亥之間，沒
有一年，沒有一月，不進行武裝革
命。」[31]

徐錫麟就義

　　沈瓞民分析認為，光復會對同盟會
的意見在於同盟會方面宣傳多於力行，光復會則力行多於宣傳。光復
會的看法顯然有偏見，同盟會前後領導發動的起義有十次之多，雖然
均歸於失敗，但全面評價一個政黨，不能以成敗論英雄。光復會對同
盟會真正有氣的地方在於光復會比同盟會付出了更多的犧牲。如廣州
黃花崗一役，著名的七十二烈士中，光復會人數超過同盟會人數，這
一批光復會會員都是陶成章招募來的。然而僅僅一役，光復會精英幾
乎損失殆盡，令陶成章、章太炎痛心疾首。至於同盟會領導人孫中
山、黃興等多居於國外，此亦為形勢所逼。孫中山、黃興領導一次又
一次起義，名聲在外，一次次遭到清政府的通緝，迫使他們不得不以
海外作為革命的策源地。再者，革命需要經費，海外華僑支持孫中山
的革命，在海外募集經費比國內募集的管道更寬廣一些，機會更多一
些，這都是不爭的事實。

　　章、孫分道揚鑣後，孫中山表現出革命大家的風度。辛亥革命勝
利後，孫中山在考慮入閣人選時，提到章太炎。他說：「至於太炎君

---

31 沈瓞民：〈記光復會二三事〉，《文史資料選輯》總第6輯，蘇州文史資料研究委員會，
　　頁54。

等,則不過偶於友誼小嫌,決不能與反對民國者作比例。」關於同盟
會和光復會的關係問題,孫中山指出:「同盟、光復二會,在昔同為
革命黨的團體」,「兩會欣戴宗國,同仇建虜,非只良友,有如弟昆。
縱前茲一二首領政見稍殊,初無關於全體。」

　　章太炎與孫中山分道揚鑣後卻表現為小肚雞腸,經常與孫中山唱
反調,凡是孫中山支持的他就反對,凡是孫中山反對的他就支持。革
命黨推舉孫中山擔任南京臨時政府大總統,他說:「孫君長於議論,
此蓋元老之才,不應屈之以任職事。」[32]表面上推崇孫中山,實際上
不同意孫中山擔任臨時大總統。南京臨時政府成立後,他一再指責臨
時政府說:「南京政府既設,一黨專制,惟務阿諛,轂轉雲旋,今又
復於清時舊貫。」[33]「南京政府既成,任用非人,便佞在位,私鬻國
產,侵牟萬民,無一事足以對天下者。」[34]

孫中山與黃興討論國是

32　〈宣言〉,《民國報》第2號,1911年1月4日。

33　〈參議員論〉,1912年2月,《章太炎政論選集》(北京市:中華書局,1977年),頁
　　572-573。

34　〈消弭黨爭書二〉,《太炎最近文錄》,上海國學書室1915年。

一九一二年二月二十二日，南京發生了一件事，讓同盟會許多人對章太炎嗤之以鼻。這一天，四川籍的同盟會會員為了紀念在辛亥革命中犧牲的革命黨人，在南京舉行追悼會公祭諸位先烈，孫中山等總統府工作人員參加了公祭。章太炎聞訊，特意前來攪局。他寄贈追悼會的不是輓聯，而是一副罵聯：

> 群盜鼠竊狗偷，死者不瞑目。
> 此地龍蟠虎踞，古人之虛言。

看了這副輓聯，孫中山及與會的同盟會會員無不憤慨，無數革命黨人對他側目。吳玉章早年向章太炎饋贈經費時，章太炎曾經說過「同盟會中只有四川人才是好的，才靠得住」的話，如今四川革命黨人在南京為本省烈士召開追悼會，他竟誣衊為「群盜鼠竊狗偷」。雖然他的矛頭所指是孫中山，但一副罵聯將與會者都罵到了。

章太炎撰寫這副輓聯，主要是發洩對孫中山和黃興的不滿。孫中山已決定讓位於袁世凱，但孫中山、黃興堅決主張首都設於南京；章太炎則堅決反對，主張首都設於北京。章太炎含沙射影地稱參與公祭會乃至在南京的革命黨人都是「群盜鼠竊狗偷」之流，嘲弄素有「龍盤虎踞」之稱的南京不過是「虛言」。章太炎的這副輓聯打擊了孫中山和黃興，也打擊了在南京的所有革命黨人。吳玉章回憶說：「他罵南京鼠竊狗偷，但當時鼠竊狗偷的大半還是立憲黨人，而章太炎不正是和他們沆瀣一氣嗎？他反對建都南京，認為南京並非龍盤虎踞，難道北京就是龍盤虎踞的地方嗎？很明顯，章太炎為了反對孫中山先生，已經實際上站到袁世凱那方面去了。」章太炎的打擊面太大了，幾乎將在南京的所有革命黨人皆視為敵人。章太炎的所作所為，使他與孫中山以及同盟會之間的裂痕愈來愈深。

　　革命營壘的破裂，嚴格來說，兩派都負有一定責任，但章太炎、陶成章應負主要責任。章太炎、陶成章受無政府主義思潮的影響，曾經大力鼓吹過無政府主義。他們對孫中山的指責，經過南洋同盟會的調查，證明是不實之詞。在革命處於低潮的時候，章太炎一度消沉，甚至要遠走印度當和尚，並且向革命黨人的敵人謀求資斧。革命黨人彼此之間的爭鬥消耗了革命力量，給予保皇派以攻擊的口實，是令人痛心的。但是，光復會雖然另立山頭，但並沒有改變反清鬥爭的宗旨。就反清鬥爭而言，同盟會、光復會仍然是同一個戰壕裏的戰友。

　　章太炎雖任光復會會長，卻是一個無職無權的會長，光復會實際上操控在副會長陶成章手中。陶成章的本意是借章太炎的影響力聯絡各方，待光復會穩定後，讓他擔任教育會會長。

　　一九一二年一月十四日清晨，陶成章在上海法租界的廣慈醫院遭陳其美派遣的王竹卿暗殺。陶成章的死，對章太炎打擊很大。章太炎與陶成章相交相知，關係密切。讓章太炎難以接受的是，陶成章沒有死於清政府之手，而是死於革命黨之手。陶成章是中國民族民主革命的一員戰將，他是清政府的宿敵，卻不幸成為少數革命黨人忌恨的對象。

陶成章像

　　陶成章與陳其美早有宿怨。陶成章在光復會負責與幫會聯繫，主要與江、浙一帶的洪幫關係密切，而陳其美在孫中山手下負責與幫會聯繫，主要與上海一帶的青幫關係密切。雙方在拉攏幫會的問題上，不時發生摩擦。辛亥革命爆發後，陳其美攻打上海製造局，結果被活捉，後被光復會李燮和冒死救出。上海獨立後，陳其美在上海自稱滬軍都督，李燮和在吳淞自稱吳淞都督，上海一下

出現了兩個都督。在章太炎的斡旋下，李燮和取消了都督，但光復會對陳其美印象十分惡劣。雙方在浙江都督的人選問題上最終攤牌了。

南京臨時政府成立後，浙江都督湯壽潛被委任為交通總長。湯壽潛推薦章太炎、陶成章和陳其美三人，從中選一人為繼任。章太炎表示自己「願作民黨」，極力推薦陶成章擔任浙江都督，使得陳其美萌發了殺機。章太炎反對孫、黃，但他畢竟是一介書生，手無縛雞之力，且無志於官場，所以不會遭受致命打擊。陶成章則不同，他是光復會的核心人物，是一個實幹家。他曾經在上海設立光復軍總司令部，在上海招兵買馬。章太炎認為陶成章此舉樹大招風，勸他息手，否則會有生命危險，陶成章不以為然。章太炎的話不幸一語成讖。

陳其美是孫中山的親信，章因此遷怒於孫。章太炎曾經寫信給孫中山，請孫中山制止各地對光復會的迫害。未久，廣東都督陳炯明下令殺害光復會的三位重要成員許雪秋、陳雲生、梁金鰲。陳炯明是孫中山一直倚重的將領，章太炎對孫更加惱怒。陶成章去世後，光復會解體。

七　討袁戰爭

袁世凱當上中華民國臨時大總統後，為了籠絡革命派，宣佈授予孫中山大勳位、章太炎二等勳位。章太炎雖然接受了勳位，但鬱鬱不快。他為民族鼓吹，為共和出力，在袁世凱眼裏，竟是一個「二等」？後來他大鬧總統府，將二等勳位的勳章掛在扇子上，說明他早就不把這個勳章放在眼裏了。他將自己與孫中山比較，認為自己在鼓吹革命方面「賢於中山遠矣」。他說：「中山但有鼓吹而授大勳，吾雖庸懦，鼓吹之功，必賢於中山遠矣。當庚辛擾攘以來，言革命者有二途：軟弱者與君主立憲相混，激烈者流入自由平等之謬談，弟〈駁康

宋教仁遇刺身亡

有為書〉一出，始歸純粹，因是入獄。出後至東京，歡迎者六千人。後作《民報》，天下聞風，而良吏宿儒亦駸駸趨向矣，此豈少年浮躁者所能冀，亦豈依違法政者所敢為耶？」[35]

袁世凱籠絡革命派的手段並沒有奏效，因為他上臺不久就露出了真面目。他企圖取消國會和《臨時約法》，實行獨裁統治，復辟封建帝制，南北雙方以兵戎相見已經不可避免。宋教仁遇刺，加速了革命黨人武力討袁的步伐。

一九一三年三月二十日，宋教仁在上海遇刺身亡，章太炎聞訊後立即致電，要求查究元兇。四月十七日，章太炎從長春回到上海後，立即與孫中山一起議定了〈討袁檄文〉。章太炎公開致書袁世凱，歷數袁世凱罪行，要求懲處袁的幫兇梁士詒、陳宧、段祺瑞和趙秉鈞，稱四人為「四凶」。章太炎駁斥了袁世凱對孫中山、黃興等革命黨人

為憲政流血，公真第一人

作民權保障，誰為後死者

宋教仁
（1882─1913）

的誣陷，「報紙對於孫、黃及國民黨恰如讎敵、如蛇蠍，將種種之事，捏造成文，或曰逆賊，或曰暴民，顛倒是非，毫無正鵠」。

一九一三年六月，袁世凱於六月間一口氣將江西都督李烈

35 〈與王揖唐書〉，1912年12月23日。

鈞、廣東都督胡漢民和安徽都督柏文蔚免職。七月十二日，李烈鈞佔
領江西湖口，宣佈獨立。次日，李烈鈞被舉為江西討袁軍總司令，討
袁戰爭爆發，一股反袁的烈火在中國南方迅速蔓延。十五日，黃興到
南京，與江蘇都督程德全共同宣佈獨立。黃興被推舉為江蘇討袁軍總
司令。十七日，安徽宣佈獨立，柏文蔚擔任安徽討袁軍總司令。十八
日，陳炯明在廣東宣佈獨立。同日，陳其美在上海宣佈組織討袁軍。
二十日，福建宣佈獨立。

　　七月十六日，章太炎發表《宣言》，譴責袁世凱政府，再次要求
袁世凱懲辦「四凶」，警告袁世凱如果繼續「怙惡不悛，任用虎狼，
則義師所指，固當無堅不摧」。[36]二十六日，章太炎發表《第二次宣
言》，提出不僅要打倒袁世凱，還要打倒他的幫兇「七奸」，蓋在「四
凶」以外又加上熊希齡、陳漢第、王賡三人。

一九一三年六月，孫中山與馬君武等在船上合影（前排左一為馬君武）

36　〈討袁聲中之章太炎〉，《民立報》1913年7月17日。

　　討袁戰爭，史稱「二次革命」，也稱「癸丑之役」、「贛寧之役」。
章太炎對「二次革命」表示十二分支持，認為這是名正言順的政治革
命。章太炎對討袁戰爭的支持是道義上的支持，並沒有實際參加這一
場戰爭，因為此時章太炎剛剛完婚，尚在蜜月之中。

　　七月二十二日，袁世凱下達討伐令，對「二次革命」實行反攻。
次日，袁世凱宣佈撤銷孫中山籌辦全國鐵路全權。二十五日，袁軍攻
陷湖口。二十九日，黃興被迫從南京撤退，旋登日輪，經上海、香港
到達日本。當天，程德全宣佈取消獨立。八月二日，孫中山離開上
海，經臺灣抵達日本。一場轟轟烈烈的討袁戰爭從七月十二日興起到
二九日失敗，前後只有十七天時間，可謂其興也勃然，其敗也勃然。
孫中山、黃興在「二次革命」失敗後再次流亡日本。

　　討袁戰爭失敗，無數仁人志士拋頭顱、灑熱血，令章太炎感慨無
限，遂撰寫〈告癸丑死義烈士諸君文一通〉：

> 　　武昌之師，以㨋異族；雲南之師，以蕩帝制。事雖暫濟，而皆
> 不可謂有成功則何也？異族帝制之執，非一人能成之，其支黨
> 槃結於京師者，不可勝計。京師未拔，正陽之未摧，雖僕一
> 姓，斃一人，餘蘗猶鳥獸屯聚其間。故用力如轉山，而收效如
> 豪毛。遽以是為成功者，是誇誕自誣之論也。人情偷息，憺此
> 小康，未暇計後日隱患。某等雖長慮卻顧，不敢自逸，無若眾
> 論之護岋何！自南京政府解散，提挈版籍而致諸大酋，終有癸
> 丑之變。禍患綿，首尾四歲，以詒諸君子憂。繄豈小人偷息之
> 咎，某等亦與有罪焉。[37]

---

37 但植之：〈章先生別傳〉，《追憶章太炎》（北京市：生活・讀書・新知三聯書店，2009
年），頁2。

在〈告癸丑死義烈士諸君文一通〉中，他自承其責，說自己作為革命領導人，輕信袁氏，鬧同志意氣，「亦與有罪」。

「二次革命」的槍炮聲在南方隱隱作響的時候，章太炎在上海正在舉行婚禮。新婚後，章太炎夫婦往餘杭掃墓省親，蜜月方結束，即傳來「二次革命」失敗的消息。時局的變化，令章太炎有點目不暇接。他對「二次革命」的對象袁世凱已經完全不信任，但「二次革命」的迅速失敗，使他對孫中山也不信任。他認為「二次革命」的領導者「非其人」，甚至認為袁世凱與孫中山是一丘之貉。他將希望寄託於黎元洪，稱他「功高宇宙」、「功高大舜」，是「民國斗杓」。

黎元洪（1864-1928年），字宋卿，湖北黃陂人，一八八三年入天津北洋水師學堂，畢業後入海軍服役；一八九四年參加中日甲午海戰，戰後投靠張之洞；一八九六年隨張之洞回湖北，參與訓練新軍；一九〇六年任陸軍暫編第二十一混成協統領，兼管馬炮、工、輜各隊事務；一九一一年，武昌起義爆發，被革命黨人強推為湖北都督。

黎元洪像

章太炎對黎元洪的吹捧以及對孫中山的偏見，說明他政治上的幼稚。武昌起義爆發時，黎元洪並不贊成起義，還親手殺死了二個起義士兵。因為參加起義的革命黨人覺得自己資歷淺，不能服眾，故選中黎元洪為鄂軍都督。黎元洪是在起義士兵的槍桿子下被迫就職的。章太炎曾經與孫中山同舟共濟，而對黎元洪卻沒有什麼瞭解。像當年他對日本莫名其妙的好感一樣，如今對黎元洪充滿了莫名其妙的好感。黎元洪慣於明哲保身，與章太炎虛與委蛇，而章太炎卻將中國革命的希望寄託於這樣一個投機取巧的官僚和政客，稱他「功高宇宙」、「功高大舜」，是什

麼「民國斗杓」，吹捧得近乎肉麻。

黎元洪後來去世，章太炎悲傷欲絕。黎元洪的部下請章太炎為黎元洪撰寫〈黎大總統神道碑〉，章太炎寫了一點大實話，說黎元洪當年躲在床下，被革命黨人拉出來當了總統。碑文寫好後，黎元洪的部下不答應，稱〈神道碑〉如果就這麼刻，我們要把碑砸爛。章太炎如果敢來，我們就揍他。黎元洪部下的話傳出來，章太炎只得把這一段大實話進行了改動。總的來說，章太炎對黎元洪的推崇是盲目的。

「二次革命」失敗，孫中山、黃興等再次流亡海外，孫中山當時曾勸章太炎同行，章太炎說，「中國既光復，猶求庇異邦，我不欲為」。自己何去何從呢？章太炎思考，中國已經光復，他不願意再度亡命日本。再則，袁世凱早已布下天羅地網，逃亦無可逃。恰在此時，有共和黨人來電邀章入京赴會，討論共和黨與國民黨的復合問題，章太炎決定冒險入京。臨行前，他給弟子一信。信中說：「項城甚欲購拿革命舊人，電已通布，吾輩亦不畏也。」[38]章太炎明知山有虎，偏向虎山行，不肯走避，決定親赴北京，借用共和黨的力量捍衛共和，與袁世凱抗爭。臨行前，他撰七律一首：

> 時危挺劍入長安，流血先爭五步看。
> 誰到江南徐騎省，不容臥榻有人鼾。

章太炎這一次入京雖然沒有「五步流血」，但被袁世凱囚禁了近三年。八月十一日，章太炎抵達北京，入住共和黨本部機關。袁世凱派出四名巡警，聲言對章太炎實行「保護」。章太炎原想利用北京的共和黨與國民黨在選舉總統和制憲問題上與袁世凱再戰一回合，但是

---

38 章太炎：〈致李伯中書〉，1913年8月5日，重慶博物館藏原件。

北京共和黨與國民黨癱瘓軟弱的狀況令他非常失望。就在這時，袁世凱下令逮捕了八個國民黨議員，給國民黨和共和黨一個下馬威。袁世凱公開逮捕國會議員，說明北京國會已經徒存形式，章太炎預感他的政治解決問題的方案破滅了。

八　參加護法

　　一九一五年十二月十二日，袁世凱不顧全國人民的反對，悍然稱帝。雲南都督蔡鍔等發起護國運動，宣佈雲南獨立並成立了護國軍。次年，護國軍與袁世凱軍戰於敘州（今宜賓）、瀘州等地，廣東、廣西、貴州、浙江、陝西、四川、湖南等相繼宣告獨立。西方諸國「勸告」袁世凱暫緩稱帝，袁世凱於一九一六年三月被迫宣佈撤銷帝制。六月，袁世凱在憂憤中一命嗚呼。

　　一九一六年十月三一日，年方四十二歲的黃興因胃動脈大出血病逝於上海。孫中山痛失臂膀，民國痛失大將。消息傳出，舉國震哀。儘管黃興曾經與章太炎過招並毫不留情地揭過章太炎的傷疤，章太炎聞訊後還是十分悲痛。在東京與孫中山、黃興促膝長談的日子恍如昨日。章太炎立即撰寫輓聯一副。在數不清的輓聯中，眾人公認章太炎的輓聯最為公允。章太炎的輓聯是：

　　　無公則無民國
　　　有史必有斯人[39]

　　一九一七年七月，張勳復辟，段祺瑞在日本的支持下重新出任北

39　「辛亥記憶」，《東方早報》2011年3月31日。

京政府國務總理。段祺瑞上臺後，拒絕恢復〈中華民國臨時約法〉和國會。段祺瑞政權的種種倒行逆施，引起全國人民的憤慨。孫中山以保衛《約法》、恢復國會為號召，掀起了護法運動。七月一日，即溥儀復辟的首日，孫中山、章太炎、唐紹儀、譚人鳳、柏文蔚、程璧光等齊集孫中山在上海的住宅，決定擁護共和，出師討逆。次日，孫中山致電參、眾兩院議員，號召他們離京南下，行使議員職權。六日，章太炎隨孫中山、廖仲愷、何香凝等乘軍艦離開上海。

章太炎投身革命以來，一直有國無家。新婚後一個多月，章太炎隻身北上，身陷囹圄。袁世凱死後，章太炎獲釋，在家中「未住滿一月，又去西南和南洋爭取革命力量，一去又近半年」。[40]章太炎在孫中山寓所密議護法運動時，年過半百的他剛剛添丁，夫人湯國梨連續三天派人到孫中山寓所接他，均未能接回。第四天再去，已是人去樓空了。

七月六日，章太炎隨孫中山南下廣州，組織護法軍政府。十三日清晨，孫中山一行到達廣州。到廣州後，他們才知道北京的復辟鬧劇已經收場。章太炎在廣州發表談話說：「余此次與孫中山來粵，即欲切實結合多數有力者，大起護法之師，掃蕩群逆。凡亂法者必誅，違法者必逐。然後真正共和之國家，始得成立。」「余此次隨孫先生來粵，所抱之希望頗大。簡言之，即切實結合西南各省，掃除妖孽，新組一真正共和國家。」他指出：「今日救亡之策，即在護法，護法即先討逆。」[41]十七日，章太炎隨孫中山到達黃埔。二十五日，南下的議員一五〇多人齊集廣州召開了「非常國會」。此次會議之所以稱為「非常國會」，因到會議員不足法定人數，是在非常時期召開的非常

---

40 章導：〈憶辛亥革命前後先父章太炎若干事〉，《追憶章太炎》（北京市：生活・讀書・新知三聯書店，2009年），頁105。

41 〈章太炎之討逆解〉，《時報》，1917年7月28日。

會議。會議決定成立軍政府並通過軍政府組織大綱，推選孫中山為大元帥。

　　九月十日，孫中山宣誓就職。章太炎被推選為軍政府秘書長，代孫中山起草了《大元帥就職宣言》。《宣言》表示要「恢復約法」、「與天下共擊廢總統者」。[42]章太炎擔任護法軍政府秘書長期間，多次闡述了護法的意義，認為「共和國家，以法律為要素，法存則國存，法亡則國亡；合法則為順，逆法則為逆。」[43]

一九一七年九月，孫中山
就任陸海軍大元帥

　　孫中山擔任南京臨時政府大總統時，親自主持制定了《中華民國臨時約法》。那時，章太炎與南京臨時政府持不同政見，對民國政府和孫中山多有不敬之詞，對《臨時約法》甚至不屑一顧。民國成立以來，先後爆發二次革命、護國戰爭、護法運動，這一切的核心問題是民主與專制的較量、帝制與共和的較量。通過現實的鬥爭，章太炎感到民主與共和的可貴。儘管南京臨時政府與《臨時約法》都不完善，但畢竟是中國希望之所在。袁世凱、段祺瑞之流開歷史的倒車，要將中國拉到封建主義的老路上去，章太炎想到自己曾經一度被他們蒙蔽甚至同流合污，覺得非常慚愧。

　　章太炎覺得要將功補過，彌補自己過去的錯誤。張勳復辟後，他積極追隨孫中山，為護法運動搖旗吶喊。中華民國軍政府成立後，章太炎奔走於香港、廣州之間，爭取軍閥龍濟光對護法運動的支持。章太炎好言相勸，龍濟光卻模棱兩可。不僅龍濟光對軍政府態度冷漠，

42　《中華新報》1917年9月16日。

43　《章太炎年譜長編》（北京市：中華書局，1979年），頁568-569。

連陸榮廷和唐繼堯也對軍政府冷眼相看。陸榮廷是桂系軍閥，唐繼堯是滇系軍閥，他們關心的是自己的地盤與實力，並不願意與孫中山實行真正的合作。他們附和護法，目的是抵制段祺瑞的武力吞併政策。軍政府成立後，陸榮廷與唐繼堯都不願意接受軍政府「元帥」一職。

孫中山與海軍官兵合影

章太炎決定親自登門拜訪，說服陸榮廷和唐繼堯。根據章太炎的動議，孫中山任命章為軍政府總代表，攜帶元帥印信遊說陸、唐二人。九月二十六日，章太炎到達昆明。章太炎數次來到西南王唐繼堯的官邸，與唐討論護法運動問題。經章太炎說服，唐繼堯勉強接受元帥之職，同意參加北伐。事實上，唐繼堯只對逐鹿四川有興趣。章太炎退而求其次，覺得攻佔四川可以算是「中策」，於是隨唐繼堯的滇軍向四川進發。十二月初，滇、黔、川三省護法聯軍攻佔重慶。

一九一八年一月十日，章太炎抵達重慶。他想起他的亡友鄒容是四川巴縣人，到達重慶的當天，專程前往巴縣鄒容祠堂憑弔亡友，也算是了卻一椿埋藏心中多年的心願。

在重慶期間，章太炎讓人訂製了一面大旗，上書斗大的「大元帥府秘書長」七個字，比唐繼堯的大元帥旗還要大。章太炎外出，隨從人員高舉大旗，一路上人歡馬叫，十分熱鬧，痛痛快快地過了一把癮。有人報告唐繼堯，唐一笑了之。

孫中山命滇、黔、川三省護法聯軍出四川、過三峽、攻武漢，唐繼堯留戀四川的富裕，託故不出。中華民國軍政府的政令難行，蓋因軍政府內部從成立之日起就存在嚴重危機。唐繼堯、陸榮廷多方掣肘孫中山，孫中山提出北伐，各路軍閥陽奉陰違、各行其是。岑春煊一直想取代孫中山，他與馮國璋暗通款曲，於一九一八年一月在廣州成立中華民國護法各省聯合會，顯然與孫中山唱對臺戲。章太炎聞訊後，立即致電唐紹儀、伍廷芳等，痛斥岑春煊的所作所為。

四月，在各路軍閥的煽動下，中華民國軍政府改組，宣佈由大元帥制改為七總裁合議制。唐繼堯主張遙戴黎元洪、馮國璋為正、副總統，推岑春煊為國務總理，在廣州建立臨時政府，陸榮廷也跟著處處刁難孫中山。孫中山忍無可忍，於五月四日向非常國會辭去大元帥一職。孫中山悲憤地說：「顧吾國之大患，莫大於武人之爭雄，南與北如一丘之貉。」[44]二十日，非常國會宣佈正式廢除大元帥制，推選岑春煊、唐繼堯、陸榮廷、孫中山、唐紹儀、伍廷芳、林葆懌七人為總裁，孫中山完全被架空。

五月二十一日，孫中山離開廣州返回上海，護法運動失敗。作為護法軍政府的秘書長，章太炎感到悲哀。他親眼看到各路軍閥謀求一己私利，沒有人顧全護法大局。在北京政府中，馮國璋主張和平，段祺瑞主張武力，因此各路軍閥皆為馮國璋的和平假象所迷惑，提出

---

44 孫中山：〈辭大元帥職通電〉，《孫中山全集》第4卷（北京市：中華書局，1985年），頁471。

「聯馮倒段」的口號。章太炎對「聯馮倒段」的口號很反感，提出馮、段乃一丘之貉，如何「聯馮」？又如何「倒段」？

護法運動的失敗可以說是必然的，因為護法運動的依靠對象主要是西南地方軍閥，而這些軍閥的目的不過是拉大旗、作虎皮，借孫中山的名望與北洋軍閥討價還價，最終目的是維護並擴大自己的地盤。一旦目的實現，他們就會踢開孫中山。

面對護法運動的失敗，章太炎進行了反思。他覺得孫中山當初提出「護法」口號有一定缺陷，口號應當鼓舞人心、順從民意，「國會本非民心所向，以法律為出師之名，回應自寡」。[45]護法的目標是恢復國會、恢復《約法》，軍閥混戰下的中國百姓掙扎在死亡線上，他們最關心的是如何果腹？如何避寒？護法運動依靠的是南方軍閥，廣大人民只作壁上觀。沒有人民的支持，護法運動如何不失敗？

章太炎追隨孫中山護法，從上海到廣州，再到西南，大西南的山山水水留下了他疲憊的足跡，最後的結果卻是竹籃子打水一場空。章太炎心灰意冷，感覺分外疲憊。

六月十三日，向來我行我素的章太炎竟然步入峨眉山一寺院受戒，表示今後不再參與世事。章太炎第一次萌發出家的念頭是在《民報》受挫以後，計劃出家的地方是遙遠的印度。因為缺乏路費，未能成行。這是章太炎第二次出家。章太炎受戒後，心情似乎好了一些，隨即離開四川東下，於十月十一日到達上海。

章太炎回到上海後，心情非常鬱悶。護法運動歷經一年零三個月，卻以失敗而告終。護法運動期間，章太炎風塵僕僕，跋涉一萬四千餘里，遊說於西南各軍閥之間，結果是章太炎險些葬身西南。章太

---

45 章太炎：〈致劉英書〉，朱維錚、姜義華：《章太炎選集》（上海市：人民出版社，1981年），頁607。

炎回憶護法運動說：「自六年七月以還，跋涉所至，一萬四千餘里；中
間山水獰惡者幾三千里。」為了民族、民主和共和，他不惜坐牢、流
亡、流血，然而他為之奮鬥的中華民國除了一個空皮囊，民國的人民
依然生活在水深火熱之中。章太炎杜門謝客，神情木然，在五十多天
的時間裏，幾乎一言未發。護法運動的失敗對章太炎的打擊太深了。

　　休息了一段時間後，章太炎於十二月二日在上海《時報》發表了
一篇文章，歷述西南之行與陸榮廷、唐繼堯等軍閥周旋的前前後後。
他指出，「廣西不過欲得湖南，雲南不過欲得四川，借護法之虛名，
以收蠶食鷹攫之實效」，最後斷言：「西南與北方者，一丘之貉而
已。」[46]總結護法運動失敗的教訓，章太炎得出與孫中山一樣的結
論。在總結辛亥革命的教訓時，他說：「當危難之際，彼此尚能同德
同心，以至事稍有成，於是萌攘奪權利之念，而互相嫉視。」章太炎
是一個情緒化的革命者，這時，他對中國的前途十分悲觀，認為十年
以後中國才會出現「戡除禍亂者」。

　　孫中山這時也非常苦悶，他歷經艱辛為之奮鬥的共和國，成長竟
如此艱難。封建勢力要扼殺它，軍閥勢力要摧殘它，官僚政客要戲弄
它。孫中山說：「夫去一滿洲之專制，轉生出無數強盜之專制，其為
毒之烈，較前尤甚。於是而民愈不聊生矣！」[47]

　　孫中山與章太炎一度交惡，但是在革命大義面前，兩人肩並肩地
在一個戰壕裏對敵人衝鋒陷陣。孫中山以革命家的胸懷包容章太炎，
他對章太炎的革命豪舉一直十分欣賞。章太炎曾經寄給他兩篇文章，
孫中山特囑香港《中國旬報》全文刊載太炎先生的兩篇文章和給他的
信，並加〈後記〉一篇。《後記》說；「章君炳麟，餘杭人也，蘊結孤

46 〈章太炎對於西南之言論〉，《時報》1918年12月2日。
47 孫中山：〈孫文學術‧自序〉，《孫中山全集》第6卷（北京市：中華書局，1985年），
　　頁158。

憤，發為罪言，霹靂半天，壯者失色，長槍大戟，一往無前，有清以
來，士氣大壯，文字之痛，當推此次為第一。」

一九二四年十一月，中山先生北上途中經過上海，章太炎聞訊
「入謁為別」，這是章、孫二人最後一次見面。言談之中，章太炎獲
悉孫中山身體欠佳，殷殷囑先生珍重，情真意切，溢於言表。

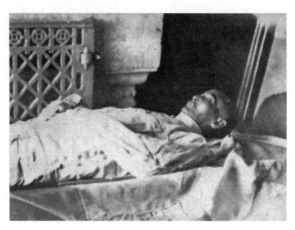

孫中山遺體

孫中山抵北京後，病勢沉屙。章太炎親疏醫方，囑但燾先生專送
北京，希望以一己之力挽救先生生命，但孫中山此時的病勢已非藥石
可醫。不久，傳來孫中山逝世的噩耗，章太炎悲慟不已。他到上海國
民黨總部參加會議，會上成立了「上海中山先生治喪事務所」，章太
炎與唐少川擔任追悼會幹事員，負責上海孫中山治喪活動。上海各界
人士於四月十二日在西門公共體育場召開「孫中山先生追悼大會」，
章太炎發表講話，深切緬懷孫中山的豐功偉績，稱：「先生做事，抱
定奮鬥精神，堅苦卓絕，確為吾黨健者。深願大家竟先生未竟之功，
努力救國。」[48]章太炎撰寫了兩副輓聯悼念孫中山，一副為：

---

48 《中山叢書》附志：〈中山逝世後中外各界評論〉。

孫郎使天下三分，當魏德萌芽，江表豈曾忘冀許。

南國本吾家舊物，怨靈修浩蕩，武關無故入盟秦。

另一副為：

洪以甲子滅，公以乙丑殂，六十年間成敗異。

生襲中山稱，死傍孝陵葬，一匡天下古今同。

　　一些別有用心的人故意偽造章太炎挽中山先生對聯，說章太炎撰寫的輓聯是「舉國盡蘇聯，赤化不如陳獨秀；滿朝皆義子，碧雲應繼魏忠賢」，極盡誣衊、挑撥之能事。[49]曾經有人提議將南京城改為中山城，章太炎表示反對。他說，作為一個民主國家，「不應以一人名號，變國家都邑之正稱」，這樣做也有違中山先生原意。有人據此說，中山先生死了，太炎先生仍與他「作對」。種種流言蜚語，背後有種種原因，有的迄今未能澄清，不能不使人深以為憾。

　　章太炎非議孫中山，無視蔣介石，他只承認黎元洪是中華民國大總統，只承認五色旗是中華民國國旗，他對國民黨當局不時發起攻擊。一九二八年，他遭到國民黨上海市黨部的通緝。與章太炎同時遭受通緝的還有張東蓀、黃炎培、蔣維喬等。章太炎遭國民黨通緝其實有更深層次的原因，即已位居國民黨高位的譚延闓和吳稚暉從中作梗。

49　曹聚仁：〈章太炎先生〉，《追憶章太炎》（北京市：生活·讀書·新知三聯書店，2009年），頁412。

孫中山靈堂

孫中山逝世後各地送的輓聯

　　辛亥革命後，譚延闓主政湖南，但不久被部下趙恒惕驅逐。這時，正好章太炎到湖南，因為趙恒惕原是同盟會成員，又應和章太炎的「聯省自治」，所以在譚、趙的對陣中，章傾向於趙，因而得罪了譚。

　　章太炎與吳稚暉的隔閡比較深，也比較早。《蘇報》案發，同人一直懷疑有內奸。章太炎在獄中和出獄後聽人說，清上海道俞明震早在愛國學社活動時就收買了吳稚暉，讓吳稚暉隨時向他報告愛國學社里革命黨人活動的情況。章太炎與鄒容之被捕，吳稚暉難逃干係。章太炎出獄後曾經揭發過吳稚暉，吳稚暉也為此事作過辯白。

　　譚延闓、吳稚暉為報一箭之仇，唆使國民黨上海市三區黨務指導委員會通緝章太炎，其要求通緝的報告說：

> 辛亥以還，總理遠瞰世界潮流之奮進，內鑒民智之企發，其革命方策，乃益宏遠精進。而章逆固步自封，不悟本身思想之落後，自是日事詆毀總理。民十年奔走湘鄂汴洛，竟甘為吳逆佩孚之爪牙。迨吳逆失勢，乃乞食於孫逆傳芳之門，謀以阻抑本黨勢力之發展。迨本黨統一東南，吳孫崩潰，該逆乃匿跡滬濱。當時中央曾有通緝之議，後以該逆行將就木，不予誅殺，冀其閉門悔過，不復為軍閥傀儡。[50]

　　國民黨上海市三區黨務指導委員會將章太炎列為通緝犯的第一名。雖說對章太炎的通緝最終不了了之，但國民黨的通緝令還是十分厲害的，這一次通緝的結果是鄧演達被殺害，鮑羅廷遭到驅逐。

　　縱觀孫中山與章太炎一生的交往，他們為推翻帝制、創建共和、涉險履危、同謀匡濟，不屈不撓凡二十餘年。其間，二人雖有分有

50　〈三區黨部呈請通緝章太炎〉，《申報》1928年11月22日。

合，然合多於分。章、孫二人襟懷坦白，竭誠相待，縱有不同意見，
而於革命大義和民族大義，卻始終並肩作戰，一如既往。章、孫二人
之私誼，雖未如手足兄弟，亦為同一個戰壕裏的戰友。[51]

---

51 〈孫中山與浙江〉，《浙江文史資料選輯》第32輯（杭州市：浙江人民出版社，1986
年），頁31-52。

第六章
章太炎與袁世凱

　　袁世凱如願以償地在北京建立起地主買辦階級的權力機關。章太炎認為袁世凱是中國的華盛頓，主動向袁世凱獻治國安邦之策。袁世凱禮聘章太炎為總統府高等顧問，章太炎當了一回「抱糞之蜣螂」。然而事實告訴章太炎，袁世凱不過是一個慣於玩弄權術的市儈政客，章太炎辭去顧問職務。未久，袁世凱復任命章太炎為東三省籌邊使。宋案爆發，章太炎透過濃濃的鮮血，認清了袁世凱的嘴臉。章太炎在上海茶話會上的演講，表明他對袁世凱政府的本質已經有了初步認識。「二次革命」失敗後，章太炎囚於京師。他拒絕了袁世凱給他的官職，開辦了「章氏國學講習會」。其間，他手持墜著大勳章的破扇大鬧總統府。在拘押期間，章太炎宣佈絕食，拒絕為袁世凱上勸進書。袁世凱死後，章太炎獲得了自由。章太炎在上海發表關於「暴徒」的演講，稱袁世凱之流口中的「暴徒」正是革命黨人的光榮，旋偕孫中山等人投入護法運動。

一　遊走政壇

　　一九一二年是近代中國歷史上風雲滌蕩的一年。這一年元旦晚上十點鐘，孫中山在南京宣誓就任中華民國臨時大總統。是日，成為中華民國建元之始。一月三日，中華民國南京臨時政府宣告成立，孫中山任命了各部總長。各省代表推舉黎元洪擔任中華民國臨時副總統。

全國人民都注意到，臨時政府公佈的各部總長的名單中沒有辛亥革命三大領袖之一章太炎的名字。其實，在組建政府時，孫中山提議以章太炎為教育總長，但多數代表認為這個職務蔡元培更加合適。在新的政府裏，章太炎什麼也不是。章太炎為授勳事曾經耿耿於懷，對此事卻沒有流露出什麼怨言。光復會的宗旨是「功成身退」，章太炎並沒有當官的強烈願望。

中華民國臨時政府宣告成立的這一天，章太炎在上海組建了中華民國聯合會，章太炎、程德全為正副會長。一月十五日，孫中山致電南方議和代表伍廷芳，告如清帝退位，宣佈共和，中山將正式辭大總統職，「以功以能，首推袁氏」。北洋軍將領段祺瑞等四十六人聯名通電，籲請清帝退位，立定共和政體。二月十二日，宣統皇帝溥儀宣佈退位，兩千多年的封建帝制在古老的中國降下帷幕。次日，孫中山依約提出辭職諮文，推薦袁世凱為繼任臨時大總統。孫中山特別指出，臨時政府設在南京，新總統應到南京就職。

在袁世凱的授意下，北洋軍第三師師長曹錕在北京發動「兵變」，天津、保定、滄州、通州等地北洋軍紛起「回應」。北洋軍將領發表聯名通電，稱「臨時政府必立設於北京，大總統受任暫難離京一步」。三月二日，南京臨時參議院議決，同意袁世凱在北京受職，孫中山的願望落空。

就在同一天，章太炎將中華民國聯合會更名為統一黨，章太炎、程德全、張謇、宋教仁等為理事。章太炎是革命家而不是政治家，是一介書生而不是官僚政

孫中山與宋慶齡

客。由於他在政治上的幼稚，大批立憲派和官僚政客湧進統一黨，其中甚至有袁世凱打進來的奸細。統一黨的活動經費表面上看係從社會募集所得，實際上多數來自袁世凱的贊助。統一黨在建都問題上與袁世凱一唱一和，其源即出於此。

三月十日，袁世凱在北京宣誓就職。孫中山企圖約束袁世凱的三個條件，兩條已經落空。十一日，孫中山在南京參議院通過限制總統權力的《臨時約法》。四月一日，孫中山正式解除臨時大總統職務。

一九一二年四月三日，孫中山回滬前與臨時政府閣員合影

袁世凱如願以償地在北京建立起地主買辦階級的權力機關。章太炎幻想中國出現一個如華盛頓那樣「強有力的人物」統治中國。他考察中國政治舞臺，覺得孫中山不是華盛頓。如果一定要推選中國的華盛頓的話，那麼此人非袁世凱莫屬。

一九一二年三月十日，章太炎主動向袁世凱獻治國安邦之策〈致袁世凱論治術書〉，期望袁世凱「勵精圖治，酬報有功，慎固邊疆，

撫寧南服,以厝中夏於泰山磐石之安,而復一等國之資格」。[1]他以歷
史典故給袁世凱支了三招:

「解散狂狡」,即鎮壓一切反袁勢力;

「起用宿將」,即引進退居山林的清朝官吏;

「安慰荊吳」,即對南方革命黨活動的地方實行嚴格控制。

章太炎本來就是一個大名鼎鼎的人物,他的毛遂自薦,立刻引起
了袁世凱的注意。四月九日,袁世凱禮聘章太炎為總統府高等顧問。
二十七日,章太炎在袁世凱專使的陪同引領下抵達北京。章太炎北上
的消息見諸報端,引起輿論的關注。《民立報》對章太炎「不務興廢
繼絕,而馳驅於京邑」表示遺憾;《大共和日報》勸告章太炎專心治
學,珍惜自己的清名,不要跳入政治染缸;更有讀者指名道姓,對章
太炎「甘為抱糞之蜣螂」表示不理解。

章太炎還真的當了一回「抱糞之蜣螂」。章太炎為袁世凱出謀劃
策,接二連三做了三件為同盟會所不齒的事:

第一件事是指責孫中山辭職前制定的旨在約束袁世凱的《中華民
國臨時約法》不完備,應當立即予以修改。袁世凱對這個〈臨時約
法〉本來就不滿,為了佔有大總統寶座,對孫中山不得不唯唯諾諾。
現在由同盟會中頗有影響的人物出面為他攻擊〈臨時約法〉不完備,
可謂正中下懷。

第二件事是指責黃興發起的「國民捐」是「中飽私囊」,「無益國
家經費」。袁世凱出賣國家主權,向西方國家大舉借款,黃興的「國
民捐」就是沖著袁世凱的。章太炎跳出來,對黃興大加指責,而對袁
世凱借款行為大加辯解。

第三件事是指責黃興東渡日本另有所圖。南京臨時政府解散後,

1　《章太炎政論選集》(北京市:中華書局,1977年),頁584。

黃興計劃東渡日本。章太炎稱黃興到日本是企圖招攬中國留日學生，以豐滿其羽翼，建議袁世凱先黃興一步，安撫留日學生，揭穿黃興陰謀。

章太炎的所作所為，表明他儼然成為袁世凱忠實的幕僚。章太炎遭受到同盟會的猛烈攻擊。同盟會的報紙《民強報》說，章太炎是同盟會的蟊賊。自由黨的報紙《民權報》稱章太炎是統一黨的敗類並重提章太炎向端方借款舊事，認為他已淪為專事逢迎的官僚政客。章太炎我行我素，對來自方方面面的指責一概不理不睬。

一九一二年五月九日，在張謇等人的提議和運作下，統一黨、民社、民國公會、國民協進會合併為共和黨，是日在上海張園舉行成立大會。章太炎、張謇等舉為理事，黎元洪為理事長。因為黎元洪實為掛名理事長，會議議決由張謇代行理事長職權。這麼一來，章太炎實際上被架空了。事實也是如此，共和黨認為章太炎只是「文章士」，而不是政治家，僅讓他當一個無職無權的掛名理事。

不久，章太炎覺得自己在共和黨裏說話沒有分量，遂辭去共和黨理事一職。六月五日，章太炎在北京召開原統一黨代表大會，決定將統一黨從共和黨中分離出來，章太炎被推舉為統一黨總理。經過這麼分分合合，統一黨成為一盤散沙，章太炎實際上已經無力掌控。

章太炎在政黨政治中漸漸感覺到立憲派和舊官僚不過是在利用他，無論這個黨、那個黨，這些人的真正目的是謀求一己私利。這時的章太炎從一個極端又跳到另一個極端，他認為政黨政治對中國有害無利，鼓吹政府首腦應超然於政黨政治。章太炎宣佈退出統一黨。

七月，章太炎到武漢拜見黎元洪。一番寒暄後，章太炎感覺黎元洪與袁世凱一樣是具有雄才大略之人，私下認為孫中山、黃興之流上臺中國就有禍，而袁世凱、黎元洪上臺中國就有福。章太炎離革命黨人愈來愈遠，而離北洋政府愈來愈近了。

　　九月五日，孫中山在北京舉行茶話會，章太炎應邀出席。在會上，章太炎發表演說：「鄙意以為袁、黎、孫三公皆無須立黨，行事而當，發言而正，人心助順，是四萬萬人皆其黨，又安用私黨耶？」[2] 章太炎的意思，希望袁世凱、黎元洪、孫中山三人超脫於所有黨派之外。章太炎的這些想法無異癡人說夢。

　　武昌起義爆發後，在沙俄的策劃下，外蒙古宣佈獨立，成立了大蒙古國。十月，章太炎到東北考察，發現沙俄勢力已經逐漸滲透到中國東北的角角落落，這引起他的擔憂。他致函袁世凱，就外蒙和東北問題提出質問：「壤地喪失，日蹙百里，其異於前清政府者安在？」[3] 章太炎聯想到在北京期間耳聞目睹北洋政府內立憲派及宗社黨人「蟊賊內訌」、「賄賂公行」，感到非常失望。對於章太炎的質問，袁世凱毫無反應。章太炎似乎突然之間發現袁世凱不過是一個慣於玩弄權術的市儈政客。他認為中國的政治革命尚未完成，希望宣導成立一個新的政黨——中央革命黨。這個黨的矛頭將對準那些「舊時君主立憲黨及近時宗社黨人」[4]，大治貪墨，滌蕩舊污。

　　章太炎向袁世凱遞交辭呈，決定離京南歸。袁世凱深知章太炎在社會上的影響以及他筆墨的厲害，認為一個梁啟超，一個章太炎，是中國的兩支筆桿子。他坐在大總統這把交椅上，不能沒有筆桿子的支持。袁世凱覺得不能放虎歸山，打算安排章太炎擔任專管漕糧收儲的倉場總督。這是一個搜刮錢財的肥差，是許多人可望而不可即的職位，但是這個職位很容易讓人聯想到玉皇大帝封孫悟空為弼馬溫的故事，章太炎表示毫無興趣。袁世凱後來想到章太炎對東三省的關注，決定任命他為東三省籌邊使，以堵住他的嘴。

2　〈北京迎賓館茶話會記事〉，《大共和日報》1912年9月11日。

3　〈輿論界慷慨激昂〉，《大共和日報》1912年11月18日。

4　〈章太炎憤激之言〉，《大共和日報》1912年11月22日。

　　東三省籌邊使是一個新設的、可有可無的職務，其職責是「籌辦邊陲實業」，無關政治。東三省的當權者開始不知道這個官位的深淺，奉天與吉林總督特地拍發電報詢問袁世凱。袁世凱答覆說：「該使不過籌備邊陲實業，所有一切內政、外交、行政不在其許可權內。惟該使係由中央委任，應受上級之待遇。」[5]

　　東三省籌邊使有職無權，章太炎是完全知道的。對於章太炎來說，一個筆桿子，現在來管理實業，實在是牛頭不對馬嘴。然而這一次，章太炎竟欣然受命。

　　昔日的革命家成為今日的實業家是當時的一股社會潮流。孫中山從臨時大總統的位置上退下來以後，表示要自籌款六十萬元，修建二十萬里鐵路。孫中山接受袁世凱的委任，擔任全國鐵路督辦一職並在上海成立了中國鐵路總公司。受孫中山影響，黃興出任漢粵川鐵路督辦。章太炎不自量力，也趕起了時髦。

　　一九一三年一月三日，章太炎率調查員、書記員、庶務員各一，趕至長春赴任。袁世凱命撥款一萬元作為開辦費，每月另撥經費兩千元。

　　章太炎這個東三省籌邊使雖然有職無權，但是章太炎還想做一番事業。他率領隨員走山訪水，卻處處碰壁，東三省的各級官員都沒有將他放在眼裏。章太炎不以為意，經過近二十天的努力，初步擬定了一個發展東三省的規劃：成立東三省銀行，解決資金問題；開鑿松花江與遼河之間的運河，解決交通運輸問題。當務之急，章太炎認為是成立東三省銀行，解決貨幣混亂的問題。

　　東三省貨幣混亂的狀況著實讓章太炎吃驚：市場上流通的貨幣有中國紙票、日幣、俄幣、老頭票、官帖、羌帖、銅圓等。各種錢幣流

5　〈籌備使籌備邊事〉，《順天時報》1913年1月28日。

通的結果，是物價飛漲、鈔票貶值。章太炎認為，資金和交通問題一旦解決，「人民自惠然肯來」。一月二十七日，章太炎赴北京面見大總統，彙報他的東三省發展規劃，特別是開辦銀行的問題，希望袁世凱支持他。可是袁世凱左耳進，右耳出，什麼也沒有說。

章太炎擔任東三省籌邊使的前後情況，《章先生別傳》記：

> 及世凱繼任，先生游宛平。他日世凱問政於先生，知先生不能為用，而憚先生重望，授先生東三省籌邊使，而不使開府辟僚佐。先生循道彌久，溫溫無所試。雖知世凱乏遠略，無委仗意，猶庶幾稍發抒素志。嘗一行邊，遂棄去。先生曾書〈癸丑長春籌邊〉五言近體二首示余，其一云：
> 劍騎臨邊塞，風塵起大荒。
> 回頭望北極，軒翮欲南翔。
> 墨袟哀元後，黃金換議郎。
> 殷頑殊未盡，何以慰三殤。

章太炎擔任東三省籌邊使未久，有幾個參議員對章太炎的任命提出疑問：一是章太炎的任命沒有經過國會批准；二是章太炎曾經攻擊過政府，不合適擔任此職。章太炎在二月十二日的《順天時報》上看到了這則消息，當時他已返回長春。後來，他在二十六日的《大共和日報》上刊登了一則啟事：「所自愧者，志有餘而權不足，乃無以對二千萬人民也。」

章太炎一直想著籌備東三省銀行以統一貨幣的事。他計劃銀行定名為「東三省籌邊銀行」，借款問題已與法商初步商談，只等政府蓋印實施。經過章太炎多次催促，財政總長梁士詒的電報到了。電報云：「法商以日、俄之故，不願承辦，特轉達。」一紙電報令章太炎

愕然。他已費盡口舌與法商達成協議，如今以法商作託詞，分明是梁士詒的花招。章太炎心灰意冷，他的發展東三省的規劃始終停留在紙上，沒有半點付諸實施。

當孫中山、黃興、章太炎等昔日的革命黨人為振興實業四處奔波時，宋教仁卻在為政黨政治而奮鬥。宋教仁是同盟會中部總會的總務幹事。南京臨時政府成立時，曾任法制院院長。臨時政府北遷後，任農林總長。七月十四日，因不滿袁世凱專權，宋教仁與蔡元培等共同辭職。

一九一二年八月，宋教仁以同盟會為基礎，聯合統一共和黨、國民共進會、國民公黨、共和實進會等，成立了中國國民黨。八月二十五日，中國國民黨在北京召開成立大會，推選孫中山為理事長，黃興、宋教仁、王仁文、王芝祥、王寵惠等八人為理事，由宋教仁主持黨務。中國國民黨成分複雜，除同盟會會員外，許多官僚政客擠了進來。

二　宋案爆發

一九一三年初，在國會選舉中，國民黨在參、眾兩院中獲得多數席位，這給了宋教仁以莫大的希望。宋教仁的理想是在國會中獲取多數席位，從而達到組織責任內閣的目的，藉以制約袁世凱的獨裁。宋教仁的政黨政治活動引起了一些人的恐慌，死神悄悄地降臨了。三月二十日晚上十點鐘，宋教仁從上海乘車北上，在上海火車站遇刺，二天後身亡。在國會召開的前夕，政黨政治的活動家宋教仁倒在了血泊之中。

宋教仁墓

　　宋教仁的鮮血震驚了全國人民，震醒了革命黨人。黃興、陳其美
致函上海公共租界總巡捕，懸賞一萬元緝拿刺宋兇手。孫中山在日本
長崎致電國民黨本部，要求查究宋案真相併立即動身回國。章太炎在
長春發表聲明，要求民國政府追查兇手。袁世凱故作姿態，電飭程德
全「迅緝兇犯，窮追主名，務得確情，按法嚴辦」。

　　宋教仁死後不過兩天，兇手武士英（即吳福銘）、應夔丞（即應
桂馨）即被捕獲。從兇手應夔丞家中查抄與國務院往來函電多件，其
中有袁世凱「毀宋酬勳位」的密電，輿論指責「宋案」幕後兇手是臨
時大總統袁世凱和國務總理趙秉鈞。黑幕揭開後，全國人民大嘩。章
太炎與全國人民一樣為宋教仁血案震驚。透過濃濃的鮮血，章太炎認
清了袁世凱的嘴臉，他覺得革命黨人要重新聯合起來。

　　四月十七日，章太炎從長春趕赴上海，與孫中山、黃興等緊急磋
商「宋案」以後的形勢。孫中山、黃興對章太炎的覺悟表示歡迎。四

月二十三日，國民黨組織會議對他表示
歡迎，稱他為「革命先覺，民國偉
人」。二十七日，國民黨在上海張園舉
行黃花崗烈士紀念會，章太炎在會上講
話，表明他與孫中山、黃興重歸於好。

袁世凱像

　　在與孫中山、黃興等人的晤談中，
章太炎以他在北京和東三省的所見所
聞，表示當前中國政壇上最大的通病是
專制和腐敗。「欲掃除劣政治，產生良
政治，非先從醫治國病、剷除專制劣根下手不可。」[6]在討論「宋
案」以後的形勢時，孫、黃、章的主張各不相同。孫中山主張武力解
決，黃興主張法律解決，章太炎主張政治解決。所謂政治解決，章太
炎設想通過廣泛揭露袁世凱的罪行與劣跡，讓袁世凱自動退出選舉或
自動下臺，達到結束袁世凱統治的目的。

　　章太炎政治解決的主張顯然是非常天真的。為了實現他的主張，
他倡議組織「起義同志共絡會」。他反省武昌起義以來的教訓說，武
昌起義不過一年多，經歷了大風大浪。為了反滿，許多革命黨人拋妻
離子，遠赴異國他鄉，團結一心，沒有二志。及武昌首義成功，始有
權利之爭。「昔之弟兄，今為仇敵，致令姦人乘間，坐擁高權。」[7]章
太炎致函袁世凱，強烈要求剪除四凶：總統府秘書長梁士詒、參謀本
部次長陳宧、國務總理趙秉鈞及袁世凱的親信段芝貴。這四個人為虎
作倀，做了不少壞事，袁世凱卻倚為左右臂。全國人民對這四個人恨
之入骨，卻又無可奈何，所以章太炎提出「四凶」名單後立即不脛而

6　〈國民黨歡迎會記〉，《民立報》1913年4月26日。
7　章太炎：〈與上海國民黨函〉，《民國經世文編》政治三，第71頁。

走，大家都關注著事態的發展。袁世凱出面為「四凶」開脫，章太炎致電反駁，希望袁世凱採取切實行動，懲治「四凶」，袁世凱不理不睬。

　　章太炎又發起成立「弭禍會」，要求袁世凱自己退位並「矢言不再任總統」。為了達到目的，他親赴武昌，遊說黎元洪，力推黎元洪為大總統的候選人。在武昌演說時，說到袁世凱，他不屑一顧地說：「政府違法，大失民望，總統一席，無人舉他。」又說：「今時有聲望者，首推黎氏。」[8]可是黎元洪並沒有給章太炎面子，當袁世凱派遣北洋軍南下對南方數省都督施加壓力、章太炎寄希望於黎元洪出面解圍時，黎元洪卻讓他到北京遊說袁世凱撤兵。其實，黎元洪一是明哲保身，二是被「宋案」嚇破了膽。他怕袁世凱對他依樣畫瓢，甚至連北京都不敢進。

　　書生意氣的章太炎真的就到了北京，在總統府，他與袁世凱進行了一番論爭。章太炎說，北方政府的軍隊如果與南方開戰，北方能夠取勝，但是民氣難抑，最後的勝負很難說。袁世凱稱，報紙上說黃興準備出兵北上，是南方首先起釁。章太炎說，那是因為南方的報紙說你要稱帝。袁世凱忙辯解說自己不敢稱帝。為了籠絡章太炎，袁世凱特地授他勳二位並交章太炎四萬元支票一張。

　　袁世凱勸告章太炎說：「清帝退位，革命成功，識時務者今日已居顯要，子女玉帛，如願以償。近日南方報紙對於多方謗毀，謂余復辟帝制，蠱惑人心。今特授君四萬支票一紙，君以滬上辦報為名，向滬上各報頒發津貼，其餘大部可由君自由支配。」章太炎在北京七天，除了獲得一張巨額支票外，與袁世凱的晤談一無所獲。六月四日，章太炎悻悻離開北京，經長春南下上海。

8　〈願得安石，以慰蒼生〉，《順天時報》1913年5月20日。

　　回到上海，章太炎深悔當初不該接受袁世凱的巨額支票，這種做法不是收買和行賄嗎？他章太炎怎能做這樣不齒的事情？正在他想不出什麼好辦法的時候，忽報南通張謇來訪。張謇開門見山，對章太炎說：「聽說大總統撥了四萬元讓你在上海辦報。如今共和黨在上海創辦《大共和報》，經費支絀，可否將此款交我，以資維持？」章太炎不假思索，將四萬元支票交張謇。事後章太炎才知道，原來張謇安排有耳目在京城，所以能夠跟蹤而至。[9]

　　北京之行，讓章太炎對袁世凱失望之至。曾幾何時，袁世凱當年上臺的時候，章太炎對他充滿希望，認為袁世凱是中國的華盛頓。然而，希望愈大，失望也愈大。袁世凱稱帝野心暴露後，章太炎痛責自己有眼無珠。章太炎義正詞嚴地斥責袁世凱「忽萌野心，妄僭天位」，是「民國之叛逆」。[10]

　　回到上海，孫中山在國民黨總部為他舉行歡迎會。陳其美代表孫中山致詞，說：「太炎先生鼓吹革命，本吾國先覺，學問道德皆高尚純潔，四萬萬人仰為泰山北斗。此次由北南來，適值『宋案』發生，先生為民國主張公理人道代表，必有名言偉論，解決民國根本問題。」

　　在上海茶話會上，章太炎發表演講，猛烈抨擊袁世凱養兵對內而不對外。他說：「政府甘心誤國，領土讓與外人。……政府養兵不用以對外，而專用以對內。……寧可以民國贈與朋友，不願以民國交與家人，共和前途，實無希望可言」，「民國欲不亡，恐不可得。」[11]他號召革命黨人消除成見，同心協力，與袁世凱的專制政權作鬥爭。他

9　湯國梨：〈太炎先生軼事簡述〉，《追憶章太炎》（北京市：生活・讀書・新知三聯書店，2009年），頁71。

10　〈三致袁世凱書〉，《章太炎選集》（上海市：人民出版社，1981年），頁583。

11　《章太炎年譜長編》（北京市：中華書局1979年），頁436-437。

說，今日是民黨與官僚激戰時期，昔日民黨能夠推翻專制，今日民黨一定能改造共和。

　　章太炎就自己武昌起義以來的「退步」與「互相猜忌」的錯誤作了檢討。他承認當時主張容納立憲派和舊官僚以及擁護袁世凱，留下了腐敗專制的禍根。他也承認當時攻擊南京臨時政府與同盟會，係被封建買辦勢力利用。他說，自己想以對袁世凱的支持和「革命軍起，革命黨消」來顯示寬容，結果立憲派和舊官僚氣勢洶洶地向革命黨人舉起了屠刀。回首覆轍，痛悔交加。章太炎最後說，歷史證明革命黨人還是好樣的，專制腐敗是民主共和的大敵。章太炎在上海茶話會上的演講，表明他的思想發生了轉變，對袁世凱政府的本質已經有了初步認識。

　　六月十八日，章太炎毅然辭去東三省籌邊使一職。〈辭呈〉說：

> 炳麟從政以來，除奸無效，從昏不能。宋教仁無辜被戕，大借款損失過巨，麟豈不知奸宄，但以司法不可妄參，國命不可自慸，故隱忍不言耳。邇者實業銀行借款，已有成言，而梁豎士詒怵法商以日、俄之釁，從中破壞、忌疾如此，更何一事可成。即日辭差，冀遂初志，墾乞將東三省籌邊使開去，死生之分，一聽尊裁。[12]

　　章太炎拍發電報以後，不管袁世凱準與不准，他覺得已經是無官一身輕了。他在任上留下的一幅以東三省籌邊使名義繪製的黑龍江地圖，證明了這一段歷史的存在。

---

12 章太炎：〈電辭東三省籌邊使〉，1913年6月18日，《章太炎全集》（上海市：人民出版社，1982年）。

三　勇闖虎山

　　章太炎辭職不久，「二次革命」爆發，旋即宣告失敗，孫中山、黃興等不得不避走他鄉。「二次革命」期間，章太炎或在報刊發表文章，或在大庭廣眾中作公開演講，每每將矛頭指向袁世凱和北京政府，令袁世凱恨之入骨。對「二次革命」一直持支持態度並多次發出通電的章太炎此時成了危險人物，親朋好友勸告他出走日本。

　　有鄂人陳某向袁世凱獻計，稱有辦法引誘章太炎來京，袁氏稱好。陳某遂與共和黨鄭某、胡某商量，假稱共和黨與國民黨兩黨聯合，請先生來京主持黨務。於是，北京共和黨本部給他發來急電，稱北京形勢孤危，亟盼先生赴京主持黨務云云。

　　接到電報以後，章太炎決定到政治中心的漩渦北京去。新婚不久的章太炎對妻子湯國梨說：「當年無奈，出走日本，今天光復了，再避居國外，豈不為外人訕笑，我當入京面數袁世凱禍國之心！不入虎穴，焉得虎子？」湯國梨非常驚訝，對章太炎說：「你發表了那麼多反袁的言論，袁世凱能夠饒得了你嗎？你到北京去，不是自投羅網嗎？」章太炎表示：「事出非常，義不容辭，北京是去定了。如果我沒有回來，你不要回浙江，以免發生意外。」夫妻二人依依惜別。

　　袁世凱聽說章太炎來京，表示要接見他，章太炎以目疾為由加以拒絕。袁世凱遂命北京軍政執法處以保護共和黨黨部為由對章太炎實施監視。章太炎見到「保護」他的軍警，舉起拐杖就打，軍警抱頭鼠竄，他樂呵呵地說：「袁狗被吾逐去矣！」

　　十月四日，袁世凱剛剛下令公佈〈大總統選舉法〉，六日即迫不及待地下令選舉。一場近代史上少有的選舉鬧劇開場了。這一天，袁世凱讓流氓打手數千人冒充「公民」，打出「公民團」的旗號，將國會會場團團包圍，高呼：「今天不選出我們中意的大總統，你們就休

想出院！」[13]國會議員們早上八點開始第一輪投票，因選票不及半數以上，令重投。又因投票結果不好看，命再投。如此反覆者三，議員們粒米未進，直到晚上十點方公佈選舉結果：選舉議員七五九人，袁世凱獲得選票五〇七票。國會同時選舉黎元洪為副總統。

十月十日，袁世凱就任正式大總統。在就職宣言中，袁發出內心的感慨：「議會政治之萬不宜於今日之中國。」[14]十一月四日，袁世凱藉口「二次革命」中國民黨議員曾與李烈鈞往來密切，下令解散國民黨，又令取消四三八名國民黨黨員的議員資格。袁世凱的真實心機是，本來占國會議員半數以上的國民黨議員資格一旦撤銷，國會議員不足法定人數，也就無法開會了。

一九一四年一月十日，袁世凱下令停止參眾兩院議員職務，解散國會。二月八日，袁世凱下令解散各省議會。五月一日，袁世凱下令實施他一手操縱的《中華民國約法》，同時廢除孫中山親手制定的《中華民國臨時約法》。

根據袁氏《中華民國約法》，總統的權力堪比昔日之帝王。五月一日當天，袁世凱還進行了官制改革。他將官階分為上卿、中卿、下卿、上大夫、中大夫、下大夫、上士、中士、下士共九等，實際上部分恢復了清朝的官制。與此同時，袁世凱還下令在全國成立「孔教會」、「宗聖會」等團體，這些團體紛紛呼籲定孔教為國教。

章太炎的幽居地在共和黨本部所在地。章太炎被安排在右院的一個斗室之中，處於軟禁狀態，平時不能見客，其間可與之交往者僅共和黨部兩三人而已。章太炎風聞袁世凱種種倒行逆施行為，隱隱覺得這些表象的後面暗藏著巨大的政治陰謀。他在給家人的信中說：「近

---

13 陶菊隱：〈北洋軍閥統治時期史話〉第2冊（北京市：生活 · 讀書 · 新知三聯書店，1957年），頁6。

14 白蕉：《袁世凱與中華民國》（北京市：中華書局，2007年），頁122。

又有人欲以孔教為國教，其名似順，其心乃別有主張，吾甚非之。」[15]

　　在另一封給家人的信中，章太炎流露出自殺的念頭：「吾處此正如荊棘，終日無生人意趣，共和黨亦徒託清流，未能濟事。……輾轉思之，唯有自殺，負君深矣。」[16]夫人接信大驚，立即修書勸慰，同時讓先生的友人及弟子寫信安慰他。章太炎給夫人覆信說：「前書自言求死，乃悲愁過當之言。昔人云人生實難，其有不獲死乎？吾亦非懼禍而為此言也，蟄居一室，都不自由，感激任傑之餘，情自中發，乃欲以此快意耳。內念夫人零丁之苦，外思蟄公勸誡之言，亦不能不抑情而止也。」[17]

　　章太炎一生特立獨行、卓爾不群。他常常獨自飲酒，借酒澆愁，下酒菜只有花生米。他扔一個花生米到嘴裏，便說：「殺了袁皇帝頭矣！」章太炎每飲必醉，每醉必罵。他罵袁世凱，罵北洋政府，罵累了便呼呼大睡。清醒的時候，他在紙上、窗戶上、牆壁上到處書寫「袁賊」兩個字，然後將寫有「袁賊」字樣的字紙點火焚燒，手舞足蹈地高呼：「袁賊燒死矣！」北京軍政執法處負責監視的軍警認為他是「瘋子」，也不與他計較。

　　有一天，袁世凱派秦秘書來看望章太炎。秦秘書說：「奉大總統命，特贈幣五百元給先生。」說著，從懷裏掏出鈔票來放在桌上。章太炎突然站起，抓起鈔票扔到秦秘書臉上，怒不可遏地喝道：「袁奴速去！」當時負責看管章太炎的人是北洋軍中的軍官陸建章，袁世凱對陸交代了囚章的八條規則，規定起居飲食用款不限，毀物罵人聽便。章太炎的生活費每月五百元，當時一個員警的月薪四元錢，可見章太炎的待遇之高了。

---

15 章太炎：〈致湯夫人書〉，1913年9月14日，《章太炎先生家書》（上海市：古籍出版社，1985年）。

16 〈家書〉，1913年9月23日，《章太炎先生家書》（上海市：古籍出版社，1985年）。

17 〈家書〉，1913年10月17日，《章太炎先生家書》（上海市：古籍出版社，1985年）。

　　章太炎曾經寫信給袁世凱，聲明自己染疾，急需治療，希望袁世
凱允他出京到青島暫居或者移居國外，從此不再過問國事，均石沉大
海。袁世凱派趙秉鈞代表他前來探視，表示大總統請他來京是欲賦予
重任。趙給了章太炎三個選擇：一是重新出任總統府顧問；二是擔任
國史館總裁；三是由章籌設「弘文館」。章太炎對這三個職務皆不屑
一顧。他給袁世凱修書一封：

> 炳麟以深山大澤之夫，天性不能為人門客。游於孫公者，舊交
> 也；游於公者，初交也。既而食客千人，珠履相耀，炳麟之
> 愚，豈能與雞鳴狗盜從事耶？史官之職，蓋以直筆繩人，既為
> 群倫所不便。方今上無奸雄，下無大佞，都邑之內，攘攘者穿
> 窬摸金皆是也。縱作史官，亦娼優之數耳。[18]

　　章太炎在信中稱大總統也不過是朱全忠、石敬瑭一類的小丑，信
中再次要求大總統讓他離開北京。對於章太炎的要求，袁世凱置之
不理。

　　章太炎的學生恐他太寂寞，以共和黨的名義邀請章太炎講一講國
學，講課地點設在共和黨本部會議廳大樓。消息一出，報名聽講者紛
至沓來。章太炎開辦起「章氏國學講習會」，命人在講學的會堂門口
貼了一張〈告示〉，〈告示〉說：

> 余主講國學會，踵門來學之士亦云不少。本會本以開通智識，
> 昌大國性為宗，與宗教絕對不能相混。其已入孔教會而復願入

---

18 章太炎：〈致袁世凱書〉，1913年11月22日，《章太炎全集》（上海市：人民出版社，
　　1982年）。

本會者，須先脫離孔教會，庶免薰蕕雜糅之病。

章炳麟白。[19]

　　「章氏國學講習會」開講後，聽講學子約一百多人，大部分是北京各大學的教員。章太炎在演講時公開反對以孔教為國教，指出孔教不能拯救道德。章太炎對封建士大夫與封建等級制度進行了猛烈抨擊，對封建社會最高思想權威孔子也毫不留情。他說：「孔子最是膽小，雖要與貴族競爭，卻不敢去聯合平民，推翻貴族政體。他《春秋》上雖有『非世卿』的話，只是口誅筆伐，並不敢實行的。所以他教的弟子，總是依人作嫁。」「孔教最大的污點，是使人不脫富貴利祿的思想。自漢武帝專尊孔教以後，這熱衷於富貴利祿的人，總是日多一日。我們今日想要實行革命提倡民權，若夾雜一點富貴利祿的心，就像微蟲黴菌，可以殘害全身。」[20]章太炎提醒聽眾，現在有人實行愚民政策，實行愚民是為了專制，而專制必定愚民。

　　在這一批聽課的學生中有後來著名的學者顧頡剛、金毓黻等。顧頡剛回憶當年聽課的情景說：「講學次序，星期一至三講文科的小學，星期四講文科的文學，星期五講史科，星期六講玄科。我從蒙學到大學，一向是把教師瞧不上眼的，所以上了一兩百個教師的課，總沒有一個能夠完全攝住我的心神。到這時聽了太炎先生的演講，覺得他的話既是淵博，又有系統，又有宗旨和批評，我從來沒有碰見過這樣的教師，我佩服極了。」[21]

　　根據章太炎的演講，弟子吳承仕將講稿整理成《菿漢微言》，此

19　顧頡剛：《古史辯‧自序》第1冊（上海市：古籍出版社，1982年）。

20　章太炎：〈演說錄〉，《民報》第6號，頁5。

21　顧頡剛：《古史辯‧自序》第1冊（上海市：古籍出版社，1982年）。

稿經章太炎潤色後編入《章氏叢書》。金毓黻將自己的筆記整理成
《聽講日記》。

　　北京的國學演講持續了一兩個月，但幽禁生涯依然讓章太炎寂寞
難耐。他甚至無法像困獸那樣吶喊，發抒胸中的鬱悶。袁世凱一度曾
經動過殺章太炎的念頭，章太炎也知道自己的處境，因此，章太炎做
好沒有生還的思想準備。他在自己的房間裏以七尺宣紙寫了兩個斗大
的篆字「速死」。自跋云：「含識之類，動止則息，苟念念趣死，死則
自至，故書此二字，在自觀省，不必為土變之禱也。乙卯孟秋，章炳
麟識。」[22]章太炎的意思，一個人如果念念不忘一死了之，那麼死神
很快就會降臨了。這時，他萬萬沒有想到，這幅「速死」大字會促成
他愛女的死亡。

　　與此同時，章太炎撰寫〈終制〉一文，為自己準備後事，又撰信
給浙江青田杜志遠，委託他與劉伯溫後裔商量，在劉墓側購地一幅。
信中說：

> 昨微生[23]以紙來，為書數行。聞君著籍青田，故誠意伯劉公，[24]
> 則鄉之令望，而中國之元勳也，平生慕之久矣。雖才非先哲，
> 而事業志行，彷彿二三，見賢思齊，亦我素志。人壽幾何，墓
> 木將拱，欲速營葬地，與劉公冢墓相連，以申九原之慕，亦猶
> 張蒼水從鄂王而葬也。君既生長其鄉，願為我求一地，不論風
> 水，但願地稍高敞，近於劉氏之兆而已。今先別書紙一幅，求
> 刻之劉公墓前，以志景仰。微聞清人入關以來，劉氏子孫雖微

---

22 章導：〈章太炎營葬始末〉，《追憶章太炎》（北京市：生活・讀書・新知三聯書店，
　2009年），頁124。

23 即龔未生，章太炎長婿。

24 即劉伯溫。

賤，其族尚盛，並願以此告之。

章炳麟白。[25]

　　這封信文字高雅，慷慨激昂，當時即在坊間傳誦。沙孟海說，他年輕時能將全信背誦。杜志遠不負先生所託，與劉氏後裔商談了章太炎墓地事宜。因此，章太炎自書墓碑「章太炎之墓」，寄杜志遠。杜志遠將章太炎墨蹟一直妥為保存，章太炎日後營葬西湖，其墓碑即杜志遠所捐。

　　身陷囹圄的章太炎忍無可忍，決心「以死拒之」，準備冒險出走。章太炎的出走計劃安排在一九一四年一月三日。他打算趁監視他的軍警疏忽之時，由北京乘車至天津，然後取道南下。當時北京到天津的火車每天只有一班，時間是下午五點鐘左右。中午，共和黨本部幹事張伯烈、張大昕、吳宗慈等人前來送行，三人以餞行為名，拼命給章太炎灌酒。章太炎提議以罵袁為行酒令，罵一回，喝一盅，喝得非常開心。就這樣，章太炎一直喝到下午五點鐘，才突然想起乘車的事。等他趕到北京車站，他要乘的那趟車已經開走了。這一席酒，章太炎罵得淋漓盡致，結果因為酒喝得太多了，沒有趕上火車。章太炎悶悶不樂，不願重新回到共和黨本部的那間斗室，於是尋了一家旅館暫時住下。未料剛剛住下，看守他的軍警就趕過來了。

　　重入囚籠的章太炎仍然計劃逃跑。怎麼樣才能順利離開北京呢？一個叫張伯烈的人對章太炎說：「你不妨親自去見袁世凱，當面向他告辭。如果他不見，你就睡在總統府，看他怎麼辦？」章太炎以為此計甚好。

---

25 章導：〈章太炎營葬始末〉，《追憶章太炎》（北京市：生活·讀書·新知三聯書店，2009年），頁124。

　　章太炎的行動處處受到袁世凱的監視。有一天，章太炎乘馬車到他的弟子錢玄同寓所，剛剛出門，員警與便衣前呼後擁，不離須臾，章太炎十分惱火。章太炎寫信給黎元洪，一來對行動不自由表示抗議，二來要求設弘文館講學。黎元洪接信後，立即覆信，讓他等待三天，會給他一個滿意的答覆。三天過去了，章太炎沒有等到任何答覆。他決定親自會會大總統。

　　一九一四年一月七日，北京正是天寒地凍的時節。早上，一個蓬頭垢面、衣衫不整、留著長指甲的人，腳穿一雙破鞋，手持一把破羽扇，扇柄上墜著一枚景泰藍做的大勳章，搖搖晃晃闖入新華門總統府接待室，此人就是章太炎。他摸出一張一尺五寸長的名片，說要找大總統，請承宣官轉達。承宣官說總統現在正在接見熊總理。過了一會兒，總統府秘書長梁士詒奉袁世凱命出面安撫。這個梁士詒在章太炎所稱的「七凶」裏，章太炎見到他氣就不打一處來。他對梁士詒說：「我要見袁世凱，誰要見你？」梁士詒默默而退。

　　少頃，袁世凱的秘書來告，總統事忙，請稍待！章太炎問，總統忙什麼？秘書說，會客。什麼客？向瑞琨。章太炎一聽，火冒三丈，說：「向瑞琨不過一個小孩子，總統接見他就不能接見我嗎？」章太炎大罵袁世凱包藏禍心。幾個衛兵過來勸阻，章太炎將手中的茶杯砸過去，接著將接待室裏能砸的東西砸了一乾二淨。

　　袁世凱終於撕開了遮羞布。下午五點，軍政執法處處長陸建章來見章太炎，十分謙和地說：「總統有要事，勞你久等了。總統讓我迎先生到居仁堂入見！」章太炎不知是計，隨陸建章登上馬車。馬車一路狂奔，出了東轅門。一向不識路的章太炎認得新華門，他問，何不從新華門入？陸建章說，大總統此刻在居仁堂，由東轅門進福澤門，可以不用走路。等到馬車停下，哪裏是什麼居仁堂，竟是石虎胡同軍事教練處。章太炎一看中計，大聲叫罵，可是無濟於事，隨即被關押。

　　第二天，報紙上連篇累牘地出現了章太炎大鬧總統府的消息，輿論要求當局釋放章太炎。上海的報紙評論說，人謂章太炎「瘋子」，我謂汝曹不放章太炎出京，恐北京人將傳染瘋氣。憶曾譯一小說，有一瘋人院院長，日與瘋人相親近，後亦為瘋子。

　　不久，章太炎被轉移到陶然亭旁邊的龍泉寺繼續軟禁。看管章太炎的任務由軍政執法處處長陸建章移交京師員警總監吳炳湘。袁世凱特意簽署了關於看管章太炎的八項細則交吳炳湘：

　　一、飲食起居用款多少不計；

　　二、說經講學文字不禁傳抄，關於時局文字，不得外傳，設法
　　　　銷毀；

　　三、毀物罵人，聽其自便，毀後再購，罵則聽之；

　　四、出入人等，嚴禁挑撥之徒；

　　五、何人與彼最善，而不妨礙政府者，任其來往；

　　六、早晚必派人巡視，恐出意外；

　　七、求見者必持許可證；

　　八、保護權完全交汝。[26]

　　從袁世凱簽署的八項看管細則看，應當說，大總統對章太炎是非常包容的。武人出身的大總統已經深知筆桿子的厲害，他覺得章太炎的一支筆絕不亞於他的一個師。他不殺章太炎並且供給他好吃好喝，對外標榜陶冶「瘋子」的性情，顯得大總統何其惜才又何其仁慈也。

　　章太炎住進龍泉寺的第二天，袁世凱讓他的兒子袁克定給章太炎送來一套嶄新的緞面被褥。誰知章太炎毫不領情，他用香煙將嶄新的

26 劉成禺：〈癸丙之間太炎先生記事〉，《洪憲紀事詩本末簿注》卷2。

被褥燒得一個個洞眼，然後扔了出去。居住在龍泉寺期間，章太炎所居院所的看門人、廚工、清潔工等皆由北京巡警總監派出。章太炎一眼洞穿這些人的身份，寫信給巡警總監，怒斥他的行為無異於「綁票」。

有一天，章太炎命將龍泉寺所有服務人員召集起來，大家面面相覷，不知何事？章太炎不慌不忙地對扮成服務人員的袁世凱爪牙宣佈了六條規定：

一、每日早晚必向我請安；

二、見到我時須垂手鵠立；

三、稱我曰大人，自稱曰奴僕；

四、來客統稱曰老爺；

五、來客必須回明定奪，不得擅自攔阻，亦不得擅行引入；

六、每逢朔望，必向我一跪三叩首。

對於這樣一個連總統都不放在眼裏的人，所有服務人員畢恭畢敬地聽，唯唯諾諾，不敢說一個不字。章太炎所規定的六條，頗似家規。有人問他為何要立此家規？章太炎說：「我弄這個名堂，沒別的緣故，只因『大人』與『老爺』都是前清的稱謂，至於『先生』，是我輩革命黨人拼死獲得的替代品。如今北京仍是帝制餘孽盤踞的地方，豈配有『先生』的稱謂？這裏仍是『大人』、『老爺』的世界，讓他們叩頭，不是合情合理嗎？」

在被袁世凱囚禁期間，章太炎寫了七十四封家書給他的新婚夫人湯國

章太炎夫人湯國梨

梨。湯國梨曾經為丈夫的自由多方奔走，卻無收效。在此期間，湯國梨曾經委派家中雇工壽榮專程赴杭州，與章太炎長兄章箴商量營救辦法。未料章箴見壽榮來，不許他登堂入室，讓他站在天井裏，章箴對壽榮說：「回去告訴湯國梨，章太炎鬧革命，全國聞名，如今族人已在餘杭家祠中會議，決定將章太炎開除出族。此後章太炎所作所為，與章氏家族無關！」湯國梨得知章箴的態度後，大失所望。袁世凱死後，章太炎成為反袁的英雄，浙江都督呂公望將章太炎奉為座上客，安排章及其家人居於西子湖畔的高級旅社，並由章箴夫婦作陪。章箴極力向章太炎夫婦示好並央求章太炎為他在呂督前謀一位置。章太炎離開杭州以後，章箴被任命為杭州圖書館館長。這是後話。

　　袁世凱軟禁了章太炎，還一次次派人勸居住在上海租界的湯國梨北上，湯國梨不動聲色。有一天，兩個彪形大漢來找湯國梨，要她到北京照料先生並表示可以護送她。湯國梨不動聲色，巧妙應對。兩個大漢不得要領，悻悻而去。湯國梨長了一個心眼，想弄清楚這兩個人究竟是幹什麼的。她雇了一輛黃包車，跟在兩個漢子後面，終於知道這兩個人原來是北京派駐上海的偵探機關。

　　章太炎在北京雖不知就裏，但在家書裏反覆叮囑湯國梨不可貿然北上。他在給夫人的信中說：不死於清廷購捕之時，而死於民國告成之後，又何言哉！[27]

　　在被袁世凱囚禁期間，章太炎做好了必死的準備，在致夫人的信中說：「我死以後，中夏文化亦亡矣。」章太炎在住所裏寫了一副對聯：

　　　殺殺殺殺殺殺殺
　　　瘋瘋瘋瘋瘋瘋瘋

---

27 《章太炎先生家書》（上海市：古籍出版社，1985年），頁47。

這副「七殺七瘋」的對聯繫狂草，深得章太炎弟子陳幹欣賞。陳幹後來將此對聯取回，請石匠銘刻在石碑上，置於故鄉山東昌邑白塔村家祠中。

章太炎在龍泉寺幾乎與世隔絕，心中非常苦悶。進入六月，他決定絕食，不自由，毋寧死。他寄了一襲舊衣給夫人湯國梨以示訣別。這襲舊衣是和服，曾經在日本穿過，衣服上標有漢字圓規標章。湯國梨對這件和服印象很深，因為不解和服上的「漢」字，曾經詢問過章太炎。章太炎說：「我幾次東渡，亡命日本，為了避開清政府的耳目，易於開展工作起見，常穿和服。但這並非我同化於異國習慣，所以我在衣袖上寫個『漢』字，表明我是中國人。」[28]章太炎另附一信，信中語氣悲苦：

章太炎著和服照片

以吾憔悴，知君亦無生人之趣。幽居數日，隱憂少寐。吾生二十三歲而孤，憤疾東胡，絕意考試；故得精研學術，忝為人師。中間遭離亂，辛苦亦至矣。不死於清廷購捕之時，而死於民國告成之後，又何言哉！吾死以後，中夏文化亦亡矣。言盡於斯，臨穎悲憤。

⋯⋯　⋯⋯

知君存念，今寄故衣，以為記志，觀之亦如對我耳。斯衣制於日本，昔始與同人提倡大義，召日本縫人為之。日本衣皆有圓

---

28 章導：〈憶辛亥革命前後先父章太炎若干事〉，《追憶章太炎》（北京市：生活・讀書・新知三聯書店，2009年），頁103。

規標章，遂標漢字，今十年矣。念其與我同更患難，常藏之篋
笥以為紀念。吾雖隕斃，魂魄當在斯衣也。[29]

　　章太炎宣佈絕食，一連三日拒不進食，只喝水吸煙。章太炎有氣
無力，躺在床上，兩眼望著房頂。「弟子們環籲床前，請進食，先生
始嘗梨一片。」[30]這時正是嚴冬，房子裏沒有生火，弟子們站了一
天，又冷又餓。京師員警部門聞訊，紛紛趕過來勸慰先生進食。章太
炎閉目不語，似入定狀。章太炎絕食一段時間後，在給夫人湯國梨的
信中說：「湯夫人左右，槁餓半月，僅食四餐，而竟不能就斃，蓋情
絲未斷，絕食亦無死法。」

　　章太炎奄奄一息，他的朋友馬敘倫自告奮勇，進屋勸先生進食。
章太炎引《呂氏春秋》中的養生之言說：「全生為上，迫生為下，迫
生不若死。」馬敘倫靈機一動，與先生討論起理學來。本來有氣無力
的章太炎一談到理學，頓時來了精神。他滔滔不絕、侃侃而談，與馬
敘倫越談越投機。二人談到晚上八點多鐘，馬敘倫起身告辭，章太炎
意猶未盡。馬敘倫見章太炎情緒不錯，趁機說：「我出來一天了，還
沒有吃飯，現已饑腸轆轆。我想吃一點東西。」章太炎說：「好吧，
這裏就有廚子。」馬敘倫說：「我知道你這裏有廚子，但你現在絕
食，我當著你的面吃東西，實在是大不敬。」章太炎想了想，說：
「我就陪你吧！」馬敘倫即刻讓廚師煮了兩碗雞蛋，遞給先生。章太
炎端起來就吃，馬敘倫卻不動筷子。見先生狼吞虎嚥，眨眼將雞蛋吃
完，馬敘倫不動聲色地將自己的那碗雞蛋遞給先生，章太炎也立即一
掃而空。[31]

29　《家書》，1914年5月23日（上海市：古籍出版社，1985年）。

30　許壽裳：《章炳麟傳》（臺北市：東方出版社，2009年），頁66。

31　馬敘倫：〈章太炎〉，《追憶章太炎》（北京市：生活‧讀書‧新知三聯書店，2009
　　年），頁21。

　　章太炎恢復進食，傳言還有王揖唐之功。章太炎絕食後，袁世凱
害怕事情鬧大，詢問左右說：「誰能勸章太炎進食？」袁世凱的秘書
王揖唐自告奮勇，說：「我能！」王揖唐曾經是章太炎的門生，於是
赴龍泉寺見章太炎。章太炎一看見他就說：「你是來給袁世凱作說客
的吧？」王揖唐答：「先生，學生哪裏敢呢？」王揖唐與章太炎閒聊
了很長時間，章太炎臉上漸漸有了笑容。王揖唐單刀直入說：「聽說
先生要絕食而死，有什麼必要呢？」章太炎一聽，怒上心頭，說：
「吾不等袁賊殺，寧肯餓死！」王揖唐笑著說：「先生果真這樣，袁
世凱一定高興得睡不著覺。」章問：「何故？」王說：「袁世凱要殺你
十分容易。他不是不想殺你，而是不敢殺你。袁世凱的奸詐與曹阿瞞
（曹操）同，而先生之譽過於禰衡。曹操當年都只能用借刀殺人之
計，今袁世凱更何敢直接加害於先生。現在你自願餓死，正是袁求之
不得的。他既無殺士惡名，又除了心腹之患，你不是成全他的好事
嗎？」章太炎以為然，遂恢復進食。

　　章太炎恢復進食後，廚師請示章太炎吃什麼菜？章太炎想了一會
兒說，蒸雞蛋；又想了一會兒說，蒸火腿。廚師問還有什麼？章太炎
卻無論如何也說不出第三道菜了。

　　章太炎的長女、龔寶詮的妻子章與妹妹章擔憂父親安危，決定上
京照料父親生活起居。在章太炎最寂寞的時候，他的兩個女兒主動過
來陪他，使他感到十分欣慰。結果，章太炎平安無事，倒是章太炎的
這個大女兒枉送了性命。

　　令章太炎萬萬沒有想到的是，他的大女兒對這樣漫長的幽禁日子
非常悲觀，面對章太炎親筆書寫的「速死」二字，覺得沒有未來，沒
有明天，竟上弔自殺了。第一次上弔，被妹妹發現，救了下來，但是
妹妹沒有聲張。沒有想到，大女兒再次自殺，終於身亡。馬敘倫說：
「太炎為袁世凱幽居於北京錢糧胡同時，以作書自遣。日有大書，嘗

書速死二篆，大可尺五六，懸之屏風，遂趣其長女以自縊。」[32]章太炎自己說：「民國四年四月，如京師省視，言笑未有異也。……九月七日夕，與寶詮、談笑至乙夜，就寢，明旦起視，已自經，足趾未離地，解撫其匈，大氣既絕矣。」[33]湯國梨回憶說，章太炎的被捕，導致了大女兒自殺。「其時去京省視老父，乃其洞燭袁世凱之陰謀，始知去京省父，已無意中落入袁之圈套。非但將致老父於死地，即自省亦陷入絕境。遂於八月間，自縊而死。」[34]章太炎長女正值青春年華，竟死於非命，章太炎極度悲痛。在愛女的靈堂上，他撰寫了一副輓聯：

汝能如此
我何以堪

章太炎長女死訊傳出，國內外報紙誤傳章太炎死，湯國梨見報大驚，「急電北京問安，即得太炎覆電曰：『在賊中，豈能安？』」[35]

在幽禁的日子裏，章太炎讓弟子將他在上海的藏書送過來，開始刪定《訄書》，遂將《訄書》改為《檢論》，以寄託自己的一點哀思。

馬敘倫、黃節致函政治會議議長李經義，請李從中斡旋，讓袁世凱還章太炎自由之身。袁世凱見章太炎如此剛烈，怕鬧出人命來，遂

32 馬敘倫：〈章太炎〉，《追憶章太炎》（北京市：生活・讀書・新知三聯書店，2009年），頁19。

33 〈亡女事略〉，《太炎文錄續編》，《章太炎全集》第五卷（上海市：人民出版社），頁198-199。

34 湯國梨：〈太炎先生軼事簡述〉，《追憶章太炎》（北京市：生活・讀書・新知三聯書店，2009年），頁76。

35 湯國梨：〈太炎先生軼事簡述〉，《追憶章太炎》（北京市：生活・讀書・新知三聯書店，2009年），頁76。

命將章太炎送入東四本司胡同一個徐姓醫生開設的私人醫院。在醫院裏，經過一番調理，章太炎的身體漸漸康復。

這個姓徐的醫生實際上是負責監視章太炎的。袁世凱每月付五百元生活費給章太炎，而章太炎每月僅得三百元。有人懷疑姓徐的醫生中飽私囊，但沒有真憑實據。章太炎絕食期間，徐醫生一日來訪，對章太炎說：「袁大總統每月白送你五百元，你何等舒服，竟尚不知足，無端絕食，真不知好歹！」[36]徐醫生只顧奚落章太炎，「五百元」竟脫口而出。錢玄同等據此與徐理論，雲徐醫生稱有五百元，而今每月只有三把元，我們如何與章先生交代？徐醫生吃了一個啞巴虧，以後只得每月將五百元和盤托出。

在章太炎住醫院的日子裏，孫中山於七月八日在日本東京築地精養軒成立了中華革命黨，宣佈以民權、民生兩大主義為宗旨，建設完全民國為目的。中華革命黨成立後，孫中山多次對袁世凱進行聲討。北京的報紙雖然很封閉，但章太炎還是在字裏行間看到了外部世界的精彩。

七月二十四日，章太炎獲准遷入東四牌樓錢糧胡同一所四合院。錢糧胡同，明代稱錢堂胡同，因胡同內有鑄錢的錢局而得名。清代改稱為錢糧胡同，沿用至今。錢糧胡同十九號（舊時十二號）是一座頗為氣派的宅院，乃前清一個貴族的居所，不僅十分寬敞，且環境優雅。此後的一段時

魯迅與許廣平

間，章太炎獲得了一定的自由，比如允許他的學生黃侃與他住在一起，允許其它學生在辦理巡警總廳的出入證後可以來看望他，允許他讀書寫作。在章太炎囚禁期間，魯迅七次看望先生。在魯迅日記中，留下了七次探望記錄。魯迅每次去看望，總是逗留很長時間，日記記「晚歸」、「夜歸」或「傍晚歸」。有一年看望先生是大年初一，使身陷囹圄的太炎倍感溫暖。

從表面上看，袁世凱對章太炎禮貌周全，照顧有加，但就是不給章太炎以自由之身。章太炎洞察袁世凱的用心，對袁世凱始終保持著警惕。冬天，北京的天氣嚴寒，章太炎不讓生火爐子，怕袁世凱的爪牙趁機用煤氣毒死他。章太炎又讓人購置了一套銀餐具，蓋因銀可驗毒，防止有人在飲食中投毒。

章太炎在東四牌樓錢糧胡同的宅子裏住了兩年，一直到袁世凱死亡。在這段日子裏，章太炎除了刪定《訄書》外，還完成了《國故論衡》、《菿漢微言》等著作的寫作或修訂。

在章太炎遭受軟禁的日子裏，袁世凱做了一系列大逆不道、為國人不恥的事。從一九一四年開始，袁世凱就為復辟帝製造輿論。他的美國顧問和日本顧問先後提出以君主製取代總統制。袁世凱公開宣稱「親日」。一九一五年一月，日本政府向袁世凱提出了滅亡中國的《二十一條》。日本駐華公使在拜會袁世凱時，一語雙關地說：「若開誠交涉，則日本希望貴總統再高升一步。」

在袁世凱的授意下，楊度組織了籌安會，提出君主立憲的主張。民間則湧現了五花八門的「商會請願團」、「婦女請願團」、「乞丐請願團」、「妓女請願團」等，要求變更國體。一九一五年，袁世凱開始籌備登基大典，他特別希望社會名流為他唱一支讚歌。在袁的授意下，有人找到章太炎，說明了來意。章太炎怒不可遏，揮筆撰寫《致袁大總統》信一封：

某憶元年四月八日之誓詞，言猶在耳朵，公今忽萌野心，妄僭天位，非惟民國之叛逆，亦且清室之罪人，某困處京師，生不如死。但冀公見我書，予於極刑。較當日死於滿清惡官僚之手，尤有榮耀。

袁世凱看到章太炎的信以後，氣得七竅冒煙，自己解嘲道：「一個瘋子，又何必與他認真呢！」一九一五年十二月十二日，袁世凱在再三「推戴」下表示「尊重」民意，說「民之所欲，天必從之」，下令承認帝制。次日，袁世凱接受百官朝拜，宣佈改明年為「中華帝國洪憲元年」，元旦舉行登基大典。

袁世凱稱帝

聽到這些消息，章太炎怒火中燒，開始秘密策劃倒袁事宜。他的好友馬敘倫不願做袁皇帝的臣屬，向袁世凱遞交了辭呈。馬敘倫來向章太炎告別，章與馬商議了倒袁問題，囑馬敘倫到上海後即尋張謇商量。

袁世凱稱帝後，遭到全國人民的反對。十二月二十五日，蔡鍔、李烈鈞等宣佈雲南獨立，組織護國軍討袁，一場轟轟烈烈的護國運動開始了。雲南獨立後，貴州、廣西、廣東、浙江等省回應，先後宣佈獨立。袁世凱原擬元旦舉行的登基大典不得不推遲。

一九一六年三月二十二日，袁世凱被迫宣佈取消帝制。

孫中山在日本慶祝袁世凱稱帝失敗

　　獲悉護國運動開始的消息，章太炎十分興奮，他覺得再也不能在錢糧胡同待下去了。五月十八日，章太炎再次逃跑。這一次逃跑，章太炎做了一些準備。他剃須削髮，在兩個日本朋友的幫助下，化裝成一個日本人的模樣，叫了一輛馬車，前往火車站並立即登上火車。不料，章太炎之行蹤，已被偵探獲悉並尾隨其後，他卻渾然不知。偵探見火車上人多眼雜，又有日人在場，一時難以下手。探長忽生一計，讓幾個偵探上前拉扯住章太炎，說章太炎欠了他們的錢，為什麼要逃跑？爭吵之間，幾個偵探搶走了他的指環和佩玉。章太炎不知道這些人是暗探，正在爭辯，來了一幫員警，不由分說將章太炎一干人等統統押至巡警總廳，章太炎這才知道是怎麼回事。章太炎破口大罵，巡警仍舊將他押送到錢糧胡同。這件事情發生以後，負責看管他的巡警對他不再那麼客氣了，常常吹鬍子瞪眼睛，章太炎只好忍氣吞聲。

　　亂世造英雄。章太炎原來認為中國亂世造就的英雄就是袁世凱。他覺得舉國上下，只有袁世凱可以稱得上英雄。若非袁世凱逼迫清帝

退位，何來民國？章太炎當時萬萬想不到的是，中國歷史上既有亂世
造英雄，也有英雄造亂世。三年幽禁生活，讓他明白，袁世凱就是
「造亂世」的一個「英雄」。

四　重獲自由

　　距離章太炎逃跑不過十幾天，六月初的一天，章太炎的一個弟子
氣喘吁吁地跑來對章太炎說，看見街上許多地方降了半旗，人們都在
私下傳，大約是袁世凱死了。章太炎一聽，精神為之一振。六日，傳
來確切消息：袁世凱死了。接著傳來具體的消息，袁世凱在重病之
中，忽聞他的心腹陳宧在四川宣告獨立，加入討袁陣營。袁世凱聞訊
後急火攻心，終於一命嗚呼。做了八十三天皇帝的獨裁者退出了歷史
舞臺。袁世凱執掌中國最高權柄不過四年，竟將章太炎囚禁了三年。
袁世凱死了，章太炎卻沒有立刻獲得自由。

　　袁世凱死後的次日，黎元洪以副總統身份繼任總統。黎元洪與章
太炎可謂好友，黎命立即釋放章太炎。內務總長王揖唐報告說，大局
未定，章太炎仍需「保護」。這使章太炎感到非同尋常，袁賊死了，
可是他的陰魂不散。全國各地紛紛來電，詢問章太炎情況。內務部無
可奈何，於六月十六日下令撤警。

　　章太炎終於獲得了自由，揚眉吐氣地走出了囚禁之地。他以為中
國從此便迎來了光明，誰知苦難的中國卻又陷入新的分裂當中，等待
著章太炎的是更大的坎坷與磨難。

　　二十五日，章太炎乘船南歸。七月一日，在北京遭受軟禁三年的
章太炎經天津、大連回到上海，受到浙江總督呂公望的歡迎。在獲得
自由的前數日，章太炎就袁世凱死致電國會議員：

天祚中華，獨夫殞命。義師銳氣，反似折傷，為禍為福，尚未
可定。黎公於七日正位，人情翕從。而國事多艱，殷憂猶在，
叛人未戮，昏制未除。僕以尚在羈囚，無能陳力，轉危為安，
唯望諸公精進。[37]

一九一六年六月，章太炎從北京回上海，是年為紀念黃興逝世與孫中山
等合影於哈同花園（前排左起第六人為章太炎，第八人為孫中山）

　　章太炎在羈囚中密切關注著時局的變化，諄諄告誡反袁力量不可
鬆懈鬥志，因為「叛人未戮，昏制未除」，希望「諸公精進」，奮鬥不
止。獲得自由的章太炎準備回上海，他從一九一三年八月十一日進京
被囚到重獲自由，在北京苦熬了三十四個月的軟禁生涯。他的愛女為
他的不自由付出了生命的代價。在北京耽擱了近三年，他有太多太多
的事情需要去做。

　　六月二十一日，章太炎面見大總統黎元洪，向他辭行，勸告總統

―――――――――――――――――――

37　〈致國會諸議員電〉，《申報》1916年6月13日。

支持南方革命黨的反覆鬥爭，對前清舊官僚不可委以重任。二十三日，他致函《中華新報》，提出消滅「遺孽」的主張。

七月三日，章太炎致電黎元洪，主張保留南方四省軍務院及護國軍，繼續進行護國戰爭，掃除「遺孽」。同日，部分在滬國會議員集會歡迎章太炎，章太炎在演講中再次提出保留南方四省軍務院及護國軍、掃除「遺孽」的問題。他說，要汲取辛亥革命失敗的教訓，除惡務盡，「遺孽」不掃除，民主共和的制度能否實行，實在令人憂慮。說到動情處，章太炎不由自主流下了兩行熱淚。聽眾為其赤誠的愛國之心所感動，為他的演講叫好。

七月五日，章太炎回杭州探望，在家中僅逗留了五天，便又匆匆趕赴上海。十三日，在滬的議員兩百餘人應邀北上，唐紹儀、黃興設宴為他們送行。章太炎在宴會上作了精彩的演說。他說，今天在座的各位，大多是袁政府眼中的「暴徒」。

> 凡在民黨，官僚必以「暴徒」相視，而在袁政府那裏，時以吸煙賭博為良民。……
> 嘗觀水流迅急，則有「暴流」、「暴布」諸名，而一切塵垢穢污，不容停滯。若水道迂迴，絕無暴勢，則淤泥腐草，早填塞於其中矣。是故欲見清明氣象，非「暴徒」不為功。……
> 今者帝制餘孽，猶未剿除，墨吏貪人，布滿朝列，非震以雷霆霹靂之威，仕塗何自而廓清，政治何由而循軌？而欲屬行此事，必不能避「暴徒」之名。[38]

袁世凱在臺上的時候，將革命黨人皆稱之為「暴徒」。章太炎打

---

38 〈滬上名流歡送國會議員志盛章太炎之暴徒解〉，《中華新報》1916年7月14日。

了一個非常生動的比方：凡有暴流，則一切塵垢穢污不容停滯；凡沒有暴流，則淤泥腐草填塞其中。革命黨人就是暴流，要以雷霆霹靂之勢滌蕩一切帝制餘孽和墨吏貪人。章太炎的演講，實際上也是一種自省。他當年曾經一度走入迷途，與立憲派和舊官僚一起謾罵南京臨時政府是「暴亂」。今天看來，革命需要「暴」，要以「暴力」形成「暴勢」，才能滌蕩污垢。袁世凱之流口中的「暴徒」，正是革命黨人的光榮。章太炎關於「暴徒」的演講贏得議員們多次熱烈的掌聲。

新的大總統黎元洪宣佈恢復〈中華民國臨時約法〉，恢復國會，任命段祺瑞為國務總理。七月二十五日，孫中山宣佈停止一切軍事行動，以反對袁世凱復辟稱帝的護國戰爭結束。

袁世凱死，標誌著「洪憲帝制」終結，也標誌著新軍閥混戰局面的開始。袁世凱賴以支柱的幾個北洋軍閥首領在袁死後，誰也不服誰，爾虞我詐，你爭我鬥，誰都想成為袁世凱第二。當時的中國，大小軍閥林立，其中最有實力的軍閥是直系的馮國璋、皖系的段祺瑞和奉系的張作霖。在北京的中央政府，由於大總統黎元洪手上沒有兵權，北洋政府的大權實際上控制在總理段祺瑞手上。

八月十三日，章太炎與孫中山、黃興等共同發起「二次革命以來死義烈士追悼大會」，章太炎親撰祭文，對武昌起義和「二次革命」以來的革命運動作了總結。章太炎說，「武昌之師，以戔異族；雲南義師，以蕩帝制」，但皆不可謂之成功。為什麼呢？因為「異族、帝制之勢，非一人能成之」，支撐異族、帝制之勢的黨羽盤踞京師，人數不可勝計。「雖僕一姓，斃一人，餘孽猶鳥獸屯聚其間」。[39]章太炎呼籲國人掃除「帝孽」，肅清復辟勢力，然應者寥寥。

八月下旬，章太炎赴兩廣護國軍所在地廣東肇慶，面見岑春煊。

---

39 章太炎：〈告癸丑以來死義諸君文〉，《新中華報》1917年12月8日。

岑春煊曾任四川、兩廣總督，是清政府忠誠的鷹犬。袁世凱上臺後，任岑為福建宣慰使。「二次革命」爆發，岑春煊致電袁世凱，要求和平解決南北衝突，為袁所拒，遂加入反袁行列。護國運動發生後，岑春煊與桂系軍閥陸榮廷謀自立山頭，與梁啟超在廣東肇慶成立軍務院，自任撫軍副長。

章太炎希望岑春煊進行北伐，掃除北洋軍閥，而岑春煊考慮的是如何保持自己的實力，如何在軍閥林立的局面中站穩腳跟。章、岑說不到一處，令章太炎非常失望。章太炎有些心灰意冷，忽作遊歷南洋群島之想，於是便由廣東徑直赴南洋群島。章太炎到南洋群島固然為暸解悶，另一方面，他想在南洋群島的華僑中尋找革命的支持力量。遊歷和尋找的結果令章太炎失望。這一年年末，章太炎一無所獲地返回上海。

袁世凱死後，章太炎在演講中多次提出接受辛亥革命的教訓，除惡務盡，掃除「遺孽」，否則難言共和。章太炎的話不幸而言中。

革命派向袁世凱妥協，實際上是保留了封建復辟勢力。章太炎說，辛亥起義，半途偷安，功虧一簣，一誤再誤。[40]他呼籲革命黨人接受教訓，在袁世凱復辟失敗後，不能停止對北洋軍閥的進攻。他說：「今者帝制餘孽，猶未剿除，墨吏貪人，布滿朝列，非震以雷霆霹靂之威，仕途何自而廓清？政治何由而循軌？」

北京政府實行責任內閣制，段祺瑞為國務總理。段祺瑞是各路軍閥中的實力派，與王士珍、馮國璋並稱「北洋三傑」。他視黎元洪為傀儡和蓋印機器，一切皆承繼袁世凱衣缽，「除不敢公然稱帝外，無一事不襲袁氏故智」。[41]段祺瑞推行武力統一政策，力主對德宣戰。實

40　《國民公報》，1918年1月19日。

41　溫世霖：〈段氏賣國記〉，《近代稗海》第4冊（四川市：人民出版社，1985年），頁
　　514。

際上，他想通過參戰，追隨日本，趁機擴大自己的實力。他輕侮總
統，藐視國會，在是否參戰的問題上遭到總統及若干國會議員的反
對，導致「府院之爭」。

五月十日，國會討論宣戰案。為了使宣戰預案順利通過，段祺瑞
仿傚袁世凱雇傭流氓打手包圍國會，聲稱不通過宣戰案，議員不能離
開會場。在衝突中，多名議員被毆打致傷。十二日，段祺瑞繼續召開
國會，結果空曠的議政大廳裏除了段祺瑞，沒有一個議員出席。段祺
瑞惱羞成怒，呈請解散國會。黎元洪應多數議員之請求，於二十三日
宣佈解除段祺瑞國務總理一職。段祺瑞組織督軍團，決定讓總統黎元
洪下臺並解散國會。

在段祺瑞的武力脅迫下，黎元洪先後呼籲徐世昌、湯化龍、梁啟
超從中調停「府院之爭」，都碰到了軟釘子。在段祺瑞的授意下，駐
守徐州的張勳傳話給黎元洪：「若總統令我入京，願任調停。」張勳
是袁世凱部下，曾任江蘇巡撫兼署兩江總督。張勳對清王朝忠心耿
耿，一直以復辟為己任。民國成立後，只有他的軍隊還保留著辮子，
人稱「辮子軍」。

六月八日，張勳率「辮子軍」開進
北京。張勳逼迫黎元洪解散國會，七月
一日擁戴已退位的清朝皇帝溥儀復辟。
一夜之間，中華民國成為大清帝國。張
勳復辟，受到全國人民的聲討。段祺瑞
搖身一變，組織討逆軍，七月十二日攻
入北京，將張勳趕出北京。溥儀復辟僅
十二天便落花流水春去也。張勳復辟的
鬧劇來得快，去得也快。這一場閃電般
的鬧劇深深震撼了章太炎，古老的神州

張勳像

大地，帝制的陰影為什麼揮之不去？

　　這一場鬧劇的尾聲是段祺瑞以「民國再造功臣」自居，繼續任國務總理，黎元洪被迫辭職，建立起由馮國璋任總統、段祺瑞控制實權的軍閥政府。段祺瑞控制北京政府實際權力後，繼續推行「武力統一」政策。八月十四日，參戰案被強行通過，段祺瑞開始大舉向日本借款。段祺瑞宣佈廢棄《中華民國臨時約法》，抵制國會復開。

　　早在溥儀復辟的消息傳來時，孫中山即與唐紹儀、程璧光等商量南下護法，出師討逆。這個時候，章太炎的愛子章導剛剛出生。七月六日，年近半百的章太炎再次拋妻別子，毅然決然與廖仲愷、何香凝、朱執信等跟隨孫中山乘「海琛」號軍艦踏上護法的征途。

昌明文庫‧悅讀人物　A0603006

章太炎大傳　　上冊

作　者	華強	
責任編輯	蔡雅如	

發 行 人　陳滿銘

總 經 理　梁錦興

總 編 輯　陳滿銘

副總編輯　張晏瑞

編 輯 所　萬卷樓圖書股份有限公司

排　　版　林曉敏

印　　刷　百通科技股份有限公司

封面設計　曾詠霓

出　　版　昌明文化有限公司

桃園市龜山區中原街 32 號

電話　(02)23216565

發　　行　萬卷樓圖書股份有限公司

　　　　　臺北市羅斯福路二段 41 號 6 樓之 3

　　　　　電話　(02)23216565

　　　　　傳真　(02)23218698

　　　　　電郵　SERVICE@WANJUAN.COM.TW

大陸經銷　廈門外圖臺灣書店有限公司

　　　　　電郵　JKB188@188.COM

ISBN 978-986-93170-4-7

2016 年 5 月初版

定價：新臺幣 380 元

如何購買本書：

1. 劃撥購書，請透過以下郵政劃撥帳號：

　　帳號：15624015

　　戶名：萬卷樓圖書股份有限公司

2. 轉帳購書，請透過以下帳戶

　　合作金庫銀行　古亭分行

　　戶名：萬卷樓圖書股份有限公司

　　帳號：0877717092596

3. 網路購書，請透過萬卷樓網站

　　網址　WWW.WANJUAN.COM.TW

大量購書，請直接聯繫我們，將有專人為

您服務。客服：(02)23216565　分機 10

如有缺頁、破損或裝訂錯誤，請寄回更換

國家圖書館出版品預行編目資料

章太炎大傳 / 華強著.-- 初版.-- 桃園市：昌
明文化出版；臺北市：萬卷樓發行, 2016.05
　　冊；　　公分.-- (昌明文庫.悅讀人物)
ISBN 978-986-93170-4-7(上冊：平裝).
1.章炳麟 2.傳記
782.884　　　　　　　　　　　105007998

本著作物經廈門墨客知識產權代理有限公司代理，由上海交通大學出版社有限公司
授權萬卷樓圖書股份有限公司出版、發行中文繁體字版版權。